Joachim Bröcher

Didaktische Variationen bei Schulverweigerung und Verhaltensproblemen

Impulse für Schul- und Unterrichtsentwicklung, sozialpädagogische Projekte und Coaching

Band 1: Beziehungsaufnahmen

Nachdruck oder Vervielfältigung, auch auszugsweise, bedürfen der schriftlichen Zustimmung des Verlages.

In das montierte Titelbild (von J.B.) gingen ein: Die durch einen Schüler ausgemalte Vorlage aus der Serie „Dragon Ball Z" und eine Bleistiftskizze aus der Hand von Friedrich von Bömches (mit freundlicher Genehmigung des Künstlers).

Alle Rechte liegen beim Autor.

ISBN 3-89906-985-4

© 2005 by Verlag Videel OHG, Niebüll

http:/www.videel.de

Umschlaggestaltung und Seitenlayout: Joachim Bröcher

INHALT

VORWORT 5

I. DISKURSE, TRAKTATE
Motive, Ideale, Leitbilder 9
Schreiben und Publizieren 14
Pädagogischer Beruf als Erkenntnisweg 17
Intensivstation Klassenzimmer? 21
Schuldistanziertes Verhalten 40
Schulmüdigkeit bei hoher Intelligenz 56
Etablierte und Außenseiter 61
Theorie und Praxis 67
Erkenntnisse sammeln, weiterentwickeln, anwenden 73
Schulpädagogik und Sozialpädagogik 77
Revisionen, Korrekturen, Überarbeitungen 80
Interdisziplinarität 84
Macht und Norm 88
Forschungsmethodik 94
Handlungsorientierungen 101
Humanität als Maßstab 103
Orientierung an Chancen 105
Erkenntnissuche, Applikations- und Belastungsforschung 108
Scientia Sexualis 115

II. BEZIEHUNGSAUFNAHMEN
Persönlichkeit und Beziehungsfähigkeit von Pädagogen 129
Raum für Selbst-Thematisierungen anbieten 131
Förderliches Kommunizieren 135
Pädagogik der Achtung 140
Die Grenzen der Disziplinierung 148
Beziehungsgestaltung und Beziehungsethik 194
Aufbau von Bindekräften 202
Produktives Denken und Handeln fördern 219
Lernen und Lernen begleiten 236
Wechselseitige Bezogenheit 246
Aufzeichnungen zu einem Neuanfang, Teil I 255

VORWORT

Die vorliegende Arbeit versucht, den Raum zweier Jahrzehnte (1984 – 2004) pädagogischen Engagements des Autors zu durchmessen, auszuloten und auszuwerten. Ziel ist, die Essenz, den tieferliegenden Sinngehalt der in den verschiedenen Kapiteln angesprochenen oder dokumentierten pädagogischen Erfahrungen aus Schulen, Sonderschulen und außerschulischen Projekten herauszufiltern und in Handlungskonzepte zu übertragen.

Es war der lange Sommer des Jahres 1984, ich arbeitete in einem Programm der High/Scope Educational Research Foundation in Michigan, ein zweimonatiges internationales Projekt zur Bildung von hochintelligenten und hochmotivierten Jugendlichen. Dies war ein Sommer, der für mich ein besonderes Schlüsselerlebnis darstellte und der für die Analysen, Rekonstruktionen, Erkundungen und Entwürfe, die ich in diesem Buch vornehmen werde, den zeitlichen Einstieg markiert.

Am anderen Ende dieser berufsbiographischen Epoche steht, neben meinem stets parallel laufenden theoretischen Reflektieren, Dokumentieren, Analysieren, Diskutieren, Publizieren usw. und einer gewissen Verwicklung in universitäre Ausbildung und berufliche Weiterbildung, die raue pädagogische Wirklichkeit einer Sonderschule für Erziehungshilfe in einer deutschen Großstadt. Doch innerhalb des durch diese Eckpunkte markierten Zeitraums liegt so manches andere. All diese Zwischenstationen werden nach und nach, oft jedoch nur indirekt, zur Sprache kommen und ihre jeweilige Bedeutung für das Gesamte, um das es mir hier geht, beisteuern.

Eine zwanzig Jahre währende Reise durch pädagogische Projekte und die Mega-Organisation Schule, ein beständiges Durchqueren, Durchwandern, immer wieder neu vor Herausforderungen stehen, sich im Übergang zu etwas anderem befinden, sich entwickeln an neuen Aufgaben und Anforderungen, die eigenen Sichtweisen überschreiten, erweitern, was auch bedeuten kann, zu einer tiefergehenden Betrachtung der Dinge zu gelangen. Das archetypische Bild der Reise vermag vielleicht am ehesten auszudrücken, dass hier aktiv nach dem Neuen und Unbekannten Ausschau gehalten wurde, und dass auch einiges an Entdeckungen gemacht worden ist.

Ich schreibe meine Bücher vorzugsweise im Golf von Neapel zuende. Vielleicht ist es die spürbare und sichtbare Nähe der brodelnden Kammern des Erdinneren, was ja durchaus metaphorische Bedeutung für die hier zur Diskussion stehende Bildungsproblematik, die letztlich eine gesellschaftliche, ja eine existenzielle Problematik ist, haben könnte. Und doch blüht und wächst es auf vulkanischem Boden ja wie auf kaum einem anderen.

„Le isole del nostro arcipelago, laggiú, sul mare napoletano […] sono per grande parte di origine vulcanica; e, specialmente in vicinanza degli antichi crateri, vi nascono migliaia di fiori spontanei, di cui non rividi mai piú i simili sul continente", schreibt Elsa Morante, die neben Ibsen und vielen anderen bevorzugt in dieser Gegend an ihren Texten arbeitete, in ihrem Roman "L´isola di Arturo".[1]

Blüht und wächst es also auch mit solcher Kraft und in solcher Vielfalt auf den *extremen* pädagogischen Feldern, von denen in diesem Buch die Rede sein wird? Eines der Hauptmotive des genannten Romans ist die freiwüchsige Kindheit des Halbwaisen Arturo auf der Insel Procida, zu großen Teilen unbehütet, doch immerhin völlig unberührt von jeder organisierten erzieherischen Beeinflussung. Einerseits zeichnet der Roman der Morante das farbenprächtige Bild eines fast vergessenen Italien. Vor allem ist er das suggestive Gegenbild zu der hochinstitutionalisierten Lebenswirklichkeit heutiger Kinder und Jugendlicher, in die sich eine offenbar größer werdende Gruppe nicht mehr einfügen kann oder will...

Aber mehr noch ist es wohl die Berührung mit der süditalienischen *leggerezza*, die ein wenig Distanz zur Ernsthaftigkeit des pädagogischen Alltags schafft. In diesem anderen Ambiente ent-

---

[1] Morante, Elsa (1957): L´isola di Arturo. Torino 1995, S. 12. Die zitierte Textstelle lautet in deutscher Übersetzung: „Die Inseln unseres Archipels dort unten im Meer von Neapel sind [...] zum großen Teil vulkanischen Ursprungs, und besonders in der Nähe der einstigen Krater sprießen Tausende von Blumen wild empor, wie ich sie ähnlich niemals auf dem Festland wiedersah" (deutsche Ausgabe [1959]: Arturos Insel. Berlin 2002, hier: S. 8)

steht eine fast heitere Betrachtungsweise der Dinge. Die an sich sehr schwere Materie ist plötzlich leichter zu handhaben. Bedeutungen kommen wie von selbst an die Oberfläche. Ein spielerischer Umgang mit den Themen und Problemen erscheint viel eher möglich. Und genau hierin wurzelt das tiefere Wesen der Variation, auch der didaktischen Variation, als eines geistigen Prinzips, das den roten Faden all dieser pädagogischen Bemühungen, Prozesse, Erfahrungen und Erkenntnisse darstellt.

Durch die Anwendung des Prinzips der Variation wird Pädagogik, gerade dort, wo sie mit extremen Ausgangsbedingungen zu tun hat, sei es in Richtung Verweigerung, Verhaltensproblematik oder Lernproblematik, sei es in Richtung hoher Begabung, hoher Motivation, hoher Intelligenz (oder Mischformen all dessen) zum *adaptive enterprise* – hoffentlich aufgeladen mit neuer Lebendigkeit und Bedeutungshaftigkeit für alle am Bildungsgeschehen Beteiligten.

Joachim Bröcher, Ischia-Ponte, im Oktober 2004

I. Diskurse, Traktate

MOTIVE, IDEALE, LEITBILDER
Wie lässt sich ein Einstieg in diese Materie finden? Muss er so schnell gefunden werden? Lässt sich eine pädagogische Anschauung im Hinblick auf Themen wie Schulverweigerung und Verhaltensprobleme überhaupt zusammenhängend und systematisch vortragen? Was könnte eine Struktur, eine sinnvolle Vorgehensweise sein? Treten wir einen Schritt zurück und schlagen wir das Buch wieder zu, um ein kleines Gedankenexperiment zu unternehmen. Denn wie flüchtig der Mensch doch ist und wie klein der Mensch denkt, wenn er sich für das Maß aller Dinge hält. Dies entgeht ihm freilich, solange er darauf vertraut, dass Sehen, Hören, Riechen und Fühlen adäquate Mittel der empirischen Welterfahrung sind. Jenseits unserer Grenzen aber eröffnen sich neue Wirklichkeiten, die wir mit ein bisschen Nachhilfe von Teleskopen oder Mikroskopen entdecken können...

Schauen wir also von einem beliebigen Punkt im All auf die Erde und blicken aus großer Entfernung auf unseren Planeten, der in einem letztlich unergründlichen System kreist. Stellen wir uns doch einmal vor, wir säßen in einer Zeitmaschine, aus der heraus wir wie in einem Film sehen könnten, wie seit Jahrtausenden die verschiedenen Völker auf der Erdkruste zu überleben versuchen, wie sie sich dabei kultivieren und zivilisieren, wie sie soziale Ordnungen entwickeln, damit diese Überlebensanstrengungen gelingen. Vor diesem Hintergrund kommt es zu technischen Entwicklungen, Produktionsabläufen, kulturellen Überlieferungen, auch zu sozialen Spannungen, Konflikten und Konfliktlösungen zwischen den verschiedenen Völkern, aber auch innerhalb der jeweiligen Gesellschaften, Prozesse, in die nach und nach auch die nachgeborenen Kinder und Jugendlichen einbezogen werden sollen und müssen, um das Überleben aller zu sichern und möglichst geordnete Verhältnisse und eine Zukunft für alle zu garantieren.

Hierzu werden Bildungsanstrengungen unternommen und in Form eines zunehmend hochinstitutionalisierten und verpflichtenden Systems an die Kinder und Jugendlichen herangetragen.

Nun gibt es Heranwachsende, die aufgrund eines dichten Gewirrs an Faktoren somatischer, biochemischer, psychischer, sozialer oder kultureller Art nicht in der erwarteten Weise lernen oder arbeiten, sich im Unterricht nicht in der erwarteten Weise verhalten, sich mehr als üblich mit ihren Klassenkameraden streiten oder prügeln, vielleicht sogar herumstreunen, stehlen, verbotene Waffen mit sich führen und andere damit verletzen. Manche kommen zwar in die Schule, verweigern jedoch die unterrichtliche Belehrung, indem sie alles an sich abprallen lassen oder nicht mitarbeiten, Konflikte mit anderen Schülerinnen und Schülern verursachen, keine Hausaufgaben machen, ihre Schulbücher und Hefte nicht in Ordnung halten und nach und nach ihre Arbeitsmaterialien ganz verlieren.

Andere gehen vielleicht gar nicht mehr zur Schule und beginnen ein Eigenleben, irgendwo in den Städten. „Heranwachsende, die sich auf Grund biographischer Niederlagen und Versagenskarrieren schulischen und außerschulischen Fördermaßnahmen entziehen, leben überwiegend in den subkulturellen Milieus der Metropolen. Diese Milieus sind von Drogen, Prostitution, Gewalt und Kriminalität geprägt."[2] Es etablieren sich „Zwischenwelten", die von Jugendlichen „zwischen Schule und Straße[3]" bevölkert werden.

Solche Verhaltensweisen und Entwicklungen versetzen die Gesellschaft zunehmend in Unruhe und Besorgnis. Im Idealfall treten Sponsoren aus der Wirtschaft in Erscheinung, jetzt, wo die Staatskassen nur noch ihre Leere demonstrieren, um mit ihren finanziellen Mitteln Modellprojekte zur Reintegration von Schulverweigerern zu entwickeln.[4] Es muss wieder Ruhe und Ordnung im Land herrschen, denken wir vielleicht, und dass morgens jeder schulpflichtige Heranwachsende in einem Klassenzimmer sitzen und lernen und dass er sich Berufschancen erarbeiten soll. Ein

---

[2] Herz, B.: Emotionale und soziale Entwicklung – Heranwachsende in einer zerrissenen Welt. Zeitschrift für Heilpäd., 55. Jg., H. 1, 2004, 2 – 10, hier: S. 7
[3] Marquardt, A.: Zwischenwelten. Münster 2001
[4] vgl. das Projekt „Coole Schule", Deutsche Bank Stiftung in Zusammenarbeit mit dem Deutschen Verein für öffentliche und private Fürsorge, Frankfurt am Main 2002

Plädoyer für Disziplinierung, für Vernunft. Natürlich wünschen wir uns geordnete Lernbiographien, nicht Abbrüche und, hieraus resultierend, soziales Chaos, Fürsorgebedürftigkeit und wirtschaftliche Unselbstständigkeit einer ins Bodenlose wegbrechenden, offenbar immer größer werdenden Gruppe.

Tatsächlich ist alles noch wesentlich komplizierter und vielgestaltiger. Es geht nicht immer um den Totalausstieg aus der Gesellschaft. Es gibt mitunter sehr subtile evasive und eskapistische Reaktionen, auch und gerade bei Kindern und Jugendlichen, die als sehr begabt oder hochintelligent gelten. Auch von dieser Zielgruppe wird im Laufe meiner Untersuchung die Rede sein. Ich beschäftigte mich etliche Jahre intensiv mit der Persönlichkeitsentwicklung und den Lernprozessen von hochbegabten Heranwachsenden, die zum Teil sehr viel Frustration an Schulen erlebt und sich daher in eine Art innere Resignation zurückgezogen hatten, dies oftmals unabhängig von ihren soziokulturellen Hintergründen.

Im Anschluss an diese Zeit des Erfahrungen Sammelns, Beobachtens, Konzepte Entwickelns usw., zuerst in einem speziellen Programm der High/Scope Educational Research Foundation[5], anschließend in den Universitären Sommercamps, heute: Sky-Light-Camps, veranstaltet von der erew-Akademie Viersen, ging ich dann für einen recht langen Zeitraum in den Schuldienst. Dort machte ich Erfahrungen an verschiedenen Sonderschulen für Erziehungshilfe, an einer Sonderschule für Lernbehinderte und an zahlreichen integrativ arbeitenden Grundschulen und einigen Hauptschulen.

Insgesamt ist mit diesen Tätigkeiten nun ein Zeitraum von zwanzig Jahren gefüllt. Was ist die Summe dieser praktischen Erfahrungen im pädagogischen Feld? Wo könnte es einen roten Faden geben? Ich sehe diesen am ehesten in meinem Versuch, mich immer wieder neu auf *besondere* Kinder und Jugendliche einzustellen, ihre jeweiligen Lernbedürfnisse und Lernvoraussetzungen zu ergründen und mit den Heranwachsenden gemeinsam

---

[5] mit Sitz in Ypsilanti, Michigan und den Sommerworkshops in Clinton, Michigan

individuell adäquate oder auf bestimmte Kleingruppen zugeschnittene Lernaktivitäten zu entwickeln, individuelle Ziele zu formulieren, Lösungen zu erarbeiten und Lebensperspektiven zu entwerfen. Haben Hochbegabte, Verhaltensauffällige und Lernbehinderte also unter pädagogischer Perspektive etwas gemeinsam?

Selbstverständlich, denn es handelt sich stets um Kinder und Jugendliche, die sich entwickeln und ihre Möglichkeiten verwirklichen wollen. Sie haben außerdem gemeinsam, dass sie von bestimmten Verhaltensnormen oder als durchschnittlich errechneten Quotienten (etwa hinsichtlich ihrer Intelligenz, bestimmter Persönlichkeitsmerkmale usw.) mehr oder weniger abweichen. Und sie haben gemeinsam, dass sie häufig besonders viele Hindernisse auf ihrem persönlichen Weg überwinden müssen.[6]

Insbesondere das Thema der hohen Intelligenz oder Hochbegabung führt immer noch ein Schattendasein in Pädagogik und Sonderpädagogik. Ich werde mich an späterer Stelle genauer damit auseinandersetzen. Mit diesen noch sehr knapp ausfallenden Hinweisen auf einige der hier heranzuziehenden pädagogischen Kontexte hätte ich allererste Markierungen des Feldes vorgenommen, aus dem ich bei meiner hermeneutisch und rekonstruierend ausgerichteten Untersuchung schöpfen werde.

Chi ha passato il guado, sá quanta acqua tiene, lautet ein altes italienisches Sprichwort. Wer den Fluss durchwatet hat, weiß wie hoch das Wasser steht. Das soll durchaus realistisch (besonders bezüglich des Erziehungshilfe- und Schulverweigererbereichs) und zugleich ermutigend klingen.

Was kann einen Pädagogen heute veranlassen, sich der Mühe zu unterziehen, eine solche Abhandlung zu schreiben? Eine Abhandlung über das Bemühen bestimmter Kinder und Jugendlicher, sich den Bildungssystemen und Bildungsbestrebungen die-

---

[6] M. Vernooij hat eine gemeinsame Diskussion der Phänomene Lernbehinderung und Hochbegabung mit Blick auf eine adäquate schulische Förderung und das Verhindern von Auffälligwerden geführt: vgl.: Lernbehinderung, Hochbegabung und Verhaltensstörung. In: Rolus-Borgward, S., Tänzer, U., Wittrock, M. (Hrsg.): Beeinträchtigung des Lernens und/ oder Verhaltens. Unterschiedliche Ausdrucksformen für ein gemeinsames Problem. Oldenburg 2000, S. 39 - 54

ser Gesellschaft zu entziehen oder aber es den Erziehern zumindest möglichst schwer zu machen? Eine Abhandlung schließlich über die Versuche der professionellen Pädagoginnen und Pädagogen, innerhalb und außerhalb der Schule, die genannten Gruppen von Heranwachsenden aufzufangen, auf dem Weg zu halten oder erneut auf einen gangbaren Weg zu bringen und sie zumindest über einen Teil der Schwierigkeiten, die auf diesem Weg auftreten können, hinwegzubringen.

Nun, ich bin einerseits Praktiker und ordne auf diese Weise Erfahrungen, die sich aufgrund meiner eigenen beruflichen Tätigkeit ergeben haben. Ich befrage diese Erfahrungen auf ihren Sinn für meine bisherige, meine gegenwärtige und weitere Arbeit mit den als *schwierig* eingestuften Kindern und Jugendlichen. Gibt es Leitbilder?

Vielleicht die Bremer Volksschullehrer Fritz Gansberg und Heinrich Scharrelmann, die im reformpädagogischen Sinne tätig waren und mit Berichten aus ihrer Arbeit in der Schule und kritischen Beobachtungen der Schulwirklichkeit, lebendig geschrieben, oft zugespitzt, doch nicht ohne Humor, hervorgetreten sind, Pädagogen, die sich für die Entwicklung der schöpferischen Kräfte des Kindes eingesetzt haben... Pädagogen wie Fritz Redl, August Aichhorn, Bruno Bettelheim...

Und was das Schreiben betrifft, so ließe sich vielleicht eine Parallele zu dem Reformpädagogen Hugo Gaudig, dem Landpfarrerssohn ziehen. Auch er ist ja stets im Schuldienst geblieben. Unter erheblichem Zeitdruck, hat Gaudig seine pädagogischen Ideen und Erfahrungen niedergeschrieben.

Konnte ich meine pädagogischen Ideale in fünf Jahren außerschulischer Hochbegabtenförderung und fünfzehn Praxisjahren im Schuldienst (und wer weiß wie viele noch folgen werden) einlösen? Welche von Theorie und Wissenschaft angebotenen Modelle und Konzepte waren für mich handlungsleitend und mit welchem Erfolg? Was funktionierte? Und welche Rolle spielten in alldem die institutionellen Rahmenbedingungen?

Was sagen meine pädagogischen Erfahrungen aus über Chancen und Schwierigkeiten, über den Sinn einer solchen Berufsentscheidung, nachträglich? Zugegeben, es handelt sich im Kern bei einer solchen phänomenologisch-beschreibenden und hermeneutisch-rekonstruierenden Untersuchung immer um eine subjektive Methode und es gilt von Alters her: *Niun vede il sacco, che porta su'l dorso.* Keiner sieht den Sack, den er auf dem Rücken trägt. Ein Wanderer im Nebel seiner eigenen Projektionen? Was schon Leibniz lehrte, dass nämlich alle Erkenntnis vom Standpunkt des Erkennenden bestimmt ist. Natürlich, wozu dies auch abstreiten oder durch wissenschaftliche Konstruktionen vernebeln?

Die Kraft und das Veränderungspotenzial eines einzelnen Pädagogen, seine Versuche, seine Projekte und Interventionen, seine Sorgen, seine Ratlosigkeit, oftmals Schlaflosigkeit, die Fragilität, die Bedeutungslosigkeit und am Ende doch die Bedeutung einer letztlich für sich allein zurecht kommen müssenden Subjektivität, trotz des (immer nur partiell gelingenden) kollegialen Austausches und des Engagements in Netzwerken. Reflexionen zu einem nie zur Ruhe kommenden professionellen Leben, das sich nicht aufgeben noch sich verfestigen darf, weil ohne die Funken der Subjektivität das bearbeitete pädagogische Feld zu einer unbeweglichen, unfruchtbaren Masse erstarrt. Ich will versuchen, den Horizont so weit wie möglich zu öffnen, die subjektive Sicht zu objektivieren durch das Aufnehmen, Nachvollziehen, Diskutieren auch anderer Sichtweisen und Forschungsergebnisse, bilanzieren, was ist und antizipieren, was sein könnte.

SCHREIBEN UND PUBLIZIEREN
Publizierte Texte können auch zum Ort des offenen oder verdeckten Austragens von Konflikten mit bestimmten Personen oder Gruppen und ihren Ideen oder Theorien werden. Ich glaube, dass auch ich, noch jung und mit spitzer Feder schreibend, dieser Versuchung gelegentlich erlegen bin. Das Schreiben und das Lesen oder Rezensieren theoretischer Texte gleicht auch der Suche nach einer beruflichen Heimat, dem Wunsch nach Zugehörigkeit, nach Identifikation. Der Versuch, eine eigene Identität als Pädagoge oder Wissenschaftler auszuformen, kann umgekehrt auch durch das Prinzip Abgrenzung unternommen werden.

Beginnt das Denken schließlich sich freiere Bahnen zu verschaffen, inspirierend kann hier etwa die Lektüre von Paul Feyerabends Abhandlung „Wider den Methodenzwang" wirken, wird sich möglicherweise zunächst einmal so etwas wie *Heimatverlust* einstellen. Ich gerate ins Schwimmen, was jedoch auch etwas Produktives an sich hat.

Ich gehe hier selbst, wie ich glaube, einen Mittelweg. Es ist so Vieles an Wissen vorhanden, was zum tiefergehenden Verstehen der Erziehungswirklichkeit in Zusammenhang mit Verweigerung, Konflikten usw. und zu Interventionen und Veränderungsversuchen herangezogen werden kann.[7] Zugleich versuche ich auf meine eigene Art, vor dem Hintergrund meiner individuellen pädagogischen Erfahrungen die Dinge anzuwenden, zu verknüpfen, zu variieren, zu ergänzen usw. Warum bevorzugt der eine Erziehungshilfe-Forscher die Psychoanalyse, der andere die Verhaltenstherapie und wieder ein anderer den klientenzentrierten Ansatz oder die Bindungstheorie? Zwar werden stets sachbezogene Argumentationen bemüht und angegeben, warum die jeweilige Theorie besonders bedeutungsvoll für das Fachgebiet ist oder sein soll, doch was motivierte die Forscherin oder den Forscher *persönlich*, diesen und keinen anderen Weg einzuschlagen?

Geht es bei diesen Denkweisen, neben dem Bedürfnis nach Zugehörigkeit oder Abgrenzung, nicht immer auch um Selbstbilder und Selbstdeutungen? Am Ende schreibt vielleicht doch jeder, wenigstens zum Teil, über sich selbst, indem die eigenen subjektiven Konstruktionen von Wirklichkeit erschaffen und kommuniziert werden. Indem wir über die sozialen und pädagogischen Wirklichkeiten schreiben, philosophieren wir im Grunde über unsere eigenen Zugänge zu diesen vermeintlichen Wirklichkeiten. Vielleicht lässt sich von hier aus auch erklären, woher die Ener-

---

[7] Vgl. die Überblick gebenden Publikationen, etwa: Goetze, H. & H. Neukäter (Hrsg.): Handbuch der Sonderpädagogik. Bd. 6: Pädagogik bei Verhaltensstörungen. Berlin 1989 - Goetze, H.: Grundriss der Verhaltensgestörtenpädagogik, Berlin 2001 - Hillenbrand, C.: Didaktik bei Unterrichts- und Verhaltensstörungen. München, Basel 1999 - Hillenbrand, C.: Einführung in die Verhaltensgestörtenpädagogik. München, Basel 1999 - Mutzeck, W.: Verhaltensgestörtenpädagogik und Erziehungshilfe. Bad Heilbrunn 2000 - Myschker, N.: Verhaltensstörungen bei Kindern und Jugendlichen. Erscheinungsformen – Ursachen – Hilfreiche Maßnahmen. Stuttgart 1999, 3. Aufl. - Opp, G. (Hrsg.): Arbeitsbuch schulische Erziehungshilfe. Bad Heilbrunn 2003 u.a.

giepotenziale, die das Schaffen von Texten und Werken antreiben, stammen. Die Motivation wurzelt wahrscheinlich, neben dem sozialen Engagement, auch im Wunsch nach dieser Art von Selbstdeutung, Selbsterkenntnis und Sinnkonstruktion.

Auch wäre es ein recht interessantes wissenschaftstheoretisches Thema, zu erforschen, zu welchen Zeitpunkten im Verlauf einer beruflichen Biographie es zu Schwerpunktverlagerungen, Veränderungen, Wechseln, gar Abbrüchen oder Neuanfängen hinsichtlich der eigenen Theoriebildung, der verwendeten Methode oder der bearbeiteten Forschungsthemen kommt und welche Faktoren für solche Prozesse ausschlaggebend sind. „Ich selber habe deutlich das Gefühl der Einheit und Kontinuität meiner Tätigkeit, auch der damit verbundenen und sich daran entwickelnden Theorie", sagt H. von Hentig im Gespräch mit R. Winkel.[8] „Meine Pädagogik ist eine gegenhaltende Pädagogik. Sie versucht, den übergroßen Druck, woher er auch komme, vom Kind abzuhalten. Sie will das Individuum stärken, gegen die Übermacht der Institutionen, der Organisationen, der anonym wirkenden Verhältnisse und Denkgewohnheiten. Insofern bin ich ein hoffnungsloser Rousseauist" (ebd.).

Für mich ist das eine sehr sympathische Textstelle. Das noch nicht zuende geführte Thema war ja das wissenschaftliche Reflektieren und Schreiben, darin die Praxiserfahrungen aufzuklären, die Veränderungen und Richtungswechsel, wenn es sie denn gibt, in diesem Prozess des Verarbeitens und Entwickelns auszumachen, die Tiefenschichten des eigenen Schreibens für sich selbst zu ergründen und die Ergebnisse dieser Selbstanalysen um der Aufrichtigkeit und Verständlichkeit willen auch den Rezipienten der entstehenden Texte mitzuteilen.

---

[8] Hentig, H. v. (im Gespräch mit R. Winkel): Phänomene klären und Verhältnisse ändern. Westermanns Pädagogische Beiträge 12, 1985, 590 – 594, hier S. 592

PÄDAGOGISCHER BERUF ALS ERKENNTNISWEG

Mehr als alles andere ist ein solcher Beruf, und jetzt spreche ich vom wissenschaftlich orientierten Praktiker, ein Erkenntnisweg, eine innere Expedition. Es handelt sich um eine unendlich facettenreiche Selbsterfahrung. Man wird ja weder besonders wohlhabend in diesem Arbeitsfeld, weshalb man diese Art von herausfordernder Arbeit nie allein gegen Geld wird machen wollen und können, auch wird man nicht viel Spielraum darin finden für unternehmerische Initiative und Selbstverwirklichungsbedürfnisse. Auch bin ich in den öffentlichen institutionellen Strukturen nicht als freier Künstler tätig, was vielleicht manch einem von uns gut oder besser bekommen würde. Nein, der Handlungsrahmen ist überaus eng gefasst. Der tatsächliche Verhaltensspielraum, besonders wenn wir vom Schuldienst sprechen, ist sehr stark durch administrative Vorgaben bestimmt.

Doch so absurd es sich anhört, gerade darin liegt der besondere Charakter einer solchen Berufstätigkeit, im Sinne eines Erkenntnisweges, begründet. Solche Jahre des Eingepresstseins sind Passagen, die mir immer neu abverlangen, die eigenen Grenzen zu bestimmen, sowohl das Verschmelzen mit dem System als auch eine ostentative Unangepasstheit zu vermeiden. Durch die ständige Konfrontation mit Grenzsituationen, etwa in der Arbeit an einer Schule für Erziehungshilfe, bekommen wir die Chance, Wahrhaftigkeit zu lernen und zu leben, verstehen wir darunter einmal die Bewusstheit dessen was ist, selber Position zu beziehen, andere zu akzeptieren, selbst mitzuspielen, Bedrohungen und Spannungen auszuhalten, Illusionen aufzugeben. Letztlich gibt es ja doch so etwas wie eine charakterbildende, sinnstiftende und zufriedenstellende Erfahrung des Helfens und Gebrauchtwerdens, worin am Ende eine Art höhere Form der persönlichen Entschädigung für die eigenen Mühen liegen könnte.

Sicherlich kommt es zwischenzeitlich einmal zu wehmütigen Seitenblicken auf Industrie- und Wirtschaftswelten und die dort möglichen Karrieren, vor allem dann, wenn ich das eigene Tun gelegentlich als *Mich-Abarbeiten-im-sozialen-Sektor* erlebe. Bemerkenswert fand ich in dieser Hinsicht die folgenden Äußerungen von Wolfgang Joop:

„Ich werde meine Wohnungen in New York und Monte Carlo verkaufen. Ich war über Ostern in St. Petersburg bei einem Aids-Kinder-Projekt, das ich fördere. Ich war tief bestürzt, als der Arzt sagte, dass ich der Einzige bin, der die HIV-infizierten Kinder zu berühren wagt. Die Kinder haben sich richtig an mich geklammert. Da fragte ich mich, was mache ich eigentlich noch für einen Scheiß? Wozu noch diese Villa hier in Potsdam? Kann ich nicht einen Kindergarten finanzieren – irgendwas tun, was mir Selbstrespekt gibt? Wir können nicht alles ändern, aber uns selbst [...]. Angesichts dieser Kinder, werden dir deine ganzen Mankos so klar: dein Geiz, deine Kleinkariertheit und Mutlosigkeit [...]. Wir müssen uns den Themen zuwenden, die wirklich relevant sind. Dabei ist das Entwerfen von Visionen oder Utopien durchaus euphorisierend."[9]

„Ethische Existenz" versus „ästhetische Existenz", um das Thema einmal vor dem Hintergrund der Philosophie Kierkegaards zu betrachten, wie er sie in „Entweder–Oder" entwickelt? Verzicht auf vielerlei Bedürfnisbefriedigungen und Engagement auf der einen, die immerwährende Suche nach dem Interessanten, Raffinierten und Spektakulären, ein grenzenloser Hedonismus auf der anderen Seite? Wer sich für ein (quasi lebenslanges) Engagement auf dem sozialen oder pädagogischen Sektor entschieden hat, und dabei auch wirklich die existenziellen Anliegen der ihm anvertrauten Subjekte im Blick hat, hat sich, so meine These, zugleich für eine „ethische Existenz" im Sinne von Kierkegaard entschieden. Vielleicht kommen wir am Ende zugleich durch eine solche Entscheidung, durch einen solchen Lebensentwurf und die hierin zwangsläufig enthaltenen Grenzerfahrungen, einer solch ethischen Existenz näher, Seinsebenen wie sie in den Aussagen des erklärten Ästheten Wolfgang Joop durchschimmern, im Grunde sukzessive wieder neu entdeckt worden sind, denn im Bemühen, brüchigem Leben Sicherheit, einsamem Leben Gemeinschaft, fraglichem Leben Sinn zu verleihen, sind solche Bezüge vielleicht unverzichtbar.

---

[9] „Ich fühlte mich oft als Marionette", Wolfgang Joop im Gespräch mit Corinna Emundts, Brigitte 17, 2003, 107 – 110, hier: S. 110

Es gibt Leidenssituationen und belastende Kontexte im Arbeitsfeld der Erziehungshilfe- und Lernbehindertenpädagogik, in denen wissenschaftlich abgeleitete Handlungssysteme nachweislich nicht mehr greifen (können), denn vor Vielem, was in diesen Grenzwelten geschieht, steht auch die Wissenschaft mit ihren Erklärungshintergründen und Handlungsmodellen mehr oder weniger *sprachlos* da. Es ist am Ende nur noch der Mensch, der handelt, der *theoriegeleitete* Pädagoge muss in Extremsituationen durchaus zurücktreten. Was am Ende oftmals bleibt, ist vielleicht eine Art von *Barmherzigkeit*, eine Haltung, die ja eine sehr ursprüngliche religiöse Emphase besitzt, ohne dass diese mit wissenschaftlichen Mitteln nur sehr schwer fassbare Ebene hier weiter ausgeleuchtet werden soll.

Je enger nun der mir gesetzte Rahmen ist, desto größer ist die Herausforderung an mich, zu passenden, institutionell akzeptierten und situationsangemessenen Entscheidungen und Handlungen zu kommen und insgesamt zu einer Arbeitsweise zu gelangen, die mich von meinen eigenen pädagogischen Idealen her betrachtet, (noch) zufrieden stellen kann.

Das Niederschreiben ist daher zunächst eine Art Selbstvergewisserung. Was mache ich? Was erlebe ich? Was habe ich versucht? Mit welchem Ergebnis? Was will ich als nächstes probieren? Welche Hindernisse bauen sich auf? Unterricht sowie das gesamte Schulleben sind Kraftfelder, in denen ich lernen muss, mich zu bewegen. Offensiv sein, defensiv sein, ausweichen, mitschwimmen, Macht aufbauen, auf Macht verzichten, aktiv steuern, auf die Selbststeuerungskräfte der anderen vertrauen, produktiv sein, sich vernetzen, sich gegenseitig unterstützen. Hier lassen sich vielfältige, durchaus ambivalente Erfahrungen machen.

Allerdings brauchte man einen Text, der den Charakter einer Selbstsupervision trägt, wahrlich nicht zu veröffentlichen. Woher also die Idee, anderen etwas mitteilen zu wollen oder zu sollen? Ehrlich gesagt, ein besonderer Mitteilungsdrang ist nicht (mehr) der antreibende Motor. Es wäre sicher genauso legitim, über alles zu schweigen (Und ich werde auch über manches schweigen müssen). Arbeiten, niederschreiben, reflektieren, erneut arbeiten, das könnte schon genug sein.

Allenfalls hätte ich Grund dann und wann einige gelungene Unterrichtsbeispiele und didaktische Ideen zu veröffentlichen, um sie anderen Interessierten, insbesondere jedoch der jungen Pädagogengeneration, im Sinne eines Handwerkszeugs zur Verfügung zu stellen, wie bereits an verschiedenen Stellen geschehen.[10] Diese didaktischen Studien sind getragen von dem Glauben, dass sich unterrichtliches und erzieherisches Handeln optimieren und auf die besonderen Lernbedürfnisse von Kindern und Jugendlichen mit diversen Problemen im Bereich des Verhaltens, der Kommunikation oder der Motivation ausrichten lassen, dass nur genug gute und adäquate Ideen entwickelt, verbreitet und umgesetzt werden müssen, damit alles besser wird, mit den Kindern und den Jugendlichen, mit der Pädagogik, auch unter extremen Bedingungen und bei außergewöhnlich schwierigen Ausgangsbedingungen.

Diesen, von einem gewissen Erziehungsoptimismus getragenen Texten stehen Diskurse, Texte, Textfragmente gegenüber, die eher von praktischen Umsetzungsschwierigkeiten in den Lerngruppen, aber auch von institutionell verankerten Konflikten, kollegialen Differenzen und Auseinandersetzungen handeln.[11]

---

[10] Vgl. Bröcher, J.: Bearbeiten von Erfahrung durch collage-unterstütztes Zeichnen. Therapieorientierter Kunstunterricht an der Schule für Erziehungshilfe. Kunst + Unterricht 158, 1991, S. 51 - 53. - Ders.: Sonderentwicklungen begegnen. Kunst + Unterricht 163, 1992, S. 42 – 43, Nachdruck in Constanze Kirchner (Hrsg.): Kinder- und Jugendzeichnung, Friedrich Verlag, Seelze, 2003, 134 – 135. - Ders.: Ästhetisch-praktische Zugänge zum Thema Mittelalter. Kunst + Unterricht 171, 1993, S. 40 – 41. - Ders.: Abenteuer auf einer geheimnisvollen Insel. Identifikationsfördernde Themen als Chance zum Abbau von Lern- und Verhaltensstörungen in der Grundschule. Zeitschrift für Heilpädagogik, 51. Jg., H. 3, 2000, S. 121 – 125. - Ders.: Eigene Lebenswelt in bunten Farben. Ein Projekttag mit Künstlern an der Schule für Lernhilfe. Förderschulmagazin, 22. Jg., 2000, Heft 5, S. 31 – 32. Ders.: „.... aber an dir ist Hopfen und Malz verloren." Märchen im gemeinsamen Unterricht zur Integration von Schülern mit Verhaltensauffälligkeiten und/ oder Lernstörungen. Grundschulunterricht, 47. Jg., 2000, H. 4, S. 25 – 28 u.a.

[11] vgl. Bröcher, J.: Der Schuh der Grundschullehrerin oder: Wie erotisch sind Interaktionsübungen? PÄD Forum, 1999, H. 4, 311 - 314. - Ders.: Lehr-Kräfte zwischen Bewegung, Erstarrung und Zusammenbruch. Aufzeichnungen aus dem Sanatorium. Satire und Gedankenexperiment. In: PÄD Forum, 14. Jg., 2001, H. 3, 164 – 172

Würden solche Erfahrungen und Beobachtungen nicht zu Papier gebracht, publiziert und kommuniziert, würde dies gleichzeitig bedeuten, dass die typischen Praxisabläufe immerzu wiederholt werden müssten, immer wieder neu von den aufeinanderfolgenden Generationen von Pädagoginnen und Pädagogen am eigenen Leib erlebt werden müssten, als sei dies alles unabänderlich und dem sich sozial engagierenden Teil der Menschheit als ewige Bürde auferlegt. Die zum Teil sehr belastenden Erfahrungen, ja Grenzerfahrungen im pädagogischen Feld hätten dann jedoch immer nur Sinn im Kontext einer individuellen Biographie, in der Lebensgeschichte und persönlichen Entwicklungsgeschichte eines einzelnen Kindes, einer einzelnen Lehrkraft.

Zugleich erscheinen mir die meisten Ereignisse, Vorkommnisse, Phänomene im pädagogischen Arbeitsfeld von so grundlegender und allgemeiner Bedeutung, dass wir gut daran tun, sie in das Einzelschicksal übergreifenden Diskursen zu reflektieren. Was ist typisch für den lernenden und den lehrenden Menschen unter relativ engen, vorstrukturierten, zum Teil gar extremen Bedingungen? Was ist typisch für die sozialen und pädagogischen Systeme, wenn sie mit Besonderheiten oder Abweichungen konfrontiert werden? Was sind die typischen Mechanismen, nach denen die Dinge funktionieren, man denke nur an die vielen Kommunikationskonflikte auf allen Ebenen des Erziehungssystems und wo zeigen sich Ansätze für produktive Veränderungen?

INTENSIVSTATION KLASSENZIMMER?
Geben wir einleitend einem der großen Wegbereiter der modernen Pädagogik das Wort, Hartmut von Hentig: „Als ich 1976 [...] fragte: `Was ist eine humane Schule ?´, ging es mir darum, zu zeigen, dass die moderne Schule das Leiden der Kinder und Jugendlichen an ihr zwar gemindert, aber ihre elementare Unbekömmlichkeit für die Menschen nicht überwunden hat. Sie konstituiere ein unentrinnbares und unheimliches, ein entfremdendes und entmündigendes Verhältnis - `gleich, ob sie reformiert oder antiquiert ist.´ [...] Die Schule müsse anders werden, weil die Kinder anders geworden seien. Deren Lebensprobleme überlager-

ten deren Lernprobleme; wenn die Schule es nicht ernst mit jenen aufnehme, werde sie an diese gar nicht herankommen [...]."[12]

Dass die „Lebensprobleme die Lernprobleme überlagern", wie H. von Hentig feststellt, gilt mittlerweile als unbestritten, sofern wir es mit Kindern und Jugendlichen einer Schule für Erziehungshilfe, Lernhilfe usw., zumindest aber mit Heranwachsenden vom Rande des Bildungssystems zu tun haben.

Ein Ziel meiner bisherigen Untersuchungen war, bestimmte Grundfiguren oder Kernthemen dieser Lebensprobleme herauszuarbeiten. Es stellt sich auch die Frage, ob sich die von v. Hentig kritisierten Zustände an unseren allgemeinen Schulen in den vergangenen fünfundzwanzig Jahren geändert haben, insbesondere, was die Bereitschaft der Schule angeht, sich mit den Lebensproblemen der Schülerinnen und Schüler zu befassen. Von hier aus könnten dann Prognosen gewagt werden, ob unsere Gesellschaft immer weiter auffällige Schülerinnen und Schüler *produzieren* wird oder ob wir damit rechnen dürfen, dass sich die am Rande der Bildungswelt angesiedelten Förderschulen und Sonderschulen genauso wie die speziellen sozialpädagogischen Projekte für Schulabbrecher, Schulschwänzer oder Schulverweigerer eines Tages zugunsten einer inklusiven Pädagogik für *alle* erübrigen könnten.

Doch haben wir hier noch einen weiten Weg vor uns, denn die gegenwärtige Schule wird offenbar immer stärker zwischen „systemstrukturellen Zwängen und lebensweltlicher Dynamik"[13] zerrieben. "Intensivstation Klassenzimmer" ist etwa ein Artikel überschrieben, der diese Problematik auf den Punkt bringt.[14] Die Autorin, Lehrerin an einer kombinierten Haupt- und Realschule in einer deutschen Kleinstadt, berichtet aus ihrem Schulalltag. Unter anderem beschreibt sie die von ihr als belastend erlebten Verhaltensweisen vieler Schülerinnen und Schüler, das heißt diese prü-

---

[12] Hentig, H. v.: Die Schule neu denken. Eine Übung in praktischer Vernunft. München & Wien 1993, S. 9
[13] Thimm, K.: Schulverweigerung. Zur Begründung eines neuen Verhältnisses von Sozialpädagogik und Schule. Münster 2000, S. 47
[14] Szillis-Kappelhoff, B.: Intensivstation Klassenzimmer. Die Zeit Nr. 44, 29.10.1993

geln und beschimpfen sich, machen keine Hausaufgaben, lärmen und behindern einen reibungslosen Unterrichtsablauf.

Im Ansatz führt Szillis-Kappelhoff die beobachteten Auffälligkeiten auf die Lebensprobleme vieler heutiger Schüler zurück. Viele der hier beschriebenen Kinder und Jugendlichen leben in zerrütteten Familien und tragen ihre seelischen Spannungen in das schulische Leben hinein. Die Autorin nimmt auch Stellung zu ihrem persönlichen Belastungsempfinden. Sie nennt eine Vielzahl an körperlichen und seelischen Belastungssymptomen. Zu dem Artikel ist ein Photo abgedruckt. Es zeigt einen zertrümmerten Klassenstuhl, versehen mit dem Untertitel: "Nicht immer ist die Überleitung zu Rilke ganz einfach."

Dieser Artikel mit seiner metaphorischen Rede vom Klassenzimmer als einer „Intensivstation" macht in aller Kürze deutlich, woran unser gegenwärtiges Schulsystem *krankt*, um hier den medizinischen Sprachjargon der Autorin fortzuführen. Die vielfältigen psychischen und sozialen Probleme auf Seiten der Schülerinnen und Schüler einerseits und die durchaus verständlichen und nachvollziehbaren (da im Ansatz selbst erfahrenen) Belastungssymptome auf Seiten der Lehrerinnen und Lehrer andererseits werden von vielen fatalerweise nur von ihrer Oberflächenstruktur her erkannt. Weil aber die Tiefenstruktur der angewachsenen unterrichtlichen Schwierigkeiten nicht aufgedeckt wird, gibt es auch keine wirkliche Lösung für diese.

Die medizinorientierte Rede von der „Intensivstation Klassenzimmer" wirkt deshalb wie ein letzter Ausweg, wie die Beschwörung eines längst überwunden geglaubten Paradigmas im Umgang mit als auffällig erlebten Heranwachsenden. Es ist ja keineswegs so, dass an dieser *Normalschule* die vermeintlichen *Defizite, Störungen* oder *Auffälligkeiten* der Schüler in einer Art kompensatorischen oder therapeutischen Unterricht *behandelt* und *kuriert* würden oder zumindest der Versuch dazu gemacht würde. Es soll ja nach wie vor "zu Rilke übergeleitet werden." Das heißt die Stofforientiertheit des Unterrichts wird, trotz erheblicher Startschwierigkeiten, an sich nicht in Frage gestellt.

Diese Didaktik hält einerseits nach wie vor an *Rilke*, hier wohl stellvertretend für viele, dem Lehrplan (bzw. einem traditionellen

Bildungskanon) entnommene Zielsetzungen und Inhalte gemeint, fest. Gleichzeitig kommt sie nicht mehr vom Fleck und verbraucht sich bereits in der Herstellung einer hinreichend ruhigen Atmosphäre, wie sie für das Lernen und Lehren benötigt wird. Die Energien von Lehrenden und Lernenden bleiben schon im Vorfeld der eigentlich zu bearbeitenden Sache in zähen Diskussionen und mehr oder weniger fruchtlosen Interventionen bezüglich des nicht angebrachten Verhaltens vieler Schüler, das eben nicht das erwünschte Lernverhalten ist, hängen.

Außerdem muss von einer Lehrkraft, erst einmal mit Mühe bei der Rilke-Bearbeitung angekommen, eine dauernde psychische (und körperliche) Grundspannung ausgehalten werden, weil ständig ein Rückfall in eine undisziplinierte Situation befürchtet wird und wohl auch werden muss, eine nie endende Situation der Anspannung, die immer wieder neue lernverhaltensbezogene Diskussionen oder Interventionen erfordert.

Wer hat hier eigentlich die Macht? Die Lehrerin? Ja und nein. Die Schüler? Ja und nein. Michel Foucault formuliert es in seiner Abhandlung „Die Macht und die Norm"[15] wie folgt: „Die Macht ist niemals voll und ganz auf einer Seite. So wenig es auf der einen Seite die gibt, die die Macht *haben*, so wenig gibt es auf der anderen Seite jene, die überhaupt keine haben. Die Beziehung zur Macht ist nicht im Schema von Passivität - Aktivität enthalten. Macht ist niemals monolithisch. Sie wird nie völlig von einem Gesichtspunkt aus kontrolliert. In jedem Augenblick spielt die Macht in kleinen singulären Teilen." Mit anderen Worten: Lehrerin und Schüler ringen hier um die Macht, die sich in bestimmten, wechselnden Anteilen, durchaus auf beiden Seiten befindet.

Zur Aufrechterhaltung der Disziplin und zum Ausschalten unerwünschter Initiativen von Seiten der Schüler wie auch zum Reduzieren der eigenen Ängste vor einer unkontrollierbaren Situation, muss nun aus der Sicht vieler Pädagoginnen und Pädagogen ein Herrschaftssystem installiert werden. Doch die Durchsetzung eines solchen Kontrollsystems hat ihren Preis: "Widerstand

---

[15] Foucault, M.: Die Macht und die Norm. In: Ders.: Short Cuts. Frankfurt am Main 2001, S. 39 – 55, hier: S. 41

gegen die Schul-Lehre wird also wahrgenommen, doch nur als Kraft, die ihre Herrschaft bedroht. Mit dem Widerstand, der nur mehr als externe Störbedingung verstanden wird, zugleich wird ausgegrenzt, was ihn hervorbringt: gesellschaftliche Erfahrungen von Schülern, die durch die Schullehre nicht aufgenommen werden".[16]

Sucht man den Artikel von Szillis-Kappelhoff nach Lösungsansätzen ab, wird man enttäuscht sein. Es werden lediglich auf eine diffuse Weise Vorstellungen evoziert, die an medizinische Intensivbehandlungen geknüpft sind, um überhaupt etwas an Rettung oder Hilfe für die offenbar aussichtslose Lage an vielen unserer Schulen anzubieten. Hier wurde sich ein enormer Leidensdruck von der Seele geschrieben, was ja durchaus seine Berechtigung hat. Doch konstruktive Ansätze für Veränderungen sind noch nicht in Sicht. Die Ausgangsbedingungen für Unterricht haben sich einfach verändert. Der durch das Curriculum vorgesehene Inhalt greift nicht mehr ohne weiteres. Die Schüler sind weniger leicht zu lenken. Die oben beschriebene Situation darf mit hoher Wahrscheinlichkeit als repräsentativ für die aktuellen Lern- und Arbeitsverhältnisse in vielen Schulklassen an deutschen Grund-, Haupt-, Real- und Gesamtschulen, im Ansatz auch an Gymnasien, gelten.

Meine Beobachtungen an diesen Schulformen in Zusammenhang mit sonderpädagogischen Untersuchungsverfahren, Testterminen, Verhaltensbeobachtungen in den Klassenräumen sowie meine Erfahrungen aus mehrjähriger eigener Unterrichtstätigkeit an integrativen Grund- und Hauptschulen, ferner eine Vielzahl von Gesprächen mit Lehrerinnen und Lehrern der verschiedenen Schultypen, und nicht zuletzt die Erfahrungen mit meinen eigenen Kindern, die ich ja durch ihre Zeit an Grundschule, Gymnasium bzw. Gesamtschule mitbegleitet habe und noch begleite, stützen diese Annahme.

Glaubt man den immer häufiger zu hörenden Aussagen von Lehrerinnen und Lehrern an diesen regulären Schulformen, ist das

---

[16] Thiemann, F.: Schulszenen. Vom Herrschen und vom Leiden. Frankfurt am Main 1985, S. 59 f.

Unterrichten aufgrund des inzwischen sehr hohen Ausmaßes an psychosozialem Konfliktpotenzial, aber auch des unglaublichen Autoritätsverlustes, den die Institution Schule auf der ganzen Breite erlitten hat, schwieriger geworden. Auch die Institution der Kirche hat ja zu erheblichen Teilen ihre gesellschaftliche Bedeutung eingebüßt und fragt sich, wie sie die Heranwachsenden neu für ihre Glaubensinhalte gewinnen kann.[17] Wir haben es folglich mit einer Krise der gesellschaftlichen Institutionen im Allgemeinen zu tun.

In den Erziehungswissenschaften hat in Anbetracht dieser Krisenerscheinungen eine breite Diskussion eingesetzt. Beispielsweise hat H. v. Hentig[18] versucht, den Zusammenhang zwischen den gesellschaftlichen Veränderungsprozessen und der erschwerten Situation an unseren Schulen zu ergründen. Weite Teile unseres Schulsystems scheinen sich zur Zeit in einem unaufhaltsamen Erosionsprozess zu befinden. Wie zahlreiche Untersuchungen belegen, nimmt mit dem Sinnverlust und der Perspektivelosigkeit der Heranwachsenden vor allem die Gewalt an Schulen, aber auch in den außerschulischen Lebenswelten weiter zu.[19]

Der zertrümmerte Klassenstuhl auf dem Photo zum Artikel von Szillis-Kappelhoff kann daher als ein Symbol für diese Tendenz gelten. Viele Jugendliche entwickeln rechtsextreme Einstellungen und Verhaltensweisen, die gegen schwächere Mitglieder dieser Gesellschaft, wie zum Beispiel gegen Ausländer, Asylanten, Behinderte oder Schwarze gerichtet sind. Aber auch viele ausländische Jugendliche engagieren sich auf der Schattenseite des Lebens, indem sie sich Banden anschließen und kriminelle Aktivitäten entwickeln.

---

[17] vgl. E. Feifel: Religiöse Erziehung im Umbruch. München 1995
[18] v. Hentig, Die Schule neu denken, 1993
[19] z.B. Bründel, H. & K. Hurrelmann: Gewalt Macht Schule. München 1994 - Bründel, H. & K. Hurrelmann: Zunehmende Gewaltbereitschaft von Kindern und Jugendlichen. In: Aus Politik und Zeitgeschichte, B 38, 1994, S. 3 – 9. - Claus, T. & D. Herter: Jugend und Gewalt. Ergebnisse einer empirischen Untersuchung an Magdeburger Schulen. Aus Politik und Zeitgeschichte, B 38/ 94, S. 10 - 20. - Hurrelmann, K.: Aggression und Gewalt in der Schule. Pädextra 5, 1993, S. 7 – 17. - Spreiter, M. (Hrsg.): Waffenstillstand im Klassenzimmer. Vorschläge, Hilfestellung, Prävention. Weinheim 1993

Die multikulturelle Gesellschaft erscheint vor allem durchsetzt von sozialen Gegensätzen und Konflikten, die in den interaktiven Beziehungen der Schüler untereinander, sicher nicht nur in Sonderschulklassen, sehr konkret werden können: „Heh, Spaghetti, mach´ die Tür zu!" Oder: „Verpiss Dich Du Türke!" Oder: „Wir brauchen hier keine Russenschweine!" „Wir werden euch Kanaken schon noch ausrotten!"

Der zertrümmerte Klassenstuhl steht möglicherweise für noch mehr, nämlich dass allmählich eine ganz bestimmte Bildungstradition im Verschwinden begriffen ist. Bildung war einst das erstrangige Symbol im historischen Aufbruch des Bürgertums zur politischen Existenz. Unvergessen war den gebildeten Ständen des frühen 19. Jahrhunderts Lessings „Erziehung des Menschengeschlechts", jene Vision eines teleologisch ablaufenden Erziehungs- und Bildungsfortschritts der Menschheit, die von einer Schulklasse zur nächst höheren aufrückt, vom orthodoxen Denken zur Aufklärung, von der Volksschule zum Abitur. Eine solche Bildungsutopie hatte ja ihren Vorläufer in Schillers „Briefen über die ästhetische Erziehung des Menschen."[20]

Diese Briefe waren der Gründungstext eines Bildungsideals, das für das 19. Jahrhundert orientierungsgebend war und das im Spannungsverhältnis von Geist und Macht bis heute fortlebt. Für eine neue Gesellschaft, für den neuen Staat, geboren aus dem Geist der Vernunft und der Freiheit, entwickelte Schiller ein Bildungsprogramm mit einem ausgesprochen antirevolutionären Charakter. Es ging etwa nicht darum, das Volk zum politischen Handeln zu bewegen, sondern den Einzelnen, genau an jenen seelischen Punkt zu bringen, an dem er reif sein würde für den künftigen Vernunftstaat, quasi auf der Basis der durch Bildung erzielten kulturellen Veredelung des Menschen. Hierin setzte Schiller alle Hoffnung auf die ästhetische Erziehung, auf die kathartische Wirkung von Kunsterfahrung. Diese Utopie, nämlich über Bildung frei zu werden, war schließlich das, was Winckelmann, Goethe, Humboldt, Fichte, Schelling, Hegel und eben

---

[20] Schiller, F. (1795): Über die ästhetische Erziehung des Menschen in einer Reihe von Briefen. Stuttgart 1965

Schiller an das nachgeborene deutsche Bürgertum weitergaben. Müssen wir uns nun völlig von dieser Bildungsutopie verabschieden? Gibt es nicht immer mehr unübersehbare Hindernisse, die solcherart beflügelten pädagogischen Idealen in den Weg treten, insbesondere an den Rändern der Bildungswelt?

Auch aus der Sicht der Religionspädagogik wird eine fundamentale Krise wahrgenommen. E. Feifel[21] konstatiert eine „zunehmende Entkirchlichung als [...] Gleichgültigkeit gegenüber Kirche und Konfession, ja eine zunehmende Entchristlichung im Sinne der Indifferenz gegenüber christlichen Sinngehalten." Er spricht gar von einem „Verlust von Religion überhaupt", „weil eine allgemeine Verbindlichkeit von Sinn und Werten in Abrede gestellt wird." Gleichgültig, ob wir nun von einem eher klassisch aufgeklärten oder einem eher christlich geprägten Menschenbild und Bildungsideal ausgehen, alles läuft auf einen Veränderungsprozess hinaus, der voller Eigendynamik ist und viel Altvertrautes, Gewohntes und Geschätztes niederreißt.

Auch von religionspädagogischer Seite kommt es ja zu kritischen Analysen aktueller gesellschaftlichen Prozesse, ihrer Auswirkungen auf Schule und Unterricht, auch mit Einfühlungsvermögen für die in den Schulen tätigen Lehrkräfte, die Distanzierung von der Leistungsschule eingeschlossen: „Zwangsläufig schlägt die gesellschaftliche Situation durch auf die gegenwärtige Situation der Schule. Sie hat es in einem bisher nicht erlebten Maß mit dem Problemdruck der Gesellschaft zu tun. Gewalt und Gewaltbereitschaft bei Schülern haben zugenommen und verschärfen sich derzeit unter dem Aspekt von Ausländerfeindlichkeit und Fremdenhass. Der soziologische Wandel von Familie, Kindheit und Jugendalter führt in den damit verbundenen Veränderungen im Sozialverhalten und Wertbewusstsein Lehrerinnen und Lehrer an physische und psychische Grenzen. Weiter hat Schule mit dem Leiden am Lernen zu tun, das mit einer *krankmachenden Leistungsschule* gekoppelt ist."[22]

---

[21] Feifel, E.: Religiöse Erziehung im Umbruch, S. 38
[22] Feifel, Religiöse Erziehung..., S. 39

Ohne Zweifel müssen unter anderem auch psychologische Erklärungen für die Ausbreitung psychosozialer Probleme bei den heutigen Heranwachsenden gefunden werden. Man nehme etwa die von H. Fend[23] durchgeführte Längsschnittuntersuchung zur Kenntnis. Hier wird gefragt, wie unter heutigen Bedingungen altersspezifische Entwicklungsaufgaben von den Jugendlichen bewältigt werden, wie sich Identitäten, Geschlechtsrollenidentitäten, politische Identitäten usw. in der gesellschaftlichen Gegenwart herausbilden? Neben Erkenntnissen der Persönlichkeits- und Entwicklungspsychologie werden insbesondere Forschungsergebnisse aus dem Bereich der klinischen Psychologie zu beachten sein, um die komplexen Hintergründe und Gesetzmäßigkeiten konflikthafter psychosozialer Entwicklung ergründen und verstehen zu können.

Auf der anderen Seite müssen soziologische sowie (sozial-) philosophische Erklärungen für die beobachteten Veränderungen im Verhalten und Erleben heutiger Heranwachsender gefunden werden. Haben wir es nun mit den psychosozialen Folgen der Postmoderne[24] im Sinne einer Auflösung des Sozialen zu tun? Oder ist es die Mediengesellschaft durch ihre Überschwemmung der Alltagswelten mit den visuellen und akustischen Inhalten der Fernsehkanäle, der Videoclips oder der Computerprogramme? Sind es die Mechanismen der „Risikogesellschaft"[25] im Sinne von „Individualisierung" und „Enttraditionalisierung" oder die Me-

---

[23] Fend, H. (1990): Vom Kind zum Jugendlichen. Der Übergang und seine Risiken. Entwicklungspsychologie der Adoleszenz in der Moderne, Band I. Bern, Stuttgart, Toronto 1992 (Nachdruck der 1. Aufl.) - Fend, H.: Identitätsentwicklung in der Adoleszenz. Lebensentwürfe, Selbstfindung und Weltaneignung in beruflichen, familiären und politisch-weltanschaulichen Bereichen. Entwicklungspsychologie der Adoleszenz in der Moderne, Band II. Bern usw. 1991

[24] vgl. zur Postmoderne-Diskussion z.B. Lyotard, J.-F. (1979): Das postmoderne Wissen. Wien 1994, 3. Aufl. - Habermas, J. (1985): Der philosophische Diskurs der Moderne. Zwölf Vorlesungen. Frankfurt am Main 1993, 4. Aufl. - Habermas, J.: Die Neue Unübersichtlichkeit. Kleine politische Schriften. Frankfurt am Main 1985 - Huyssen, A. & K.R. Scherpe (Hrsg.): Postmoderne. Zeichen eines kulturellen Wandels. Reinbek 1993

[25] Beck, U.: Risikogesellschaft. Auf dem Weg in eine andere Moderne. Frankfurt am Main 1986

chanismen einer hedonistisch orientierten „Erlebnisgesellschaft"[26] im Sinne einer „Ästhetisierung der Lebenswelt", die uns die angewachsenen Problempotenziale beschert haben, vor denen wir heute in den Schulklassen stehen?

Sind solche gesellschaftlichen und kulturellen Veränderungsprozesse für die psychosozialen Besonderheiten der heute heranwachsenden Generation und damit für die Vielzahl an Verhaltensproblemen und Verweigerungsreaktionen (mit) verantwortlich zu machen? A. Honneth[27] mahnt zur Skepsis gegenüber diesen und anderen kritischen Zeitdiagnosen: „Sie alle haben sich schnell als Produkte einer Überverallgemeinerung von gesellschaftlichen Entwicklungen erwiesen, die nur eine beschränkte Reichweite, sei es in historischer, sei es in sozialer Hinsicht, besitzen." Was nach Auffassung von Honneth „im Augenblick tatsächlich ein Zentrum der sozialen Veränderungsprozesse ausmacht", ist der „Strukturwandel der Familie, als auch die erneute Zunahme ökonomischer Armut."[28]

Diese Faktoren bringen „die existentiellen Probleme zum Vorschein, mit denen die Subjekte heutzutage deswegen in wachsendem Maße konfrontiert sind, weil sie infolge des beschleunigten Individualisierungsprozesses nicht mehr wie früher in den kommunikativen Netzen einer gesicherten Lebenswelt Schutz suchen können."[29] Dieser zuletzt genannte Aspekt ist wohl nicht zu unterschätzen. Man muss sich diese Formulierung wirklich einmal genau vergegenwärtigen: *...in den kommunikativen Netzen einer gesicherten Lebenswelt Schutz suchen können...*

Die sich in der gesellschaftlichen Gegenwart herausbildenden offeneren, dynamischen, sich ständig verändernden Lebensformen sind vermutlich für die jungen Menschen nur noch dann schadlos zu verkraften, wenn sie durch einige wenige, jedoch äußerst stabile und zuverlässige Familienbeziehungen und/ oder

---

[26] Schulze, Gerhard (1992): Die Erlebnisgesellschaft. Kultursoziologie der Gegenwart. Frankfurt am Main, New York 1993
[27] Honneth, A.: Desintegration. Bruchstücke einer soziologischen Zeitdiagnose. Frankfurt am Main 1994, S. 7
[28] Honneth, Desintegration…, S. 90 ff.
[29] ebd.

ergänzende Freundschaftsbeziehungen gehalten und gesichert werden. Fehlen bereits in den allerersten Jahren positive Bindungserfahrungen, wird jugendliches Leben unter den gegebenen oftmals haltlosen Bedingungen störanfällig und auffällig. Die bekannten Lern- und Verhaltensprobleme, Verweigerungsreaktionen, Versuche der Selbststabilisierung durch verstärktes Hineingehen in teilweise delinquente, zumindest aber gesellschaftsabgewandte Peer-Kontexte oder Bandenaktivitäten sind dann sich unvermeidlich einstellende Symptome.

Ein ständiges Diskussionsthema ist die Frage, welche Auswirkungen der angewachsene Medienkonsum auf das Verhalten und Erleben der heutigen Heranwachsenden besitzt. Fernsehen, Computer, Video, Playstation, Handy usw. sind zu äußerst dominanten Elementen in den gegenwärtigen kindlichen und jugendlichen Lebenswelten geworden. Diesbezügliche Schlagworte in der pädagogischen und sozialwissenschaftlichen Diskussion sind schon seit langem „Konsumkindheit", „Medienkindheit"[30], „Fernsehkindheit" (H. v. Hentig), „Fernsehsozialisation"[31] oder das „Verschwinden der Kindheit" infolge des Fernsehens als „Medium der totalen Enthüllung".[32]

Die oftmals vor allem durch die Medien sozialisierten Heranwachsenden entwickeln selbstverständlich auch veränderte Erwartungen an Unterricht oder an eine sozialpädagogische Projektarbeit. Die durch die gegenwärtige Mediengesellschaft fundamental anders gewordenen Wahrnehmungsweisen und Verarbeitungsprozesse bei den Kindern und Jugendlichen zwingen uns, anders mit ihnen zu arbeiten. Auf ein sehr schlichtes, ja puristisches und stilles didaktisches Vorgehen sprechen sie kaum noch, je nach Kontext, auch gar nicht an. Wer wagt es heute noch, irgendein pädagogisches oder unterrichtliches *Programm* anzubieten, ohne gleich ein oder zwei Computer mit den entsprechenden Animati-

---

[30] Baacke, D. (1984): Die 6 - 12jährigen. Einführung in Probleme des Kindesalters. Weinheim & Basel 1992, 4. üb. und erg. Aufl., S. 72 ff.
[31] Rolff, H.-G. & P. Zimmermann: Kindheit im Wandel. Eine Einführung in die Sozialisation im Kindesalter. Weinheim & Basel 1985
[32] Postman, N. (1982): Das Verschwinden der Kindheit. Frankfurt am Main 1993, S. 97 f.

onen aufzustellen? Auch fordern Heranwachsende mit einer Verhaltensproblematik hier immer auch Unterhaltungs- und Entlastungselemente ein. Ohne ein spannendes, bedürfnisgerechtes Programm scheint sich die Motivation, insbesondere von stärker konfliktbelasteten Kindern und Jugendlichen, kaum länger als ein paar Minuten zu halten.

Es ist jedoch ein Trugschluss, zu glauben, dass es unsere Methodik je mit den bunten und schillernden medialen Inszenierungen, der Rhetorik der Showmaster des Fernsehens oder der flippigen Animation in den Bildmedien aufnehmen könnte, oder dass unsere Angebote so *spannend* sein könnten wie die Comics und Actionfilme, die viele Kinder und Jugendliche oftmals schon vor der Schule konsumieren. Die Mechanismen der Mediengesellschaft zu imitieren, hieße im übrigen auch, die Erziehung zu einem Anhängsel des trivialen und banalen Medienmarktes zu machen, sich vor den Karren der Vermarktung in weiten Teilen eher Abstumpfung als Erkenntnis erzeugender medialer Materialien zu spannen und somit den kritischen und emanzipatorischen Anspruch, den Pädagogik und Didaktik auch haben sollten, aufzugeben. Die meisten Kinder von heute sind medienübersättigt, ein Phänomen, das sich heutzutage nahezu durch alle sozialen Schichten zieht, in den Risikomilieus jedoch den allergrößten Schaden anrichten dürfte, weil die Kinder und Jugendlichen dort weniger Grenzsetzungen, Verarbeitungshilfen und alternative kulturelle Orientierungen erhalten.

In den 1970er Jahren engagierte ich mich in der kirchlichen Jugendarbeit auf einem Dorf im Südsauerland. Wir veranstalteten etwa Filmabende, mit 16-mm-Projektor, und anschließender Diskussion bei einer Tasse Tee. Ich erinnere mich noch an die Vorführung des Films „Die Brücke". Und die Jugendlichen kamen. Sie saßen zum Teil auf den Fensterbänken. Im Dunkel des hierzu verwendeten Schulraumes war es mucksmäuschenstill. Man hörte nur das gleichmäßige Rattern des Filmprojektors. Allein schon die Ankunft der Filmrollen im Dorf war ein Ereignis und wurde von Mund zu Mund bekannt gegeben.

Heute wäre dies alles nicht mehr denkbar. Filmbilder sind massenweise verfügbar und damit inflationär entwertet worden.

Isoliert sitzen die Kinder und Jugendlichen, *laden* sich Filme aus dem Internet *herunter* und schauen ihre DVDs an. Doch das soziale Setting, der kommunikative Zusammenhang, das suggestive Ambiente eines gemeinschaftlich erlebten 16-mm-Film-Abends mit Rattern und Knistern in der Dunkelheit, das alles ist nicht mehr da. Die kulturellen Erfahrungen werden in der Gegenwart nicht mehr unmittelbar miteinander geteilt und sie werden entsinnlicht. Auch wird nichts mehr ersehnt oder lang erwartet, denn es ist fast alles unmittelbar da und verfügbar. Stattdessen dominiert oft genug soziale Isolierung und Fragmentierung, ein wenig aufgewogen durch die entsinnlichten Nähesubstitute des e-mail- und SMS-Verkehrs, des Internetchattings usw.

Kommt es vor dem Hintergrund dieser allgemeinen Veränderungen nun zu Auffälligkeiten im Verhalten und Erleben von Heranwachsenden, sagt dies vor allem aus, dass die jungen Menschen Symptomträger sind, was ja nur auf eine allgemeinere oder fundamentalere Malaise verweist. In ihren Biographien spiegelt sich nur das psychische und das soziale Allgemeine in zugespitzter Form wider. In zusammengefasster Form lässt sich sagen: Bildung im traditionellen geisteswissenschaftlichen Sinne, im Sinne der Veredelung des Menschen durch bestimmte Kunsterfahrungen, anhand einer ausgewählten Literatur usw., in dem anfangs zitierten Beispiel festgemacht an „Rilke" als einer didaktischen Inhalt-Ziel-Verbindung, ist offenbar den Lernvoraussetzungen der hier exemplarisch durch B. Szillis-Kappelhoff beschriebenen Schülergruppe nicht (mehr) angemessen.

Sie geben sich *auffällig* oder bloß desinteressiert, indem sie sich dem fremdbestimmten, für sie im Augenblick *sinnlosen* Unterrichtsinhalt, der offenbar ohne Bezug ist zu ihrer momentanen Lebenslage, zu ihren aktuellen Lerninteressen und Bedürfnissen nicht zuwenden wollen oder können. Die Schüler streifen eine aufgesetzte, als inadäquat erlebte didaktische Hülle von sich ab, da diese nicht zu ihren existentiellen Anliegen passt. Besonders belastend für die Lehrkräfte ist nun, dass sich diese Befreiung als Dekonstruktion geordneter und curricular legitimierter Lehr-Lern-Prozesse vollzieht. Nicht ohne Grund wurde in unserem Beispiel von der Lehrerin nach konfliktverursachenden und konfliktverschärfenden sozialen Veränderungen in den Lebenswelten der Schülerinnen und Schüler gefahndet, ohne dass hieraus jedoch eine didaktische Handlungskonsequenz gezogen worden wäre.

Was wäre anders, wenn sich die oben genannte Lehrerin an einem Bildungskonzept im Sinne der „kritisch-konstruktiven Didaktik"[33] orientieren würde? Das heißt, wenn sie an der Vermittlung von Selbstbestimmungs- und Mitbestimmungsfähigkeit sowie Solidaritätsfähigkeit orientiert wäre? Wie ließe sich denn der Unterricht in diesem Sinne verändern oder umgestalten? Was wären mögliche Inhalte und Methoden, um *dieses* Bildungsziel zu erreichen? Ein Ansatzpunkt wäre zunächst in der Bearbeitung schülerorientierter Themen zu sehen, die sich mit den „Schlüsselproblemen der Gegenwart"[34] vernetzen lassen.

Beginnt man etwa schülerorientiert bei „Jugendszenen", „Medienwelten" oder „Videowelten", lässt sich mit der Zeit überleiten zu Schlüsselproblemen wie „Demokratisierung, Arbeit und Freizeit, das Verhältnis der Generationen zueinander, Deutsche und Ausländer in Deutschland, Massenmedien und ihre Wirkung, menschliche Sexualität, das Verhältnis der Generationen zueinander, traditionelle und alternative Lebensformen" usw. Konfliktbelastete Schüler werden, so meine Hypothese und zugleich meine empirische Erfahrung aus vielen Jahren Lehrtätigkeit, anders auf einen Unterricht reagieren, der ihre biographischen und lebensweltlichen Erfahrungen zu seinem Ausgangspunkt macht, und dann, im zweiten Schritt, darüber hinausführt.

Gleichzeitig bedeutet dies nicht, dass damit alle Phänomene umgangen oder vermieden werden könnten, die unseren Unterricht zu einem „gestörten Unterricht"[35] werden lassen. Auch eine lebensweltorientierte Erziehungshilfepädagogik ist ständig mit Unregelmäßigkeiten und unvorhergesehenen Ereignissen oder überraschendem Verhalten der Kinder und Jugendlichen konfrontiert. Nur, sie rechnet von Anfang an damit und akzeptiert diese

---

[33] Klafki, W.: Neue Studien zur Bildungstheorie und Didaktik. Beiträge zur kritisch-konstruktiven Didaktik. Weinheim & Basel 1985
[34] Klafki, Neue Studien..., S. 21
[35] Winkel, R. (1976): Der gestörte Unterricht. Diagnostische und therapeutische Möglichkeiten. Bochum 1993, 5. neu überarb. Aufl.

Dinge vielleicht eher als ihren unvermeidlichen pädagogischen Alltag. Das hier zu entwickelnde und darzustellende Arbeitsmodell für einen Unterricht oder eine sozialpädagogische Projektarbeit mit Kindern und Jugendlichen, die Auffälligkeiten im Verhalten und im Erleben zeigen, bedarf deshalb einer Grundlegung, die es der Pädagogin oder dem Pädagogen ermöglicht, trotz schwieriger psychischer, sozialer und institutioneller Ausgangsbedingungen, Bildungsziele prinzipiell zu erreichen.

Benötigt wird daher eine Didaktik, und auch die sozialpädagogische Projektarbeit erfordert ja eine didaktische Konstruktion, um thematische Auseinandersetzungsprozesse zu fördern, eine Didaktik also, die sich primär an den Lebensproblemen der Heranwachsenden orientiert und erst in zweiter Linie Verhaltensprobleme oder Lernprobleme oder Verweigerungshaltungen fokussiert. Eine Pädagogik, die vor allem mit Phänomenen psychosozialer Auffälligkeit konfrontiert ist, kann nicht umhin, sich auf die häufig orientierungslos in gesellschaftlichen Zwischenwelten treibenden jungen Menschen einzulassen, die konflikthaften Seiten der oftmals verstörten, in Krisen geratenen Kinder und Jugendlichen wahrzunehmen. Andernfalls liefe sie Gefahr, Chancen zu verspielen und wirkungslos zu bleiben.

Diese Konflikthaftigkeit der Adoleszenten bleibt jedoch häufig nicht nur von Seiten der Regelschulpädagogik unbeantwortet. Auch Sonderschullehrer wissen oft nicht, ob sie und wie sie anhand von konflikthaften Themen auf Seiten ihrer Schüler *Pädagogik* oder *Therapie* betreiben müssen, sollen, dürfen oder können.[36] Auch in der Gegenwart scheint mir diese Frage keineswegs geklärt, weder in der Theorie noch in der Praxis. Die allermeisten Professionellen, gleichgültig, ob sie in der Theorie oder in der Praxis tätig sind, wirken in diesem Punkt genauso ratlos, unentschlossen oder verunsichert, wie vor zwanzig Jahren. Ich vermute daher, dass die rasant zunehmende Anwendung des Coaching in vielen gesellschaftlichen Bereichen auch einen positiven Effekt

---

[36] Fitting, K.: Sonderschullehrer zwischen Pädagogik und Therapie. Eine Studie zur humanistisch orientierten Hochschulausbildung der Verhaltensauffälligenpädagogen. München 1983

für die besonders schwierigen pädagogischen Arbeitsfelder haben wird, um die es mir hier geht.

Anders als Therapie ist Coaching näher an Konzepten wie Karriere, individuelle Potenzialförderung, Ressourcenankopplung usw. angesiedelt, worauf ja auch die hohe gesellschaftliche Akzeptanz des Coaching beruht. Ein Coaching in Anspruch zu nehmen ist für das Selbstbild (wie auch für das vermutete oder sorgfältig gehütete Fremdbild) völlig unproblematisch und ungefährlich, im Gegenteil: Es gilt gar als vernünftig, seine kreativen Potenziale und Leistungsressourcen weiterzuentwickeln. Auch reduziert sich in Zusammenhang mit Coaching das Kompetenzproblem, denn Sozialpädagogen, Diplompädagogen oder Sonderpädagogen haben durch die angeeigneten Studieninhalte, die ja zumeist sehr stark kommunikative Prozesse, Themenbereiche wie Konflikt, Verhalten usw. umfassen, sowie zusätzlich durch Praxiserfahrungen im psychosozialen Bereich, häufig denkbar gute Voraussetzungen, um im Sinne von Coaching tätig zu werden.

Eine ganze Reihe von renommierten Instituten bieten in der Gegenwart Fortbildungen oder längerfristige Zusatzausbildungen an, die größtenteils auch für Pädagoginnen und Pädagogen zugänglich sind. Allerdings ist es so, dass die methodischen Tools, die humanen Haltungen und Einstellungen usw., die im Coaching Anwendung finden, zu weiten Teilen wiederum aus den therapeutischen Sparten stammen. Diese Elemente sind für das Coaching jedoch in der Regel modifiziert und komprimiert worden. Es gibt also in der Tat, zwischen Coaching und Psychotherapie Überschneidungsflächen, dennoch ist ein tiefergehender therapeutischer Prozess ganz anders aufgebaut, als ein lösungsorientiertes Coaching.

Doch kommen wir noch einmal zu jener Kollegin aus der Haupt- und Realschule mit dem zertrümmerten Klassenstuhl zurück. Angenommen, diese Kollegin käme ihrerseits nun in ein Coaching-Gespräch, was wäre darin eine mögliche Entwicklungsrichtung? Gibt es auf Seiten dieser Lehrerin vielleicht Ängste oder Blockaden, die eine konstruktive Veränderung der unproduktiven Lern- und Arbeitssituation erschweren oder gar verhindern? Was würde passieren, wenn die Kollegin die Heranwachsenden stärker in ihrer individuellen Welt wahrnehmen würde, in der sich besondere biographische Ereignisse abgespielt haben und abspielen, die sich wiederum zu Konfliktthemen verdichten können, die von einem Kind oder Jugendlichen auf eine mehr oder weniger günstige Weise beantwortet werden? Erscheinen dann nicht alle diejenigen Denkkategorien als verkürzend, in denen sich der Blick allein auf eine Änderung gegebener Verhaltensweisen richtet? Müssen wir den tatsächlichen Lebenserfahrungen der Kinder und Jugendlichen in Krisen nicht einen gewissen Raum im Bereich von Pädagogik und Didaktik zugestehen, damit diese sich äußern und Klärungsprozesse in Gang kommen können?

Betrachten wir abschließend noch einmal *Rilke*, als einen klassischen Bildungsinhalt. Muss er in Anbetracht des desinteressierten und unmotivierten Lernverhaltens vieler heutiger Jugendlicher, die aus bildungsfernen Haushalten stammen, denn tatsächlich *aufgegeben* werden? Vielleicht lassen sich die Rilkegedichte auch anders erarbeiten. Möglicherweise lassen sich ganz spezifische verbindende Elementen zwischen Sache und Subjekt auffinden. Denkbar wäre etwa mit bestimmten Songtexten aus dem jugendkulturellen Bereich zu beginnen, etwas was die Jugendlichen zur Zeit selbst hören und damit zur Verfügung haben und in den Unterricht mitbringen können. Anschließend werden vielleicht anhand von Jugendzeitschriften Collagen angefertigt, die mit den durch die Musik und die Songtexte gespiegelten Welten in Verbindung stehen. Die pädagogische Aufgabe wäre dann, die tieferliegenden Daseinsthemen der Jugendlichen mit diesen gemeinsam aus all diesen kulturell fundierten Prozessen herauszuarbeiten, dazu Mind Maps oder Wandzeitungen anzufertigen, einen Aufsatz *gemeinsam* darüber zu verfassen, wenn individuelle Textproduktionen noch zu schwierig sind.

Als nächstes könnte die Lehrkraft etwa als musikunterlegten Sprechgesang präsentierte Rilkegedichte auszugsweise vorspielen. Bei dem von Schönherz & Fleer initiierten Rilkeprojekt[37] singen oder sprechen unter anderem auch jüngere Stars wie Ben

---

[37] Schönherz & Fleer: Rilke-Projekt I: "Bis an alle Sterne", 2001; Rilke-Projekt II: „In meinem wilden Herzen", 2002, BMG Ariola Classics

Becker, Laith Al-Deen oder Cosma Shiva Hagen Rilkegedichte. „Gib mir Liebe", spricht Ben Becker. „Welche Wiesen duften deine Hände? Fühlst du wie auf deine Widerstände, stärker sich der Duft von draußen stützt [...] will ich dir mit meinen Zärtlichkeiten alle Stellen schließen, welche schaun." „In meinem wilden Herzen...", singt Laith Al-Deen. „Und wie mag die Liebe dir kommen sein? Kam sie ein Sonnen, ein Blütenschnein, kam sie wie ein Beten? – Erzähle: Ein Glück löste leuchtend aus Himmeln sich los und hing mit gefalteten Schwingen groß an meiner blühenden Seele...", singt oder spricht Cosma Shiva Hagen. Werden sich die Haupt- oder Sonderschüler da, nach den ersten unvermeidlichen Protesten gegen alles Neue und Andere, noch verschließen können? Wäre die künstlerische Leistung der Cosma Shiva Hagen nicht ein brillantes pädagogisches Verbindungsstück in die bildungsfernen Jugendmilieus hinein? Als nächstes lassen sich die Jugendlichen vielleicht auch auf die musikalischen Gedichtpräsentationen von Iris Berben, Hanna Schygulla, Rudolf Mooshammer oder Mario Adorf ein.

Gehen wir einmal davon aus, dass die Lage in den Lerngruppen derart verfahren ist, dass aufgrund der destruktiven und desorganisierten Verhaltensweisen der Jugendlichen auf der didaktischen Ebene kaum noch etwas sinnvoll Zusammenhängendes möglich ist, quasi jeder positive Impuls, jeder Versuch der Lehrkraft durch bizarres, negatives, chaotisches oder zerstörerisches Schülerverhalten beantwortet wird, dann liegen weiterführende und unterstützende Lösungsmöglichkeiten mitunter auf der Ebene kollegialer Klärungs-, Verarbeitungs- und Unterstützungsprozesse, die „in der komplexen Situation des Klassenzimmers kaum zu leisten" sind: „Professionalisierung des Lehrerhandelns bei schwierigen Kindern kann nur innerhalb eines Bezugsrahmens gelingen, der außerhalb des Klassenzimmers liegt."[38] Ich würde diesem Satz von Garz in seiner Ausschließlichkeit nicht ganz zustimmen wollen, denn auch im Klassenzimmer können wir an unserer Professionalisierung arbeiten, indem wir flexibel werden,

---

[38] vgl. Garz, H.-G.: Sorgenkind Schule für Erziehungshilfe – Pädagogische und psychologische Perspektiven zum Umgang mit schwierigen Kindern. In: Zeitschrift für Heilpädagogik, 55. Jg., H. 1, 2004, S. 17 – 23, hier: S. 21 f.

variabel arbeiten, die Dinge miteinander verknüpfen, gleichzeitig im laufenden Lern- und Entwicklungsprozess mitschwimmen und diesen zu steuern versuchen.

Ergänzend zu diesen *internen* didaktischen Variationen steht jedoch unbestritten die von Garz gemeinte Professionalisierung durch Reflexion und kollegiale Unterstützung *außerhalb* des Klassengeschehens. Und je schwieriger es klassenintern zugeht, desto wesentlicher ist die gemeinsame kollegiale Arbeit außerhalb, um von dort aus dann neue Ansatzpunkte für Veränderungen zu finden und in pädagogische Interventionen umzusetzen. Dies kann geschehen in Form von pädagogischer Fallarbeit, Supervision, kollegialer Beratung[39] oder Qualitätszirkeln.[40] Dabei wäre es aus der Sicht von Garz besonders lohnend, einen Prozess in Gang zu bringen, „in dem es einem Kollegium als Gruppe gelänge, in der Institution einen gemeinsamen Bezugsrahmen aufzubauen, innerhalb dessen es möglich wäre, nicht symbolisierte Affekte in pädagogisches Handeln zu transformieren. Auf diese Weise würde die Institution psychologisch-pädagogische Verantwortung im Sinne eines psychosozialen *Containers* (Bion) übernehmen."[41]

Ich halte das auch für unverzichtbar. Nur so kann die einzelne Lehrkraft die Last des von ihr persönlich Erlebten erleichtern, in steter Bewegung bleiben, vor allem handlungsfähig bleiben. Die den einzelnen Bänden dieser Trilogie angefügten Aufzeichnungen zu einem Neuanfang an einer Schule für Erziehungshilfe in einer deutschen Großstadt sollen unter anderem auch veranschaulichen, was hier *inhaltlich* mit diesem schwer verdaulichen Belastungsmaterial gemeint ist.

Personen in der Schulleitung haben in alldem eine Schlüsselrolle. Sie sind es, die den Rahmen für entsprechende Auseinandersetzungsprozesse abstecken und absichern, die den einzelnen

---

[39] vgl. Mutzeck, W. (1996): Kooperative Beratung. Grundlagen und Methoden der Beratung und Supervision im Berufsalltag. Weinheim, Basel 1999, überarb.
[40] z.B. Schnoor, H., M. Hergesell & B. Burghard: Qualitätszirkel an Schulen? Wissenschaftliche Begleitung von Problemlösegruppen an einer Sonderschule für Erziehungshilfe. VHN 72 Jg., 2003, H. 4, 331 – 341
[41] Garz, Sorgenkind Schule für Erziehungshilfe..., S. 22

Lehrkräften den Rücken stärken und eine unterstützende kollegiale Kultur aufgrund ihrer (relativen) Machtposition am ehesten fördern können.

SCHULDISTANZIERTES VERHALTEN

Ich kam zu verschiedenen Zeitpunkten mit dem Deutschen Verein für öffentliche und private Fürsorge in Frankfurt am Main und dem durch die Deutsche Bank Stiftung initiierten und geförderten Modellprojekt „Coole Schule" in beratender Funktion in Berührung.[42] So ging das von mir entworfene Modell der Lebensweltorientierten Didaktik in die Konzeptualisierung von „Coole Schule" ein. Später erstellte ich in Kooperation mit Karlheinz Thimm Materialien, die in einen Leitfaden für die auf Reintegration zielenden Projekte (an fünf verschiedenen Standorten in Deutschland) eingespeist worden sind.

Der gemeinsame Text war dabei ein prozesshaftes Produkt, das immer wieder neue Überarbeitungen erfahren hat und schließlich in einer stark komprimierten Fassung als Handreichung in das genannte Projekt eingegangen ist. Der Hauptakteur bei den auf das Thema Schulverweigerung bezogenen Abschnitten war zweifelsohne K. Thimm, der wie kaum ein anderer auf diesem Gebiet ausgewiesen ist, während ich mich selber auf die Schwerpunkte der Lebensweltorientierten Didaktik, der Didaktischen

---

[42] Beratende Tätigkeit von J.B. bezüglich des Praxisforschungsprojekts „Coole Schule. Lust statt Frust am Lernen" für Schülerinnen und Schüler mit schulverweigernder Haltung, geplant und durchgeführt vom Deutschen Verein für öffentliche und private Fürsorge/ Frankfurt am Main und der Deutschen Bank Stiftung; unter anderem Einladung zum Experten-Hearing am 31.05.2002; Mitwirkung als Referent/ Moderator bei der Eröffnungsveranstaltung in Frankfurt, Deutsche Bank, am 16.10.2002; Thema von Vortrag und Workshop: „Lebensweltorientierter Unterricht als eine Antwort auf Schulverweigerung?" Ferner beratende Tätigkeit bei der Erstellung von Leitfäden und Handlungsanleitungen für die Mitarbeiter-/innen in den Projekten vor Ort; dies in Kooperation mit Dr. Karlheinz Thimm von der Landeskooperationsstelle Schule-Jugendhilfe, unter finanzieller Förderung der Kinder- und Jugendstiftung in Berlin.

Variationen und des Coaching im Rahmen der Reintegration konzentrierte.[43]

Im Folgenden sollen in hochkomprimierter Form Forschungsbefunde und Praxiserfahrungen zum Problemzusammenhang Schuldistanz und Schulverweigerung in Erinnerung gerufen werden, um die Ausgangslage, nämlich das Herausfallen aus dem institutionellen Kontext der Schule, fachlich zu reflektieren und von hier aus die Herausforderungen für alle am Reintegrationsprozess Beteiligten darzustellen. Mich interessiert dabei stets die Frage, wie geeignete didaktische Variationen aussehen können, seien sie nun mehr an der Lebensweltorientierten Didaktik oder an einem lösungsorientierten Coaching orientiert. Die Frage ist doch, was diese didaktischen Variationen leisten können und was sie den Heranwachsenden, deren Bildungsbiographien unter Schulmüdigkeit, Schulaversion oder Schulverweigerung zu leiden hatte, an neuen Ansatzpunkten bieten können?

Nehmen wir einmal den Begriff der Schulverweigerung als Oberbegriff oder bloß als Arbeitsbegriff für alle diese verschiedenen Varianten und Steigerungsformen von Nicht-mehr-lernen-wollen, so kann dieses Nicht-mehr-lernen-wollen oder Nicht-mehr-lernen-können aktiv oder passiv, vermeidend oder flüchtend, kämpferisch-behauptend, verdeckt oder offen sein. Das gesamte Geschehen kann mit einem klaren auslösenden Punkt oder Ereignis beginnen oder schleichend eskalieren. Es kann eine gesunde Konsequenz darstellen oder selbstschädigend sein. Es kann sich als klare Entscheidung oder als diffuser Sog manifestieren. Es kann unlustgeprägt, lustbetont oder auch ambivalent sein. Schulverweigerung und Schulaversion kann Hauptsymptom, Fol-

---

[43] Thimm, K.: Schulverdrossenheit und Schulverweigerung. Phänomene, Hintergründe und Ursachen. Alternativen in der Kooperation von Schule und Jugendhilfe. Berlin 1998 - Thimm, K.: Schulverweigerung. Zur Begründung eines neuen Verhältnisses von Sozialpädagogik und Schule. Münster 2000. Vgl. auch die systematischen Überblicke von G. Schulze: Unterrichtsmeidende Verhaltensmuster. Formen, Ursachen, Interventionen. Hamburg 2003, von H. Ricking: Schulabsentismus als Forschungsgegenstand. Oldenburg 2003 sowie G. Schulze & M. Wittrock: Unterrichtsabsentismus. Ein pädagogisches Thema im Schnittfeld von Pädagogik, Sonderpädagogik und Sozialpädagogik. In: VHN 73. Jg., 282 – 290 (2004).

ge-, Begleit- oder Decksymptom sein für etwas Anderes oder Dahinterliegendes.

Nachweisbar sind in der Mehrzahl der Ausstiege Entwicklungen des Hineinrutschens von Schulunlust, zu passiven Formen des inneren Ausklinkens (Schulmüdigkeit), über Stören und punktuelles Schwänzen (Schulverdrossenheit) bis hin zur verfestigten Schulaversion als Schulverweigerung. Legt man die Intensität der inneren Entfernung und den Umfang von Abwesenheit als Strukturierungsmerkmale zugrunde, sind die folgenden Verlaufsstadien und Gruppen zu unterscheiden:

Erstens: Jugendliche mit ersten Anzeichen wie Motivationsverlust und innerer Emigration. Es werden zunächst Unterrichtsstunden versäumt. Zweitens: Gefährdete Heranwachsende, die innerlich schon aufgegeben haben und teilweise nicht mehr in die Schule kommen. Drittens: Abgekoppelte oder Ausgestiegene, für die außerschulische Maßstäbe stärkere Gültigkeit erlangt haben und deren Selbstkonzept sich auf das von Nicht-Schüler-Sein zu bewegt.

Schulverweigerung ist ein Prozess mit einer Vielzahl von Zwischenetappen und möglichen Wendepunkten. Die isolierbare Ursache, die *wie der Blitz einschlägt* und Wirkung erzeugt, gibt es wohl eher selten. Zu unterscheiden sind durch Risikoeinflüsse geprägte Ausgangsbedingungen, Anlässe sowie Folgewirkungen, die neue Begünstigungsverhältnisse entstehen lassen. Jede Variable wird von einer großen Zahl weiterer Faktoren beeinflusst und beeinflusst selbst wiederum andere durch wechselseitige Aufschichtung und Verstärkung. Jeder Fall von Schulverweigerung ist überdies anders, individuell und eigentümlich hinsichtlich der Faktorenmischungen, des Gekoppeltseins an Lern- und/ oder Verhaltensprobleme, der Verläufe, des Selbsterlebens, der Aufschließbarkeit für Alternativen.

Dabei ist jederzeit der Zusammenhang zwischen sozialer Benachteiligung und psychosozialer Lebenssituation zu beachten. Problemverdichtungsgebiete mit hohen Arbeitslosigkeitsraten und vernachlässigter Infrastruktur strahlen auf Schule und Schulbesuchsverhalten besonders negativ ab. Junge Menschen, die hier leben, fallen im jugendlichen Statusvergleich ab und verfügen über geringere Entwicklungsmöglichkeiten und weniger Chancen. In sozialen Brennpunkten wird häufiger und intensiver geschwänzt und verweigert. Je stärker materielle, soziale, kulturelle Armut und Wohnen in belasteten Gebieten, je mehr Chancenbenachteiligung und in der Folge Schulmüdigkeit und Schulverweigerung. In der Benachteiligungsperspektive ist Schulverweigerung vermutlich Begleiterscheinung von außerschulischer Ungewissheit, Chancenverlust oder sozialer Desintegration.

Im Wirkungsraum Schule zeigen sich die Symptome schuldistanzierten Verhaltens häufig schon im Primarbereich. Frühe Signale sind problematische Lehrer-Schüler-Beziehungen, Verspätungen, Störungen des Unterrichts, schulische Misserfolge, schulische Überforderung, schlechte Noten, Nichtaufrücken, verlängertes Fehlen bei Bagatellerkrankungen, häufiges Fehlen wegen unspezifischer und wenig definierter Krankheiten bzw. Fehlen im Anschluss an das Wochenende, soziale Isolation in der Klasse, befriedigende bzw. bedeutsame Kontakte zu anderen schuldistanzierten Schülerinnen und Schülern, Passivität im Unterricht, keine Mitarbeit, Freudlosigkeit, Niedergeschlagenheit des Kindes oder Jugendlichen, soziales und kommunikatives Ausweichverhalten, unzureichende bzw. keine Hausaufgabenanfertigung, Eltern, die nicht zur Sprechstunde kommen oder schwer erreichbar sind oder den Kontakt zu Schule und Lehrkräften abblocken, Geschwister, die nicht regelmäßig bzw. erfolglos in die Schule gehen.

Bei der Betrachtung der Rolle der individuellen schulischen Entwicklung als Einflussvariable bzw. möglichem prognostischen Faktor fällt auf, dass Probleme im Lern- und Leistungsbereich nicht selten durch lange nicht wahrgenommene, nicht diagnostizierte oder verdrängte Teilleistungsschwächen (Lese- oder Rechtschreibschwächen, Aufmerksamkeitsdefizite, Störungen der Konzentration usw.) mitbedingt sind. Solche *verschleppten* und nicht rechtzeitig angegangenen Beeinträchtigungen der Lern- und Leistungsfähigkeit sind ab einem bestimmten Zeitpunkt, bedingt durch die Verfestigung der Symptomatik, nur noch in eingeschränktem Maße zu bearbeiten. Vermutlich hätte hier eine frühzeitige Diagnose und eine rechtzeitig einsetzende Förderung die dann aufgrund dieser Beeinträchtigungen einsetzende negative schulische Entwicklung mildern können.

Zahlreiche Untersuchungen zum Thema Schulverweigerung, ich verweise hier der Kürze wegen erneut auf die sehr weit gefächerten und systematischen Darstellungen und Literaturüberblicke von K. Thimm und Gisela Schulze, benennen als mehr oder weniger zentralen Risikofaktor konfliktreiche, wenig konstruktive Lehrer-Schüler-Beziehungen, was mich darin bestärkt hat, das Hauptkapitel „Beziehungsaufnahmen" mit besonderer Gründlichkeit, gerade im Hinblick auf das Verweigerungsthema auszuarbeiten. Sinkt zudem die Lehrerkontrolle, steigt das unentschuldigte Fehlen. Die Lehrerkontrolle ist allerdings signifikant wirksamer bei von gegenseitiger Akzeptanz geprägter Lehrer-Schüler-Beziehung sowie einem als positiv erlebten Schulklima.[44] Das Wohlbefinden an der Schule ist ein starker Vorhersagefaktor für eine aktive Teilnahme am Unterricht, für die Ausschöpfung des Leistungsvermögens, ein geringeres Ausmaß an psychischen Belastungen und für die Ausprägung von Lernmotivation bzw. Schulunlust.[45]

In der Auswertung verfügbarer Studien zeigt sich: Dramatisch gefährdet sind Schülerinnen und Schüler, denen Bindung zu Lehrkräften und Mitschülern fehlt (was vermutlich auf noch früher liegenden Bindungsdefiziten im Bereich der familiären Beziehungen aufbaut) und die unter einem Mangel an Integration in ein prosoziales Klassen- und Schulleben leiden, die nicht aktiv an Schule partizipieren und von Schule nicht profitieren, die dann in der Folge nicht an den persönlichen Nutzen von Schule glauben. Vor dem Hintergrund aktueller Untersuchungen[46] und theoretischer Bestandsaufnahmen zum Thema Schulverweigerung ist davon auszugehen, dass sich Schwänzen, Stören, Schulverweigerung in einem Risikofünfeck entwickeln.

Erstens: Das intensiv ausgeprägte Bedürfnis nach Unterstützung und Beachtung in der Beziehung zu den Lehrkräften bleibt

---

[44] Wilmers, N. & W. Greve: Schwänzen als Problem. Report Psychol. 7, 2002
[45] Kirsch, B. & S. Drössler: Schulunlust beim Übergang von der Grund- in die weiterführende Schule. Potsdam 2002 (hektographiertes Manuskript)
[46] vgl. insbesondere K. Thimm, Schulverweigerung, 2000

unerfüllt. (Diese Bedürfniserfüllung müsste vermutlich hier über das rollenbedingt Übliche einigermaßen weit hinausgehen. Zumindest wird dies von vielen Heranwachsenden mehr oder weniger offen oder versteckt bis unbewusst erwartet. Hieraus ziehe ich für die pädagogische Beziehungsgestaltung die Konsequenz, dass gefährdete Kinder und Jugendliche in erster Linie wertschätzende Beachtung benötigen und erst in zweiter Linie inhaltliches Lernen.)

Zweitens: Die personale Identität der Schülerinnen und Schüler korrespondiert positiv mit Wertschätzung, Achtung, Würde und Respekt. Schulschwänzer und Unterrichtsverweigerer erleben jedoch (subjektiv) überdurchschnittlich viele Schikanen, Ungerechtigkeiten oder erhöhten Druck. Diese Bedrohung ihrer Identität kann über Angst und/ oder Widerstand zu Schulverweigerung führen, indem Botschaften der Unterrichtenden, die als *Wegwünschen* interpretiert werden, aufgenommen werden.

Drittens: Anstelle der Befriedigung ihres Bedürfnisses nach Erfolg, Gelingen und Selbstwirksamkeit beim Erbringen schulischer Leistungen erleben schuldistanzierte Kinder und Jugendliche vielfach geradezu das Gegenteil, nämlich Misserfolg, Versagen, Spott, Blamage, Druck oder Gleichgültigkeit von Seiten der Eltern.

Viertens: Anstatt Zugehörigkeit und Sicherheit als Voraussetzung, um vertrauen zu können und sich innerlich entspannt zu fühlen, erfahren schulverdrossene Heranwachsende oft Ablehnung, Ausgrenzung, Randständigkeit.

Fünftens: Dem Bedürfnis nach Sinnhaftigkeit kann die Erfahrung von Sinnlosigkeit des Schulbesuchs angesichts von Misserfolgen, negativen Beziehungserfahrungen bzw. der Perspektivlosigkeit, eventuell keinen Schulabschluss zu bekommen, entgegenstehen. Wenn die Jugendlichen nicht wenigstens punktuell Nischen finden, in denen schulisches Leben für sie irgendeinen, wenn auch nur inoffiziellen oder informellen Sinn hat, steigt das Risiko der Abkopplung.

Schulverweigerung entsteht nicht selten auch durch Ausschlüsse, auch wenn diese aus nachvollziehbaren Gründen erfolgen, in Zusammenhang mit destruktivem Verhalten, oftmals gar zwingend erscheinen, etwa um Grenzen zu setzen, Leib und Leben von Kindern und Jugendlichen (oder Lehrkräften) zu schützen, einen halbwegs geordneten Unterrichtsablauf zu gewährleisten usw.

Die Schule erlebt sich dem Elterndruck ausgesetzt, sie möge möglichst konflikt- und störungsfrei leistungsorientiert arbeiten und ein Höchstmaß an Qualifizierung für die Lebens- und Berufswege der bildungswilligen Schülermehrheit erreichen.

Lehrkräfte werden zugleich heutzutage, durchaus in der Breite, mit unmotivierten und rebellischen Schülerinnen und Schülern konfrontiert. Hinzu kommt, dass in der subjektiven Wahrnehmung vieler Lehrkräfte der Lehrplan häufig nicht *geschafft* wird. Hier könnte bereits ein Coachingprozess ansetzen, vielleicht mit dem Lösungsansatz, weniger auf einmal zu wollen, stärker exemplarisch zu arbeiten, was sich ja unter Hinweis auf die hochangesehenen didaktischen Entwürfe von Klafki oder Wagenschein durchaus rechtfertigen ließe und insgesamt die Dinge in Ruhe nacheinander anzugehen. Das Gefühl und Selbstbild, eine kompetente Lehrkraft zu sein, ist generell oft, in der subjektiven Sicht, dadurch gefährdet, kaum noch etwas *im Griff* zu haben, eine Problematik, an der sich etwas verändern lässt.

Der Coach, der mit einer Lehrkraft, die diese Wahrnehmungen hat, arbeitet, könnte etwa die Frage aufwerfen, ob es wirklich darum gehen kann, das gesamte Geschehen in der Lerngruppe oder Klasse *im Griff* zu haben?

Die Lehrkraft könnte einmal dazu angehalten werden, genau zu überprüfen, wofür sie eigentlich im institutionellen und im pädagogischen Sinne tatsächlich verantwortlich ist? Wird nicht oftmals auch Verantwortung übernommen, die eigentlich die Kinder und Jugendlichen selber oder aber deren Eltern zu tragen hätten? Oder besteht auf Seiten einer Lehrkraft eventuell Angst vor offenen und unabgeschlossenen Situationen?

Warum fällt es vielen so schwer, mit Ungelöstem, Fragmenthaftem, Widersprüchlichem, Unvollständigem, Bruchstückhaftem, Diskontinuierlichem usw., was ja am Rande des Bildungssystems zunehmend die Regel ist, umzugehen und zu leben? Dies kann sich auf die Aufgabenbearbeitung der Lernenden, die Verfügbarkeit von Lern- und Arbeitsmaterial, die unterrichtliche Mitarbeit, den pädagogischen Beziehungsaufbau usw. beziehen. Müssen wir nicht zunehmend mit dieser Brüchigkeit und Fragmenthaftigkeit im pädagogischen Feld leben lernen, auch mit der Tatsache, nicht alles im Griff zu haben? Ist diesbezüglich die Grenze erreicht oder gar schon überschritten, folgt die Abgabe von Zuständigkeit. Die Zuflucht zum *Woanders als bessere Alternative* liegt als entlastendes Konzept nahe.

Im Prozess des Herausschlitterns oder der Ausgrenzung sind oft folgende Stufen im Nachhinein festzustellen: Selektive, negative Wahrnehmung des jungen Menschen. Die Lehrkraft hat den Jugendlichen eventuell *auf dem Kieker*. Es dominieren Zurechtweisungen und Tadel. Schnelles Abwenden nach einer Kontaktaufnahme oder nach verhaltensbezogenen Interventionen signalisiert dem Jugendlichen vielleicht Unerwünschtheit.

Die Bereitschaft der Lehrkraft zu Geduld, Milde, Verzeihen wird geringer. Es geraten immer stärker die Defizite des Jugendlichen in den Blick. Der Umgang mit ihm oder ihr wird auf den Zweck der Verhaltensänderung fixiert und reduziert. Auf dem Weg der Ursachenzuschreibung blendet die Lehrkraft vielleicht die Situationsgegebenheiten aus, in denen der oder die Jugendliche sich befindet und schreibt die Ursache des Verhaltens den Persönlichkeitseigenschaften des jungen Menschen zu.

Es kommt zu einer Abschmelzung des *Prinzips Hoffnung*. Dieser Schritt geht einher mit der prognostischen Behauptung der Aussichtslosigkeit und Sinnlosigkeit von pädagogischem Engagement in einem speziellen Fall, eben wegen des Nichtfruchtens der Bemühungen: *Er oder sie ist unverbesserlich und nicht mehr zu retten und zu halten.* Es kommt zu Prozessen der inneren Entfernung und Entfremdung. In der Kappung des letzten Restes an Verbindung, soweit diese noch bestanden hat, entsteht die emotionale Basis bei der Lehrkraft, den Jugendlichen oder die Jugendliche als unerträglich zu empfinden.

Auch überfordernde Aufgabenstellungen können im Prozess der Entfremdung des Lernenden von der Institution Schule eine Rolle spielen. Die Orientierung am Lehrplan, den Lernzielen und den damit verbundenen Leistungskontrollen (neuerdings auch

Vergleichsarbeiten, Lernstandserhebungen usw.) kann zu einer Überforderung der Heranwachsenden führen, ohne dass sich die Lehrkräfte dessen bewusst sind. Je mehr Druck erzeugt wird, desto mehr nehmen Fehlverhalten, Opposition gegen die Autorität und die Ausnutzung jeder Schwäche der Lehrkraft zu. Gerade wenn die Pädagoginnen oder Pädagogen selbst erregt, resigniert, müde oder ausgelaugt sind (was in Anbetracht vieler Arbeitskontexte ja nur folgerichtig und nachvollziehbar ist) und der innere und äußere Druck dazu führt, Schülerhandlungen unterbinden zu müssen, werden die Bewegungsspielräume für die Lehrkraft enger und enger.

Auch eine angeforderte Hilfe von außen muss nicht immer zu einem befriedigendem Ergebnis führen, da alle Versuche auch zu dem Ergebnis führen können: Niemand will oder kann mehr, und dass, obwohl alle Beteiligten nichts unversucht gelassen haben. Es wird möglicherweise auf die Chronologie und Logik von Unbeschulbarkeit verwiesen. Im Mittelpunkt dieses Stadiums steht der Zweck der Entlastung von Schuld- und Unzulänglichkeitsgefühlen. Wer das Stigma des schon einmal der Schule verwiesenen Jugendlichen mitbringt, wird vielleicht noch weniger gehalten. Die Lerngeschichte wird in einem solchen Falle leichter auf einen roten Faden der Abweichung und des Scheiterns reduziert: Der oder die Jugendliche war immer schon schwierig und es liegt in seiner oder ihrer eigenen Verantwortlichkeit, anders zu sein. Die Zielverfehlung wird dann als (weiterer) Beweis für letztlich unbeeinflussbare Schwächen oder Defizite genommen.

Häufig ist auch das Zusammenspiel von Fremd- und Selbstausgrenzung zu beobachten. Aus *Wegwünschen* entwickelt sich möglicherweise *Hinausekeln*, so dass indirekt eine entlastende Selbstausgrenzung des Jugendlichen erreicht wird. Beim Zuspätkommen sind die Türen verschlossen. Bei Gruppeneinteilungen kommentiert die Lehrkraft mit: „Ach, du auch noch?!" Blamagen an der Tafel werden inszeniert. *Rausstellen* wird Regelinstrument. Erst wird stundenweise beurlaubt, dann tage- und wochenweise. Hier müsste ein Lehrercoaching bereits ansetzen und Handlungsfähigkeit auf alternative, vielleicht konstruktivere Weise sichern. Verdeckt beabsichtigt ist, so räumen Lehrkräfte rückblickend oft ein, dass diese Schülerinnen und Schüler von sich aus, aus ihrer Entscheidung heraus nicht (mehr) kommen.

Es kommt zum Abbruch. *Der Jugendliche passt nicht zu uns. Er ist falsch hier.* Oder: *Wir, das heißt unsere Schule, passen nicht zum Jugendlichen.* Weiteres Scheitern ist vorprogrammiert, wenn Aufnahmen in eine andere Klasse, an eine neue Schule, die Eingliederung also, widerwillig, lieblos, ohne echte Anstrengung erfolgen. Hinzu kommt erschwerend, dass sich abgeschoben fühlende Jugendliche oft so auftreten, dass sie alle Sympathien verspielen. Sie finden letztlich keinen Fürsprecher mehr, weil sie über keinerlei Geschick verfügen, wie man sich bei Lehrkräften ein Minimum an Wohlwollen verschafft.

Die Jugendlichen sind selbstverständlich nicht passive Opfer, sondern zum Teil auch Aktivisten der negativen Eskalation. Sie heizen Situationen allerdings nicht aus freien Stücken an, sondern weil sie das wiederholen, was mit ihnen geschah oder weil die Flucht nach vorne ihre einzige Überlebensstrategie ist. Bei Heranwachsenden, die etwa im Frankfurter Straßenmilieu leben, zeigte sich als Schlüsselszene für den Ausstieg der Abbruch schulischer Kontakte, „bedingt durch Schwänzen, Rauswurf".[47]

Fragt man ehemalige Schulschwänzer an ihren Lernorten in der Jugendberufshilfe[48], erfährt man rückblickend, was ihnen fehlte bzw. was sie gerade auch von Lehrerinnen und Lehrern brauchten: Freundlichkeit und Freundschaftlichkeit, gemeinsame Lösungssuche, Hinterherlaufen, angepassteres Lerntempo, informelle Beziehungsseiten, mehr lebenspraktisches und handwerkliches Lernen. Rückblickend sehen sich viele Jugendliche als „leichtsinnig" bzw. „faul".[49] Viele wünschen sich retrospektiv, dass ihre Ausweichstrategien von den pädagogischen Bezugspersonen nicht widerstandslos hingenommen worden wären.

---

[47] Kilb, R. & P. Heemann: Entwicklung des Straßenlebens von jungen Erwachsenen, Jugendlichen und Kindern am Beispiel Frankfurt am Main. In: Lutz, R. & B. Stickelmann (Hrsg.): Weglaufen und ohne Obdach. Kinder und Jugendliche in besonderen Lebenslagen. Weinheim 1999, S. 185 - vgl. auch Marquardt, A.: Zwischenwelten. Münster 2001, bezogen auf das Hamburger Straßenleben

[48] Althans, B. u.a.: Lernangebote in der Jugendberufshilfe. In: Neue Praxis 4, 1996, S. 352 ff.

[49] Althans, Lernangebote..., S. 355

Diese Befunde haben fundamentale Konsequenzen für pädagogische Settings und Strategien, die der Reintegration von Jungen und Mädchen mit schulverweigerndem oder schulaversivem Verhalten, aber auch der Prävention von Schulausstiegen dienen. Es zeichnet sich die Notwendigkeit einer pädagogischen Doppelstrategie ab. Auf der einen Seite benötigen gefährdete Schülerinnen und Schüler emotionale Zuwendung, persönliche Ansprache und besondere Motivationsanstrengungen, vielleicht auf die Formel *Bindung* zu bringen, auf der anderen Seite haltgebende und verbindliche Strukturen, zusammengefasst in der Formel *Konsequenz*.

Auch der Wirkungsraum Familie weist im Kontext von Schulverweigerung eine eigentümliche Dynamik auf. Sowohl sozioökonomisch und soziokulturell belastende Faktoren, als auch eine ungünstige familiale Entwicklung und Dynamik können schuldistanziertes Verhalten der Kinder auslösen bzw. mitbedingen. Schuldistanz ist so gesehen Folgesymptom, eher eine Auswirkung familiär bedingter Lebens- und Entwicklungsschwierigkeiten. Einzelfalluntersuchungen zeigen, dass in Verweigerungskontexten besonders häufig psychosoziale Probleme anzutreffen sind wie der Verlust elterlicher Bezugspersonen durch deren Trennung, Todesfälle oder Inhaftierung, psychische Probleme der Eltern, Rhythmusstörungen in der Tagesstrukturierung, unangemessene Einbindung der Kinder in die häusliche Versorgung, sexueller Missbrauch, häusliche Gewalt oder Sucht in der Familie. Es wird an dieser Stelle deutlich, dass hier eine erhebliche Überschneidung des Problemkreises Schulverweigerung mit dem Problemkreis Verhaltensauffälligkeit besteht, auch wenn beide Bereiche keineswegs als deckungsgleich anzusehen sind.

Starke Schwänzer sind offenbar vier Mal häufiger Zeuge gewaltsamer Auseinandersetzungen der Eltern oder Lebenspartner bzw. Opfer elterlicher Züchtigung, als Heranwachsende aus einer Vergleichsgruppe.[50] Beim Gelegenheitsschwänzen gibt es nur ein schwaches Plus von Kindern aus Ein-Eltern-Familien. Der nega-

---

[50] Wilmers, & Greve: Schwänzen als Problem...

tive Begünstigungszusammenhang steigt aber beim Gewohnheits- und Massivschwänzen auf das Drei- bis Fünffache.[51]

Fehlende elterliche Schulakzeptanz, gar eine elterliche Schulaversion rühren oft aus eigenen missglückten Schulkarrieren. Nicht selten resignieren Eltern, die den Einfluss auf ihre Kinder verloren haben. In vielen Einzelfällen zeigen sich als Schuldistanzierung fördernd elterliche Kontrollschwächen, mangelnde Unterstützung der Kinder, Orientierungsmängel durch ungünstige oder fehlende Grenzsetzung, bildungsferne elterliche Rollenmodelle.

In der Außenbewertung hinderliche Erziehungsstile sind etwa hilflose Bagatellisierung der schulischen Misserfolge und Frustrationen; Totalfreisprechung der eigenen Kinder mit Schuldzuweisung an die Schule; Autoritätslücken bis hin zum Rollentausch, bei dem plötzlich die Jugendlichen den Eltern gegenüber den Ton angeben; starke Unstetigkeit und Unberechenbarkeit im elterlichen Handeln und, nicht zuletzt, ein wenig einfühlender restriktiver, vor allem durch Druckausübung gekennzeichneter Erziehungsstil, oftmals gekoppelt an Phasen des Laissez-faire.

Praxisbefunde deuten darauf hin, dass elterliches Interesse, emotionale und praktische Unterstützung und Kontrolle sowie ein guter Familienzusammenhalt positiv mit Anwesenheit, Schulerfolg und Schulzufriedenheit der Kinder zusammenhängen. Als Wirkfaktoren, die überwiegend in der Lerngruppe oder in jugendkulturellen Kontexten oder Cliquen angesiedelt sind, gelten ungelöste Konflikte mit Mitschülern, Gewalterfahrungen, soziale Isolation, Hänseleien. Demgegenüber steht dann, quasi kompensatorisch und stabilisierend der Zusammenhalt in der Clique, wobei Schuldistanz auch als Loyalitätsthema dienen kann, dass die Gruppe der Gleichaltrigen zusammenschweißen soll.

Zumindest anfangs eröffnen sich in den Gruppen der Gleichaltrigen und Gleichgesinnten reizvolle alternative Erlebniswelten und Identifikationsmöglichkeiten, die dann die schulische Langeweile und die frustrierenden Lernerfahrungen aufwiegen sollen. Etwa die Hälfte der stärkeren Schwänzerinnen und Schwänzer

---

[51] vgl. Puhr, K. u.a.: Pädagogisch-psychologische Analysen zum Schulabsentismus. Halle 2001

wird als cliquenorientiert eingeschätzt.[52] Jeder vierte Schwänzer wird von einer Gruppe von Schulsozialarbeitern in Mecklenburg-Vorpommern und von Magdeburger Lehrkräften der Rubrik „Außenseiter/ sozialer Rückzug" zugeordnet. Etwa zehn Prozent aller Schülerinnen und Schüler und zehn bis zwanzig Prozent der Schwänzer sind vermutlich Opfer von Gewalt oder Bedrohung.

Jedenfalls gilt der Verlust des Bezugsmilieus der tendenziell regelkonformen schulischen Gleichaltrigengruppe als hochriskant. Oft lautet der Teufelskreis: geringe Schulmotivation, fehlender Glaube an die eigene Wirksamkeit, geringes Engagement, Misserfolgserleben, kein persönlicher Nutzen, noch geringere Schulmotivation usw. Schulverweigerung ist oft auch ein Problem fehlender personaler und sozialer Bewältigungsstrategien von Belastungen. Bezüglich der Variable Selbstkonzept lässt sich für etwa 50 Prozent der starken Schwänzer tendenziell ein eher niedriges Selbstkonzept mit Unwirksamkeits- und Misslingensfokus sowie ein eher niedriger Rangstatus in der Klasse vermuten.[53]

Angstthematisch scheinen im Kontext von Schulverweigerung eine Rolle zu spielen, ohne dass es dazu endgültige Zahlen gibt, soziale Ängste wie Wettbewerbs-, Präsentier- und Stigmatisierungsangst, Lern- und Leistungsversagensangst, Angst vor Lehrkräften, Institutionsangst und Zukunftsangst. Aus diesen Befunden ist bereits abzuleiten, dass die pädagogischen Bemühungen um Schulverweigerer in jeder Weise haltgebend und auf gar keinen Fall repressiv sein dürfen. Denn wer ohnehin zu Ängsten neigt oder wenig motiviert ist, wird bei einer Erhöhung des institutionellen Drucks erst recht wegbleiben oder aus dem Felde gehen.

Praxisschilderungen belegen, dass bei den Jugendlichen, die in Projekten für Schuldistanzierte lernen, sich biographische Erfahrungen in Form von personalen Dispositionen ablagern, die die Lebensbewältigung und schulische Bewährung erschweren. Typische Merkmale im Geflecht von Ursachen und Wirkungen sind häufige Erfahrungen von Nicht-Gelingen und Nicht-Genügen mit

---

[52] vgl. Wittrock, M. &. G. Schulze: Schulaversives Verhalten. Rostock 2001 (hektographiertes Manuskript)
[53] Wittrock & Schulze, Schulaversives Verhalten, 2001

der Folge eines Misserfolgs-Selbstkonzeptes mit sehr geringem Selbstwertgefühl, was häufig durch oberflächlich *imposantes* oder besonders *cooles* Auftreten verschleiert wird. Unter dieser Oberfläche zeigt sich nämlich häufig ein hohes Maß an Irritierbarkeit, Kränkbarkeit, Verletzbarkeit sowie eine negative emotionale Grundstimmung, die geprägt ist durch Ängste, depressive Tönungen, Gefühle von Hilflosigkeit und Hoffnungslosigkeit, stark wechselnde Stimmungen und emotionale Labilität.

Weiter zeigen sich bei den Verweigerern, gleichgültig, ob es sich mehr um die Variante des Wegbleibens oder die Variante des *Kommens und Störens* handelt, eine geringe Frustrationstoleranz, ein verschüttetes Interesse an der eigenen persönlichen Entwicklung, aggressives Verhalten oder Rückzugs- und Isolationstendenzen, geringe Konfliktfähigkeit und die Abwehr der Verantwortung für das eigene Verhalten. In diese Aufzählung gehört ferner häufig eine schwach ausgeprägte Selbstdisziplin, eine generelle Antriebsarmut, Passivität, fehlende Lernmotivation und geringe Anstrengungsbereitschaft. Dies alles begegnet uns häufig im Verbund mit Schwierigkeiten in der Selbstorganisation.

Als Praktiker mag es einem schon mulmig werden, wenn man sieht, wie viel hier an Potenzial blockiert ist und wie viel Geduld, Zuspruch und Fingerspitzengefühl gefordert ist, um die Jugendlichen überhaupt noch zu erreichen. Besonders schwierig wird es, wenn sich entwicklungstypische Autoritätsprobleme verfestigen oder gar hochschaukeln, wenn zur Kompensation all der genannten Schwierigkeiten die Grenzüberschreitung, das große Abenteuer oder der ultimative Kick gesucht werden. Die pädagogische Imagination und Zugkraft muss es mit teilweise sehr düsteren Zukunftsbildern der Jugendlichen selbst aufnehmen.

Als wesentliche Entwicklungsaufgabe stellt sich, dass die Heranwachsenden Strategien entwickeln, belastende Situationen *auszuhalten*, sie zu *managen*, anstatt sich den gestellten Anforderungen zu entziehen und die Auseinandersetzung mit Problemen zu vermeiden. Was bewegt schuldistanzierte Schülerinnen und Schüler in ihrer Selbstthematisierung? Stunden- und Tagesschwänzer äußern als Auslöser ihres Schwänzens, wobei verschleiernde Rationalisierungen, gar eine Art Motivveredelung, eine Rolle spielen können: Die Erwartung von Langeweile, drohende Leistungskontrollen, Konflikte mit Lehrkräften oder anderen Schülern im Unterricht.

Bezüglich des Lebens außerhalb der Schule sind offenbar ausschlaggebend die Animation durch Gleichaltrige, das Verschlafen der ersten Stunden, das Verdienen von Geld, oftmals auf illegalen Wegen, beim Freund oder der Freundin sein zu können. Fragt man die jungen Menschen, wie sie sich ihre Abkopplung erklären, würde jedoch kaum ein Schulverweigerer seine Eltern und die familiäre Situation als Verursachungsbereich nennen. Ebenso selten würde eine Lese-Rechtschreib-Schwäche als Grund von ihnen benannt werden, auch wenn diese womöglich schwer wiegt und vom Jugendlichen etwa aggressive Verhaltensausbrüche bei Klassenarbeiten inszeniert werden, die dann zum Rauswurf aus der Klasse führen sollen, nur um letztlich die immer gravierender werdenden Defizite auf dem Gebiet der Schulleistung zudecken zu können. Geäußert werden oft Anlässe, weniger komplexe und vorbewusste Hintergründe. Die eigenen Eltern werden nicht unbedingt belastet, außer, und hier gehe ich einmal von meinen eigenen Erfahrungen aus den Sonderschulen aus, wenn es sich um ganz gravierende Misshandlungserfahrungen handelte.

Empfunden werden solche, um das Verweigerungsthema kreisende Motivationen von den jungen Menschen oftmals als *Null Bock*, Langeweile oder als Beziehungsproblem mit Lehrkräften.[54] Jugendliche Selbstauskünfte sind ernst zu nehmen, auch wenn sie noch so subjektiv oder wenig nachvollziehbar erscheinen. Viele junge Menschen wissen vor allem in der Deutung der schulbezogenen Lage, in Ansätzen durchaus, was ihnen fehlt und was sie brauchen. Aber diese Klarsicht betrifft nur eine Medaillenseite. Andere Hintergründe und Motive müssen entdeckt, herausgelesen, erschlossen werden, was ich inzwischen insbesondere zunehmend unter Rückgriff auf recht vielversprechende Coaching-*Tools*[55] versuche.

---

[54] Uhlig, S.: Handlungsstrategien im Umgang mit Schulverweigerung – Versuch einer Systematisierung. In: Simon, T. & S. Uhlig (Hrsg.): Schulverweigerung. Muster – Hypothesen – Handlungsfelder. Opladen 2002
[55] z.B. Rauen, C. (Hrsg.): Coaching-Tools. managerSeminare Verlag 2004

Schule verweigerndes Handeln ist subjektiv ein Probleme lösendes Handeln, auch wenn dadurch erst einmal neue Probleme heraufbeschworen werden. Erleben Jugendliche diese Art von Bewältigung als passend, lohnend, spannungsmildernd, als verbindend und statussteigernd in Peer-Kontexten oder als erfolgreich bei der Angstbewältigung, kann aus Schulunlust Schulmüdigkeit und schließlich auch Schulverweigerung werden. Abschalten, sich ausklinken, sich müde stellen, desinteressiert sein, sich krankschreiben lassen, vermeiden, weglaufen, sich demonstrativ verweigern, diese evasiven und eskapistischen Strategien erscheinen als die weniger schädliche oder einzig mögliche Alternative. Fatal ist, wenn sich der Bruch mit der Schule als weiteres Glied in einer Kette nicht gelungener Bearbeitungsversuche von Anforderungen darstellt und schließlich Endgültigkeit bekommt.

SCHULMÜDIGKEIT BEI HOHER INTELLIGENZ
Es ist interessant zu sehen, dass jetzt zu Beginn des dritten Jahrtausends, ausgelöst durch die PISA-Studie, mit der Hochbegabtenförderung ein Thema erneut auf die pädagogische Tagesordnung kommt, das bereits Anfang der 1980er Jahre Gegenstand universitärer Forschung und Lehre sowie Gegenstand praktischer pädagogischer Untersuchungen und Konzeptentwicklung gewesen ist.

Man wird in diesem Zusammenhang insbesondere die konzeptionellen Entwicklungen und Pionierleistungen von Eva & Karl-J. Kluge für die Förderung von hochbegabten oder hochintelligenten Heranwachsenden für Deutschland und zugleich auf internationaler Ebene würdigen müssen. Die durch Eva & Karl-J. Kluge und ein engagiertes Team an Mitarbeitern ins Leben gerufenen und begründeten *Universitären Sommercamps* finden nunmehr seit zwei Jahrzehnten statt, inzwischen in Kooperation mit Doris Meyer[56], heute unter dem Namen *SkyLight-Campus*.

Dieser Sommercampus besaß in der Tat etwas Pionierhaftes, weil hier 1985 erstmalig in Deutschland völlig neue Wege des

---

[56] Meyer, D.: Hochbegabung – Schulleistung – Emotionale Intelligenz. Eine Studie zu pädagogischen Haltungen gegenüber hochbegabten „underachievern". München, Hamburg, London 2003

Lernens und Lehrens mit begabten und motivierten Heranwachsenden erkundet wurden. Eine ganze Serie von Publikationen wurde auf den Weg gebracht. Schon 1981 erforschten Karl-J. Kluge und Karin Suermondt-Schlembach den Zusammenhang von hoher Begabung bzw. hoher Intelligenz und Verhaltensauffälligkeit.[57] K. Bongartz, U. Kaißer und K.-J. Kluge[58] erstellten zunächst eine grundsätzliche Einführung in die Begabungsthematik. D. Gafni, K.-J. Kluge und K. Weinschenk[59] brachten eine Zusammenschau von theoretischen Einzelaspekten und Möglichkeiten der pädagogischen und therapeutischen Intervention.

A. Grobel[60] untersuchte die Familienbeziehungen von hochintelligenten Kindern und Jugendlichen, die an den ersten Camps teilnahmen. E.-M. Saßenrath[61] entwickelte ein Modell zur Elternberatung und unterzog dieses zugleich einer empirischen Prüfung. U. Pinnow[62] stellte das unter anderem auf dem *Enrichment*-Ansatz von J. Renzulli[63] basierende Camp-Programm in seiner pädagogischen Breite dar. Ich selber führte in den Universitären Sommercamps eine empirische Untersuchung zur Kreativen Intelligenz durch und arbeitete an einem Fördermodell, das insbesondere divergentes und schöpferisches Denken, in Verbindung mit

---

[57] Kluge, K.-J. & K. Suermondt-Schlembach: Hochintelligente Schüler verhaltensauffällig gemacht? München 1981

[58] Bongartz, K., Kaißer, U. & K.-J. Kluge: Die verborgene Kraft. Hochbegabung, Talentierung, Kreativität (Teil I). München 1985

[59] Gafni, D., Kluge, K.-J. & K. Weinschenk (Hrsg.): Die verborgene Kraft (Teil II). München 1985

[60] Grobel, A.: Gegen den Mythos von Hochbegabung. Eine Untersuchung über den Einfluss von Familienbeziehungen auf Hochintelligente/ Hochbegabte (Dissertation Universität zu Köln 1988). München 1989

[61] Saßenrath, E.-M.: Das Erwartungsspektrum von besonders befähigten Kindern an ihre Eltern: „Mentoring" als pädagogische Konsequenz. Eine Studie in Verbindung mit einem Elterntrainingsprogramm (Dissertation Universität zu Köln 1989). München 1989

[62] Pinnow, U.: Schüler-Uni. Ein Enrichmentprogramm für Kinder und Jugendliche mit besonderen Bedürfnissen, Fähigkeiten und hoher Motivation. München 1989

[63] Renzulli, J.S.: The Enrichment Triad Model. Mansfield Center, Connecticut 1977. – Ders.: The Schoolwide Enrichment Model. Mansfield Center, Connecticut 1985 - Renzulli, J.S., S. Reis & U. Stedtnitz: Das Schulische Enrichment Modell (SEM). Aarau und Frankfurt am Main 2001

einer ganzheitlichen Persönlichkeitsförderung, in den Vordergrund stellte.[64]

Dass grundsätzlich etwas geschehen muss, mit Blick auf die begabten und motivierten Kinder und Jugendlichen in unserer Gesellschaft zweifeln heute nur noch wenige an. Da ich, neben etlichen Jahren Unterrichtstätigkeit mit lernfrustrierten Heranwachsenden an Sonderschulen, auch etwa fünf Jahre als Integrationslehrer an Grundschulen tätig war, habe ich neben all den Schülern mit Lern- und Verhaltensproblemen, die ich dort förderte, etliche gesehen, die obwohl im ersten Schuljahr, schon längst den Stoff des dritten Schuljahres gerechnet hätten. Statt ein vorgegebenes Übungsblatt zu bearbeiten, hätten sie stärker selbstständig und entdeckend gelernt und der Gruppe anschließend ihre Ergebnisse präsentiert. In vielen Grundschulklassen (doch nicht in allen!) langweilen sich diese Kinder jedoch und ihre Kreativität, ihr Lerneifer bleibt vielfach auf der Strecke.

Das Lehrpersonal orientiert sich entweder am Klassendurchschnitt oder aber es ist, trotz bester pädagogischer Absichten, und trotz Einbeziehung heterogenitätstheoretischer Überlegungen und Ansätze[65], durch die zum Teil horrenden Verhaltensauffälligkeiten und Lernschwierigkeiten einer stets größer gewordenen Gruppe von Schülern absorbiert. Dazu kommt, dass manche lernmotivierte Kinder mit ihren ungewöhnlichen Ideen *anecken*, indem sie vielleicht *quer* zu den Erwartungen der Lehrkräfte denken. Adäquat gefördert, das heißt auch tatsächlich auf ihrem individuellen Niveau angesprochen und darüber hinausgeführt werden die hochintelligenten, und mit der Zeit vielleicht schon weniger motivierten Schülerinnen und Schüler, jedenfalls selten. Wie konflikthaft oder störanfällig sich hochbegabte oder hochintelligente Kinder nun in pädagogischen Beziehungen und Kontexten verhalten, darüber besteht in der Fachöffentlichkeit kein Konsens.

---

[64] Bröcher, J.: Kreative Intelligenz und Lernen. Eine Untersuchung zur Förderung schöpferischen Denkens und Handelns unter anderem in einem Universitären Sommercamp. München 1989 (erneute Auflage unter dem Titel: Hochintelligente kreativ begaben, Münster, Hamburg, London 2005)

[65] Warzecha, B. (Hrsg.): Heterogenität macht Schule. Beiträge aus sonderpädagogischer und interkultureller Perspektive. Münster usw. 2003

D. Rost stellt sich mit seiner Marburger Untersuchung[66] in die Tradition der oft zitierten Langzeit-Studie von Terman et al.[67] und betont die psychische Stabilität hochbegabter Kinder. Sie seien gut ins Schulsystem integriert, sozial unauffällig, im schulischen Lernen erfolgreich und selbstbewusst, heißt es in der Zusammenfassung der Untersuchungsergebnisse. Lediglich jene 15 Prozent, die als *underachiever* ermittelt wurden, Doris Meyer und Karl-J. Kluge sprechen im Sinne eines humanistisch geprägten und an den Potenzialen eines jungen Menschen orientierten Coaching wahrscheinlich zutreffender von *partly achievern*, diejenigen also, die ihr Leistungspotenzial nicht voll ausschöpfen, müssen nach Rosts Studie Anlass zur Sorge geben.

Zieht man andere Publikationen heran, die oftmals auf der Erfahrung von Therapeuten oder Psychologen in Beratungsstellen basieren (ich kann diese lange Liste aus Raumgründen hier nicht aufführen), ergibt sich ein völlig anderes Bild. Das Leben hochbegabter Kinder und Jugendlicher erscheint dann eher zum Teil erheblich überschattet von Krisen und Konflikten. Nach Angaben des Schulträgers der Talenta-Modellschule für Hochbegabte in Geseke-Eringerfeld zeigen die dort unterrichteten Kinder und Jugendlichen, besonders im Bereich der Sekundarstufe I, einen enormen therapeutischen Förderbedarf, was wiederum darauf hindeutet, dass sie ihre Potenziale vor der speziellen Beschulung nicht ohne weiteres leben konnten.

Auch stellt sich bezüglich der durch Rost vorgenommenen Untersuchungen die Frage, was mit all den begabten und motivierten Kindern geschieht, die direkt unterhalb der Marke der zwei Prozent Höchstleister liegen, die ja lediglich in die Marburger Studie eingegangen sind? Wer soll denn der pädagogische Anwalt dieser Gruppe sein? Auch scheint es aufgrund meiner

---

[66] Rost, D.H. (Hrsg.): Lebensumweltanalyse hochbegabter Kinder. Das Marburger Hochbegabtenprojekt. Göttingen 1993. – Ders. (Hrsg.): Hochbegabte und hochleistende Jugendliche. Neue Ergebnisse aus dem Marburger Hochbegabtenprojekt. Münster usw. 2000

[67] Terman , L.M. et al.: Genetic Studies of Genius. Vol. 1: Mental and Physical Traits of a Thousand Gifted Children. Stanford, Cal. 1925. – Terman, L.M. & M.H. Oden: Genetic Studies of Genius. Vol. 5: The Gifted Child Grows up. Stanford, Cal. 1947

eigenen empirischen Beobachtungen eine beachtliche Gruppe an kreativen oder begabten jungen Lernern zu geben, die aufgrund demotivierender Lern-Vorerfahrungen oder schulischer Kränkungen gar nicht mehr daran interessiert sind, im Unterricht oder in schuldiagnostischen Tests ihr Bestes zu geben. So stimmig Rosts Untersuchungsdesign auf den ersten Blick unter methodologischem Gesichtspunkt auch erscheinen mag, so werden doch die Tiefendimensionen, die schon seit Jahrhunderten die Biographien intelligenter, kreativer, begabter Menschen, von Ingenieuren, Unternehmern, Schriftstellern, Erfindern oder Künstlern, bestimmen, wahrscheinlich mit diesem Testdesign kaum erfasst.

Menschen, die in unserer Welt tatsächlich etwas bewegt und verändert haben, kamen alles in allem doch eher selten aus einer solch geordneten, integrierten, leistungswilligen und leistungsfähigen schulischen Lebenswelt, wie sie auf der Basis der Marburger Untersuchungsergebnisse *konstruiert* worden ist. Wie oft war es gerade ein tief sitzender Lebenskonflikt, der den Motor für das Generieren eines *Lebenswerkes* darstellte, eines Werkes, das dann *allen* zugute kam oder, auch in seinen Schattenseiten, zumindest alle *betraf*. Eva & Karl-J. Kluge ziehen nach zwanzig Jahren Kölner Begabungspädagogik, Potenzialförderung und Hochintelligenten-Coaching das Fazit, dass die allermeisten Kinder und Jugendlichen, die Jahr für Jahr während ihrer Sommerferien in die *SkyLight-Camps* kommen, „seelisch verstimmt" seien.

Ausgehend von einem der Universitären Sommercamps bzw. SkyLight-Camps leitete ich für die Gruppe der Elf- bis Zwölfjährigen eine Explorer-Tour durch München, mit Schwerpunkt auf den vielfältigen naturwissenschaftlichen und technischen Abteilungen des Deutschen Museums, in denen wir allein zwei ganze Tage, das heißt jeweils sechs bis sieben Stunden pro Tag schauend, erforschend, diskutierend, notierend, photographierend, Zusammenhänge herstellend, Fragen formulierend usw. verbrachten. Hier ist ein Teil der Fragen, die die Lerner ausgehend von ihren Eindrücken während der Erkundungstour entwickelten:

Wie kann ein Segelschiff vorwärts kommen, bei eher seitlichen Winden? Wie schnell muss ein Flugzeug sein, damit es vom Boden abhebt? Aus welchem Material sind Hochspannungsleitungen gefertigt? Kann man sich im Weltraum in einer Art Erdsimulator-Frischluft-Raum erholen und entspannen? Lässt sich so etwas überhaupt machen? Lassen sich die Gesetze der Schwerkraft oder der Schwerelosigkeit aufheben oder beeinflussen? Was ist das für eine Materie oberhalb der Erdatmosphäre und darüber hinaus im Weltall? Wie gelingt Fortbewegung im Weltall? Wie weit kann heutzutage eine bemannte Weltraumexpedition gehen, was die Entfernung von der Erde betrifft? Wenn sich der Eiffelturm bei warmem Sommerwetter nach oben verlängert, das Eisen sich also ausdehnt, wie sieht in dem Moment die Atomstruktur des Eisens genau aus? Und ist der Eiffelturm bei heißem Wetter noch genauso stabil wie bei kalten Temperaturen?

Was ist das Geheimnis des Foucaultschen Pendels? Wie genau konnte Foucault mit seinem Pendelversuch nachweisen, dass sich die Erde um ihre eigene Achse dreht? Wie kann ich mir die Drehbewegung des Pendels genau vorstellen, wenn der Turm mit dem Pendel darin irgendwo zwischen dem Nordpol und dem Äquator steht? Wie muss die Pendelschnur oben im Turm, auf sechzig Meter Höhe, aufgehängt bzw. befestigt sein, damit durch die Art der Befestigung kein Einfluss auf die Pendelbewegung genommen werden kann? Bezogen auf das Foucaultsche Pendel: Was genau ist der Fixsternhimmel und welche Rolle spielt er?

Und weiter: Was hat eine optische Täuschung, wie in den Bildern des Künstlers Escher, mit Mathematik zu tun? Wie ließen sich die Torpedos der U-Boote im Zweiten Weltkrieg auf ihr Ziel lenken? Wie lassen sich Weltraumraketen in der Richtung steuern? Wie lange konnten Marinesoldaten unter Wasser im U-Boot durchhalten, bevor sie psychisch in eine Krise kamen? Wie müssen sich Astronauten während des Weltraumfluges ernähren? Warum ist der Astronaut Reinhard Furrer schon mit 55 Jahren gestorben? Was sind in der Geodäsie von der Vermessung der Landschaft bis zur Landkarte die einzelnen Schritte? Welche Vermessungsmethoden gibt es in der Geodäsie? Lässt sich die ganze Welt mit Hilfe mathematischer Gesetzmäßigkeiten erklären? Von wem stammt das magische Zauberquadrat in dem Kupferstich von Albrecht Dürer (Melencolia)? ...

Nach dem Besuch des Olympiageländes wurde die Frage entwickelt: Was wäre passiert, wenn man die Olympischen Spiele 1972 nach dem Attentat auf die israelischen Sportler abgebrochen hätte? Welche Argumente sprachen für die Fortführung der Spiele? Welche dagegen? u.a. Es zeigen sich Lernbedürfnisse.

ETABLIERTE UND AUßENSEITER[68]

„Die liberale Gesellschaft [...] überdauert durch Offenheit für alles, was geschieht und sich an ihren Rändern abspielt; das ist ihr Geheimnis", schreibt G. Vincent.[69] Wirklich? Degeneriert diese Offenheit aber nicht immer häufiger zur Gleichgültigkeit? Würde ich in Zusammenhang mit meinen *didaktischen Variationen* nicht wiederum auf das Verhältnis der problembelasteten Heranwachsenden zur Gesellschaft bzw. das Verhältnis der Gesellschaft zu diesen Kindern und Jugendlichen zu sprechen kommen, stünden doch alle Gedankenexperimente, die ich unternommen habe, um diese spezielle Pädagogik für besondere Kinder und Jugendliche ein wenig lebenswerter, beweglicher und produktiver zu machen, unter dem Verdacht des Affirmativen. Nein. Als Pädagoge zwar tun, was in der eigenen Macht steht, aber auch das soziale Ganze nicht aus den Augen verlieren. Ich möchte daher eine Geschichte erzählen. Sie klingt wie ein modernes Märchen, doch sie ist wahr. Alles hat sich genauso zugetragen.

Es ist nicht die Rede von dem Jahr, als ich für eine Zugfahrt nach Sylt aus Termingründen nur noch Gruppenplätze in der ersten Klasse buchen konnte und wir auf dem Rückweg, von Westerland nach Köln, zunächst mit der Situation konfrontiert waren, dass die Etablierten und Pensionierten dieser Gesellschaft auf unseren Plätzen in Wagen 13 saßen, weil Wagen 14 anfangs noch ein Elektronikproblem hatte und nicht zu betreten war. Diese Damen und Herren hatten einfach Anspruch auf die erste Klasse, weil sie eben, im Gegensatz zu uns, die *Erste Klasse* waren. Für einen Moment sah es so aus, als seien wir nur die sozialen Trittbrettfahrer, doch zum Glück verfügten wir ja über handfeste Fahrkarten und aussagekräftige Reservierungen. So kam es, dass diese Kinder vom Rande der Gesellschaft dann doch Erste Klasse

---

[68] vgl. auch Bröcher, J.: Zwischenfall im Zug. Pädagogik und Gesellschaft auf Tuchfühlung. Päd Forum 2002, H. 6, 30./15. Jg., S. 408 – 410. – Ders.: Zwischenfall im Zug. Pädagogik und Gesellschaft auf Tuchfühlung. Die Zeit, Leben - Online, 06/ 2003
[69] Vincent, G.: Eine Geschichte des Geheimen. In: Ariès, P. & G. Duby (Hrsg.) (1987): Die Geschichte des privaten Lebens, Band 5: Vom ersten Weltkrieg bis zur Gegenwart. Frankfurt am Main 1993, 153 – 343, hier: S. 230

durch Deutschland fuhren. Ich muss sagen, dass ich dieses kontrastreiche *Bild* sehr genoss. Das war im April 2004.

Doch die Geschichte, die ich nun erzählen will, ist schon etwas länger her, soweit ich mich erinnere, war es im Mai des Jahres 1993. Sie handelt ebenfalls von einer Klassenfahrt nach Sylt, genau gesagt nach Hörnum, und von einer eigentümlichen Erfahrung, während der Zugfahrt dorthin. Das reibungslose Funktionieren unserer Eisenbahnen gilt bekanntlich als Symbol für Verlässlichkeit und planvolles Vorankommen. Der Zug als Sinnbild gesellschaftlicher Normalität. Dies aber nur, solange nicht Individuen den Zug besteigen, die ohnehin schon Sand im Getriebe sind und die die gleichmäßige Fahrt eines Intercity stören.

Es gibt bedauerlicherweise in dieser Gesellschaft Kinder, die aufgrund ihres fehlangepassten, hyperaktiven oder aggressiven Verhaltens, zumeist als Folge von falscher oder fehlender Erziehung, oder aber aufgrund nur schwer beeinflussbarer hirnorganischer Besonderheiten, an Sonder- oder Förderschulen verwiesen werden. Dort sollen sie nun mit Hilfe einer besonderen Pädagogik und Didaktik wieder auf den rechten Weg gebracht, quasi nacherzogen werden. Nachdem meine Kollegin und ich innerhalb des Klassenraumes und unter Einbeziehung der näheren Schulumgebung vielerlei beeinflussende Maßnahmen mit Blick auf diese *Rasselbande* (der humorvolle Ton sei mir hier gestattet) versucht hatten, kam die Krönung des damaligen Unterrichtsprogramms: Eine einwöchige Klassenfahrt nach Sylt.

Diese durch Handy und Gameboy sozialisierten *Kids* sollten, so unsere Absicht, an der frischen Nordseeluft, bei gemeinsamen Strand- und Wattwanderungen oder beim ruhigen Gezockel der Kutschpferde auf Hooge zu neuen Erfahrungen und Erkenntnissen kommen. So waren wir also mit jener unruhigen Schar Zehnjähriger (wieder einmal) im Zug von Köln nach Westerland unterwegs. Insgesamt waren es diesmal zehn Jungen einer Schule für Erziehungshilfe. Und jeder von ihnen zählte, von den Notwendigkeiten der Beaufsichtigung her gesehen, für drei. Wir besetzten mehrere nebeneinanderliegende Abteile. Es war im Mai. Ein warmer, sonniger Tag.

Natürlich konnten wir die Schüler nicht länger als eine halbe Stunde in den Abteilen halten. Sie fühlten sich offenbar eingesperrt und produzierten schon nach wenigen Minuten die ersten Konflikte und Streitereien. Sie wollten auf den Gang. Wir vertrösteten sie auf später. Sie versuchten es erneut und fragten hartnäckig nach. Schließlich ließen wir sie aus den Abteilen heraus. Es ging auch gar nicht anders. Sie liefen auf und ab. Dann öffneten einige die Fenster. Wir schlossen die Fenster wieder und machten auf die möglichen Gefahren aufmerksam. Wenig später büchsten uns die ersten aus und entkamen in die benachbarten Großraumwagen. Meine Kollegin ging in die eine, ich selber in die andere Richtung, um die Jungs wieder einzusammeln. Die mitreisende Sozialpädagogin hielt die Stellung vor den Abteilen.

Zunehmend außer Atem eilte ich durch die Gänge der voll besetzten Wagen. Weiter vorne sah ich einen Blondschopf, der zu unserer Gruppe gehörte, verschwinden. Ich balancierte zwischen Clubreisetaschen und Mephistoschuhen hindurch. Hinter mir schlossen sich zischend die Glastüren. Der Weg durch die Wagen schien ewig lang. Kurz bevor ich das Ende des Zuges erreicht hatte, wurde abgebremst. Wir fuhren in einen Bahnhof ein. Die Türen öffneten sich und draußen rannte ein Teil meiner Schülerschar über den Bahnsteig wieder in Richtung zur Mitte des Zuges. Einer der Jungs steckte mir keck die Zunge entgegen. Ein lustiges Spiel. Hoffentlich würden sie rechtzeitig wieder einsteigen, hämmerte es in meinem Kopf. Ich sah mich schon im Betreuerraum des Fünf-Städte-Heims sitzen und im Gespräch mit Frau Moll, einer Kollegin aus K., Trost finden, bei einem kühlen friesischen Bier. Frau Moll fuhr jedes Jahr mit ihren Schulklassen nach Hörnum.

Also wieder zurück den ganzen Weg. Die Leute wurden allmählich auf mich aufmerksam und schauten mir mitleidig oder entnervt nach. Bis ich schließlich gegen ein Gefährt mit Getränken und Erfrischungen lief. Irgendwie quetschte ich mich vorbei und kam schnaufend wieder am Ausgangspunkt meiner vergeblichen Schülersuche an, den drei Abteilen. Marita hatte gute Arbeit geleistet und etwa die Hälfte der Ausreißer wieder in ihr Abteil geschoben. Die andere Hälfte fingen wir schließlich in dem angrenzenden Großraumwagen ein. Als der Zug hielt, war ich schnell über den Bahnsteig nach vorne zur Lok gelaufen und hatte nun diesen Zugteil systematisch durchkämmt, ohne dass die Jungs erneut hätten entkommen können.

Ich steuerte geradewegs auf ein Handgemenge zu. Einer der Jungs hatte eine elegante Dame beim Kaffeetrinken angerempelt. Ihr ganzes Kleid war voller brauner Flecken. Es erhob sich ein Riesengeschrei, weil ein älterer Herr an dem Jungen herumzerrte und diesen beschimpfte. Ich entschuldigte mich für das Verhalten des Jungen, drückte der Frau einen Geldschein in die Hand, murmelte etwas von besonderen Kindern und schob das Grüppchen vor mir her aus dem Wagen heraus. Mir schien, der gesamte Zug sei mittlerweile durch unsere unruhestiftende Anwesenheit mitbetroffen.

Ich geriet zunehmend unter Stress. Musste ich die Jungen nicht besser in Schach halten? War es etwa doch ein Fehler, mit solchen Kindern eine so weite Fahrt zu unternehmen? Statt einer achtstündigen Zugfahrt, hätte ich mit ihnen lediglich eine zehnminütige Busfahrt bis zur Jugendherberge an der nächsten Ecke machen sollen. So etwas hier konnte ich den anderen Fahrgästen, dieser gesetzten und saturierten Gesellschaft, die ihren wohltemperierten Ferienwohnungen und Hotelzimmern in Westerland, Kampen oder Wenningstedt entgegenfuhr, doch nicht zumuten. Andererseits: Waren wir nicht alle irgendwie für diese junge, in mancher Hinsicht *aus der Spur geratene* Generation verantwortlich? Diese Gesellschaft, das heißt der Ausschnitt davon, der hier im Zug saß, konnten sich diese Leute einfach aus der Verantwortung ziehen? Konnten sie einfach alles an uns Sonderpädagogen und Sozialpädagogen delegieren? Sollten sie ihre Ruhe haben, um den Preis, dass wir unsere Kräfte verbrauchten und unsere Nerven ruinierten?

Sie wollten reisen und leben. Und wir? Gehörten wir etwa auf das Abstellgleis? *Wie konnten Sie mit diesen Kindern nur auf dieser Strecke an dieses Ziel fahren*, las ich auf den vorwurfsvollen Gesichtern. Giftige Blicke. *Sylt und schon der Weg dorthin gehören uns. Bleiben Sie doch demnächst daheim, in Ihren sozialen Brennpunkten. Behelligen Sie uns nicht weiter. Wir haben*

Ruhe und Erholung verdient. Wir haben schließlich genug gearbeitet.

Nein, grollte es plötzlich in mir: Auch ihr habt den sozialen und kulturellen Veränderungsprozess mit zu verantworten, dessen Auswüchse auszubaden, ich bedauerlicherweise zu meinem Beruf gemacht habe! Ihr dürft ab sofort ruhig etwas von den Auswirkungen eures eigenen politischen oder unpolitischen Verhaltens, eures fehlenden gesellschaftlichen Engagements spüren! Ich werde nicht mehr versuchen, euch zu schonen! „Dass Sie sich da aber auch so opfern", hatte neulich eine Anwaltsgattin während einer Party zu mir gesagt, mit süffisantem Ton auf den dünnen Lippen, mit einer Mischung aus Mitleid und Unverständnis.

Zum Glück waren jetzt alle wieder auf ihren Plätzen in den drei Abteilen. Die Glastüren waren zu und meine beiden Kolleginnen und ich versammelten uns zu einer Lagebesprechung auf dem Gang. Hell brannte die Sonne. Wir näherten uns allmählich Hamburg. Der Zug war in voller Fahrt. Zufrieden blickte ich nacheinander in die Abteile. Zur Aufheiterung hatte ich den Jungen eine Runde Getränke spendiert. Gedankenverloren nuckelten sie an den Dosen. Ich freute mich über die eingekehrte Ruhe. Allein, sie erwies sich als trügerisch. In einem der Abteile hatten die Schüler nämlich das orangefarbene Rollo heruntergezogen. Was ich nicht direkt gesehen hatte war, dass dahinter auch das Fenster bis zum unteren Anschlag heruntergeschoben war. Die Zugräder ratterten auf Hochtouren. Plötzlich geschah es:

Das Sonnenrollo wurde nach draußen gerissen, flatterte einige Male wild auf und die unten eingezogene Metallstange stieß unversehens von draußen wie ein Dolch durch beide übereinanderliegende Fensterscheiben wieder herein. Nun steckte sie im Glas fest. Im direkten Umkreis des Durchstoßes splitterte es gehörig. Sofort riss ich die Tür auf. Starker Wind schlug mir ins Gesicht. Kleine Glasstückchen lösten sich aus der tischtennisschlägergroßen Bruchstelle. Ich schob die Jungs, so schnell ich vermochte, in den Gang und verschloss die Abteiltür, um möglichen Schaden, etwa durch umherfliegende Splitter von den Kindern abzuwenden. Dann begab ich mich auf die Suche nach dem Schaffner und schilderte die Situation.

Wir waren kurz vor Hamburg. Der Mann in Uniform reagierte äußerst gereizt, ja ungehalten: „Können Sie denn nicht vernünftig auf ihre Schüler aufpassen?" Wir überquerten schon die Elbbrücke. Dann telefonierte der Schaffner mit dem Zugchef und dieser entschied, den Wagen aus Sicherheitsgründen auszukoppeln. Dies geschah in Hamburg-Dammtor. Die Fahrgäste wurden per Lautsprecher informiert, dass sie aus dem Wagen aussteigen und sich irgendwo anders in dem, recht gut besetzten, Zug einen Platz suchen müssten. Ärgerliche Stimmen im Gang und an den Türen. Koffer wurden rausgewuchtet. Draußen auf dem Bahnsteig die erbosten Blicke der Mitreisenden, zumeist Leute ab 55 aufwärts. Es war eine furchtbar peinliche Atmosphäre.

Endlich hatten wir alle unsere Schützlinge wieder in einem Großraumwagen verstaut. Es ging mit vielleicht dreißigminütiger Verspätung weiter. Die Schüler nervös und unruhig. Meine Kolleginnen und ich hatten alle Hände voll zu tun, sie zu beruhigen. Ein dynamischer Mann stürzte auf mich zu, verlangte Adresse und Telefonnummer und wollte wegen der Verspätung des Zuges Schadensersatz von mir fordern. Ein wichtiger Geschäftstermin in Westerland sei jetzt geplatzt, es sei dabei um eine Millionensumme gegangen. Wir hätten ihm das vermasselt. Er würde das nicht hinnehmen. Der Schweiß trat mir auf die Stirn. Ich dachte an meine Berufshaftpflichtversicherung. Sollten alle Stricke reißen...

Die anderen Fahrgäste hörten angespannt mit. Ich wusste nicht gleich, wie ich reagieren sollte. Erschöpft hatte ich mich gerade auf meinen neuen Sitzplatz fallen lassen. Stammelnd erwiderte ich schließlich, es sei doch nicht meine Entscheidung gewesen, den ganzen Wagen wegen des Fensterschadens auszuhängen. Das sei bitteschön die Entscheidung des Zugchefs gewesen. Er solle sich doch mit der Bundesbahn auseinander setzen. Wutschnaubend baute sich der Geschäftsreisende vor meinem Sitz auf und wiederholte seine Forderungen.

Doch dann schien sich die Stimmung in dem Großraumwagen, wo auch viele der anderen umquartierten Reisenden Platz gefunden hatten, zu wandeln. Eine Gruppe von Frauen stand plötzlich im Gang, um mir beizustehen. „Ja sehen Sie denn nicht, was diese jungen Leute hier für eine Arbeit leisten? Möchten Sie das etwa machen? Nun sagen sie schon! Wollen Sie das machen? Von wegen Millionengeschäfte! Hören Sie schon auf! Ihre arrogante Unverschämtheit reicht uns jetzt!" fuhren sie den Mann an. „Sehen Sie zu, dass Sie verschwinden!" rief eine Frau von weiter hinten dem Ankläger zu. „Die Leute von der Sonderschule haben schon genug damit zu tun, diese Kinder hier zu hüten!"

Irritiert murmelte der Mann, der mich so bedrängt hatte, etwas vor sich hin, blickte nervös zu den Seiten und ging schließlich weg. Ich war sehr dankbar für die moralische Unterstützung und die praktische Hilfe, die plötzlich von den Leuten ausging. Ein angenehmes Gefühl der Wärme durchflutete mich. Ich begann, mich zu entspannen. Es gab in dieser auf Rädern dahinratternden Gesellschaft also doch so etwas wie Solidarität, ein gemeinsames Gefühl der Verantwortung. Wir waren nicht allein.

Auch von der Bundesbahn hörte ich in dieser Angelegenheit nichts mehr. Jemand, der sich mit Versicherungsfragen auskannte, sagte mir, die Bahn habe die Metallstangen unten in den Sonnenrollos schon größtenteils durch Plastikstangen ersetzt. Offenbar galten die Metallstangen schon längst als Sicherheitsrisiko. Spät abends im Betreuerraum des Hörnumer Fünf-Städte-Heims erzählte ich alles Frau Moll. Wie erwartet, war auch sie wieder dort. Aus diesem Grund fahre ich mit meinen Schulklassen immer Intercity, sagte sie, denn so gehe ich auf Tuchfühlung mit der Gesellschaft. Ich sagte „Prost" und genehmigte mir ein friesisches Pils. Es schmeckte recht herb.

THEORIE UND PRAXIS
Schreiben bedeutet auch, sich immer wieder bewusst Distanz zu verschaffen. Schreiben ist ein Beitrag zur Theoriebildung. Theorie ist Distanz, und ermöglicht Veränderung, auf dem Wege der Reflexion und Erkenntnisgewinnung. Es geht also auch darum, das einem selbst angemessene Werk zu verrichten und durch die eigene Tätigkeit zum Gelingen der Gemeinschaft der Handelnden beizutragen. „Sodann heißt Bücherschreiben und Vorträge halten immer auch gegen Vergänglichkeit und Versäumnisse ankämp-

fen", sagte Hartmut v. Hentig in dem bereits erwähnten Interview mit Rainer Winkel.[70] Vielleicht auch das.

Und als R. Winkel zu seinem Interviewpartner sagt: „Sie sind Begründer und Leiter von zwei Schulprojekten, Autor von über 20 Büchern, Verfasser von über 200 Aufsätzen (das war 1985!), und als Redner, Diskutant, Sachverständiger im Rundfunk, Fernsehen und im Vortragssaal mögen Sie an die 2000 mal aufgetreten sein [...] was Sie als Schulreformer, Professor, Essayist, Kinderbuchautor, Lehrer, Forscher, Kommentator und Herausgeber einer Zeitschrift geleistet haben..." (ebd.), antwortet H. v. Hentig, dass „sich an viele wenden oft eine Notauskunft" bedeute, „weil die Zuwendung zu bestimmten Wenigen nicht gelungen" sei und da sei „das zwar schöne, aber abends einsame und kühle Haus".

Ich fand diese Stelle des Interviews sehr suggestiv und in ihrer Offenheit bestechend. Der persönliche Hintergrund eines Forscher- und Pädagogenlebens deutet sich an, der besondere biographische Zusammenhang, in dem ein ganz und gar außergewöhnliches, epochales pädagogisches Oeuvre entstehen konnte. "[...] meine Lust, Gedanken aufzuräumen, [...] meine Lust Schule zu machen" (v. Hentig, ebd.). Es existiert bei mir, in ähnlicher Richtung, also auch der Wunsch, einige Impulse zur weiteren Entwicklung dieses Fachgebietes Erziehungshilfe und Pädagogik bei Schulverweigerung beizusteuern, durch das Schreiben und Publizieren, eine Reihe von Phänomenen, die in den zur Debatte stehenden pädagogischen Wirklichkeiten dominant sind, bewusst zu machen, auszuleuchten, anders zu betrachten.

Auch geht es darum, das bunte Gemisch an eigenen pädagogischen Erfahrungen mit ungewöhnlichen Kindern und Jugendlichen und die begleitenden Turbulenzen, Konflikte und Irritationen im Rahmen institutioneller oder organisationsbedingter Prozesse mit in den theoretischen Diskurs einzubringen. Natürlich will die Wissenschaft der Praxis die Fackel vorantragen und nicht die Schleppe hinterher. Aber entspricht dieses Verhältnis der Realität? Oftmals wird das Verhältnis von Theorie und Praxis noch

---

[70] Gespräch H. v. Hentig und R. Winkel, Westermanns Pädagogische Beiträge 1985, S. 590

hierarchisch, zumindest einseitig definiert, die Theoretiker bilden die Praktiker aus und entlassen diese anschließend in die Praxis und versorgen diese auch während der nun folgenden Berufsjahre mit theoretischer Wegzehrung. Doch sind die gegenseitigen Beziehungen nicht wesentlich komplexer?

Für W. Klafki besteht ein „wechselseitiges Bedingungs- und Vermittlungsverhältnis (die Dialektik) von pädagogischer Theorie und pädagogischer Praxis"[71], ein Verhältnis, wie es bereits von der Geisteswissenschaftlichen Pädagogik begründet worden ist. Auch für H. Nohl war ja der Ausgangspunkt der pädagogischen Theorie die erzieherische Wirklichkeit. Geisteswissenschaftliche Pädagogik versteht sich als „Wissenschaft *von* der und *für* die pädagogische Praxis"[72]. Pädagogische Praxis kann aus der Sicht von Klafki kein bloß ausführendes Organ der Theorie sein. Die Theorie kann „der Praxis deren eigene Verantwortung und Handlungskompetenz nicht abnehmen wollen".[73]

Was sind die handlungsleitenden Konzepte von Pädagoginnen und Pädagogen, die schon länger in der Praxis arbeiten? Was nehmen sie auf? Was muss in ihrer Praxis geschehen, dass sie etwas Neues suchen, erproben und anwenden? Was sind sie bereit aufzunehmen und in den inneren Raum ihres professionellen Denkens zu integrieren? Wie müssen die nachgereichten wissenschaftlichen *Inputs* inhaltlich und formal beschaffen sein, damit sie ihren Adressaten auch wirklich *innerlich* erreichen und dann tatsächlich umgesetzt werden?

Werden immer nur die Dinge angenommen und akzeptiert, die zu den bisherigen internalisierten Arbeitsmodellen und Sichtweisen passen? Unter welchen Bedingungen könnten wissenschaftliche oder theoretische Erkenntnisse dazu führen, dass Praktikerinnen und Praktiker wirklich etwas Neues versuchen und einen anderen Weg einschlagen? Was von theoretischer Seite der Praxis angeboten wird, muss von der Praxiswelt als sinnvoll, relevant,

---

[71] Klafki, W.: Schultheorie, Schulforschung und Schulentwicklung im politisch-gesellschaftlichen Kontext. Ausgewählte Studien. Weinheim & Basel 2002, hier: S. 87
[72] Klafki, Schultheorie …, S. 87
[73] Klafki, Schultheorie … , S. 21

hilfreich, konstruktiv, unterstützend, stimulierend usw. eingeschätzt werden. Klafki formuliert das wie folgt: „Wenn die Theorie wirklich eine Theorie für die Praxis sein will, dann muss die Praxis immer wieder an der Formulierung der Fragestellungen, der Probleme beteiligt werden, die die Theorie in ihrer Forschung untersucht."[74]

Würden sich umgekehrt Forscherinnen und Forscher von Praktikern auf einen bestimmten Forschungsbedarf aufmerksam machen lassen? Welche Rolle spielen theoretisch reflektierende und sich in den wissenschaftlichen Diskursen engagierende Praktiker? Lässt sich deren Tun auf *Praxisforschung* reduzieren? Wer beides zugleich betreibt und den Ball ständig zwischen Theorie und Praxis hin und herschlägt, bekommt es vielleicht am ehesten zu spüren, das dichte Geflecht an Beziehungen und Verwicklungen.

Zum Thema des Praxisbezuges von Wissenschaft sagt Hartmut v. Hentig im Interview mit Rainer Winkel: „Ich wäre nie Pädagoge geworden, allein um Theorie zu entwickeln. Ich arbeite *auch* an einer Theorie, aber in erster Linie, damit sie meine Praxis kläre, ordne und erträglich mache [...] Pestalozzi hatte seinen Neuhof, Dewey die Laboratory-School und Peter Petersen die Jena-Plan-Schule."[75] (Auch der Reformpädagoge B. Otto hatte seine Versuchsschule, ebenso der belgische Arzt und Pädagoge O. Decroly, nämlich die „Ecole pour la vie par la vie".)

Und weiter sagt v. Hentig: „Wer Theorie und Praxis entschlossen aneinander bindet, tut mancher Wissenschaft weh. Das nehme ich in Kauf. Ein Wissenschaftsfeind freilich bin ich nicht." Doch er meint, „dass es Formen von Wissenschaft gibt [...], die der Pädagogik nichts nützen, und dass es einen tödlichen Überhang von Wissen gegenüber den Handlungsmöglichkeiten gibt" (ebd.). R. Winkel hierauf: „Also nichts gegen die Produktion von Erkenntnissen und das Schaffen von Wissen – für die Praxis." Darauf v. Hentig: „...aber alles gegen das Sammeln von Daten und das Drechseln von Theorien um ihrer selbst willen" (ebd.).

---

[74] Klafki, Schultheorie ..., S. 22
[75] Hentig, H. v. (im Gespräch mit Rainer Winkel): Phänomene klären und Verhältnisse ändern. Westermanns Päd. Beiträge 12, 1985, 590 – 594, hier: S. 591

Bereits die Geisteswissenschaftliche Pädagogik, deren Grundannahmen ja in W. Klafkis bildungstheoretische und schultheoretische Studien eingegangen sind, bindet Theorie und Praxis eng aneinander: „Theorie weiß sich also für die Praxis mitverantwortlich, sie ist `reflexion engagée´ (W. Flitner), sie will und kann den Praktikern aber ihre Entscheidungen in der konkreten pädagogischen Situation nicht abnehmen."[76] Andererseits „gibt es *keinen* prinzipiellen Vorrang der Praxis vor der Theorie". Die „Theorie dient auch nicht nur der Aufklärung der immer schon vorausgehenden Praxis. Theorie kann der Praxis durchaus auch in reformerischer Absicht vorgreifen [...], sie kann der Praxis also noch nicht verwirklichte Möglichkeiten vorschlagen, sie zur Diskussion stellen und zur Erprobung anregen".[77]

Die Leserin und der Leser mögen selbst beurteilen, ob der nun von mir produzierte Text dies einzulösen vermag, nämlich den Raum zwischen Theorie und Praxis produktiv auszuloten und mit Inhalt zu füllen. Und Lösungen? Werde ich in der Lage sein, Lösungen aufzuzeigen? Ich würde heute sagen: Die Lösung besteht darin, dass es für den Problemzusammenhang *Verhalten-Norm-Konflikt-Schule* keine endgültigen und abschließenden Lösungen gibt. Aber es gibt Annäherungen, Versuche. Es wurde schon viel in die Diskussion geworfen, durch Buchpublikationen und Fachartikel, zum Teil gar untermauert von Signifikanzen und Korrelationen, was auf diesem Fachgebiet alles funktionieren soll.

Das Bild, das die deutsche Forschungslandschaft zu den Themen Verhaltensprobleme und Schulverweigerung abgibt, um nun allmählich den Weg in die inhaltliche Debatte zu finden, erscheint sehr vielschichtig. In einer pluralistischen und offenen Gesellschaft ist Uneinheitlichkeit und Unübersichtlichkeit jedoch natürlich und richtig. Der Gesamteindruck zu den vorhandenen theoretischen Modellen ist aus meiner Sicht deshalb ein produktiver. Doch auch die inhaltlichen und methodologischen Setzungen sind letztlich hinterfragbare Konstruktionen. Sie alle basieren auf bestimmten, vorhergehenden historisch-hermeneutischen Sinnaus-

---

[76] Klafki, Schultheorie ..., S. 87
[77] Klafki, Schultheorie ..., S. 22

legungen und Sinnzuschreibungen. Zugleich sind diese Modelle unverzichtbar, weil wir uns in unserem Denken und Handeln an etwas sinnvoll Erscheinendem orientieren müssen.

Mit der tatsächlichen Umsetzung von Forschungsergebnissen, die ja sehr stark situationsabhängig und personengebunden ist, sieht es oftmals noch sehr schwierig aus. Was in dem einen Fall funktioniert hat, lässt sich in einem anderen situativen Kontext doch nicht wiederholen. Vielleicht, weil die Gruppenkonstellation, der räumliche, personelle oder materielle Rahmen einfach anders ist als in Zusammenhang mit dem wissenschaftlich untersuchten Setting und eine direkte Übertragbarkeit von Ergebnissen kaum möglich erscheint. Auch sind die internen Arbeitsmodelle, handlungsleitenden Schemata, Einstellungen und Überzeugungen bei jeder einzelnen Pädagogin und jedem einzelnen Pädagogen häufig sehr verschieden.

Lassen wir nur zwei verschiedene Lehrkräfte ein- und dasselbe Märchen in einer Grundschulklasse vorlesen und die Kinder anschließend etwas zu dem gehörten Märchen zeichnen. Danach bespricht die Lehrkraft die Bilder mit den Kindern. Es werden zwei völlig verschiedene Prozesse zustande kommen. Sie sind nur begrenzt vergleichbar und daher auch nicht wiederholbar. Dies liegt einfach daran, dass wir zwar Lehrerverhalten so und so standardisieren und operationalisieren können, das heißt die Lehrerin trägt eine bestimmte Textpassage vor und gibt an einer besonderen Stelle diese oder jene Erläuterung, aber ihre eigene Fähigkeit zur Imagination, die sich wiederum mit den imaginativen Kräften der Kinder verbinden und verbünden muss, um den gesamten Prozess wirklich fruchtbar werden zu lassen, ist nicht bis ins Detail operationalisierbar.

Hier deutet sich bereits ein fundamentales Problem an, vor dem die Unterrichtsforschung immer wieder anlangt, und das sie wahrscheinlich nie ganz gelöst bekommt. „Wünschenswert wären genauere Kenntnisse über die Wechselwirkungen von Unterrichtsformen [...] und Lernvoraussetzungen der Schüler [...] als auch inhaltlichen Aspekten", bringt es B. Hartke[78] auf den Punkt. Ja, einerseits wäre es wirklich wünschenswert das komplexe Zusammenspiel von x Variablen endlich abschließend aufzulösen und in harte Fakten verwandeln zu können, die dann immer wieder verlässlich in ein bestimmtes, vorhersagbares pädagogisches Handeln umgesetzt werden könnten, allein es wird aufgrund der vielen schwer vorhersagbaren Faktoren, die in herausfordernde Lern- und Unterrichtssituationen hineinspielen, nicht gehen.

Wir wissen inzwischen sehr viel über die einzelnen am pädagogischen Prozess beteiligten Variablen, auch und gerade, wenn es um den Umgang mit Verhaltensproblemen und Verweigerungsreaktionen von Lernenden geht, doch kaum jemand bringt sie in der konkreten Situation alle zusammen. H.-G. Garz nennt das die „kardinale Bruchstelle in der Professionalisierung des Lehrerhandelns" im Erziehungshilfebereich. „Wie soll etwas geleistet werden [...] wenn dies in der komplexen Situation des Klassenzimmers kaum zu leisten ist? Es scheint so, als hätte man zwar in der Theorie den Schlüssel, schwierigen Kindern das Lernen zu ermöglichen, nur: er passt nicht ins Klassenzimmer."[79]

Die jeweils am Ende dieser drei Bände befindlichen „Aufzeichnungen zu einem Neuanfang" müssten die enorme Komplexität solcher Arbeitssituationen belegen und aufzeigen können. In den genannten Kapiteln werden die Ereignisse meiner ersten Wochen und Monate an einer Schule für Erziehungshilfe, an die ich vor einer Weile gewechselt bin, tagebuchartig dokumentiert.

ERKENNTNISSE SAMMELN, WEITERENTWICKELN UND ANWENDEN
Woran ich hier arbeite, ist also ein Versuch der erneuten Reflexion, ein Resumée, jedenfalls etwas, was man am Ende einer langen Reise schreibt, bevor man schließlich etwas Neues beginnt, auch wenn dieses Neue noch gar nicht deutlich in Sicht ist. Es ist vielleicht das bloße Gefühl, dass ein bestimmter Abschnitt zuende

---

[78] Hartke, B.: Offener Unterricht – ein überbewertetes Konzept? Sonderpädagogik 32. Jg., 2002, H. 3/ 4, 127 – 139, hier: S. 129
[79] Garz, H.-G.: Sorgenkind Schule für Erziehungshilfe – Pädagogische und psychologische Perspektiven zum Umgang mit schwierigen Kindern. In: Zeitschrift für Heilpädagogik, 55. Jg., H. 1, 2004, 17 – 23, hier: S. 21 f.

gebracht worden ist. Daher ein abschließender Bericht, oder immerhin ein Zwischenbericht, eine (Zwischen-)Bilanz, vielleicht eine Art *Vermächtnis* mit Blick auf diejenigen, die nach mir kommen, um diese herausfordernde und edle pädagogische Arbeit zu tun.

Ist das alles Grund genug, für einen praktisch tätigen Sonderschullehrer zu schreiben, sich die Zeit für das Schreiben abzuringen? Nun, ich hätte wahrlich mit meiner praktischen Tätigkeit genug zu tun, denn diese Mädchen und Jungen (in der aktuellen Gegenwart einer Schule für Erziehungshilfe sind es ausschließlich Jungen) verlangen mir an vielen Tagen das Äußerste ab. Sie sind liebenswert und *anstrengend* in einem und es vergeht keine Unterrichtsstunde, keine Hofpause, keine Exkursion oder Klassenfahrt ohne Überraschungen, unvorhergesehene Ereignisse, die meinen Puls oft schneller schlagen lassen als eigentlich gut ist.

Wir müssen nach relevantem, anwendbarem Wissen suchen. Was ich hier versuche, soll ein Beitrag in dieser Richtung sein, denn Wissensmanagement zielt gerade darauf ab, relevantes Wissen zielorientiert zu erfassen, zu gewinnen, zu erhalten und dieses Wissen dann nutzbar zu machen. Dabei ist Wissen natürlich immer an den Menschen selbst gebunden, an den Autor wie an den Leser, in der Entwicklung wie in der Umsetzung. Um hier eine Brücke zwischen Autor und Leser herzustellen, lege ich so manche persönliche Sichtweise, Motivation oder Problematik offen. Was wir brauchen sind authentische, persönlich motivierte und nachvollziehbare Diskurse, damit die eigene Positionsbestimmung und Erfahrungsverarbeitung auch von Leserseite gelingen kann. Die Rezeptionsprozesse von Texten müssen mitbedacht werden, was schon zu oft ganz außer Reichweite geblieben ist.

Welche Texte und Quellen soll oder kann ich im Rahmen meiner Reflexionen heranziehen? Natürlich ist das ein Problem für meine Untersuchung. Aber es stellt sich anders dar, als etwa bei einem medizinischen Gegenstand. Beim Studium des Kinder- und Jugendlichen-Diabetes Typ I (Ich nenne das Beispiel auch deshalb, weil ich mich erst vor einer Weile in diese Materie eingearbeitet habe, um einen meiner Schüler optimal betreuen zu können) lassen sich die zu analysierenden Texte genau abgrenzen und die Kriterien dieser Abgrenzung genau angeben. In dem viel vageren Bereich, den ich untersuche, wenn es mir um Verhaltensprobleme oder das Phänomen Schulverweigerung geht, ist die Menge an in Frage kommenden Texten im Prinzip unbegrenzt.

Man wird niemals dazu kommen, die Gesamtheit der über das auffällige Verhalten von Heranwachsenden oder über die institutionellen Probleme mit solchen Verhaltensweisen gehaltenen oder niedergeschriebenen Diskurse zu vereinigen, auch dann nicht, wenn man sich auf eine bestimmte Epoche oder ein bestimmtes Land beschränkt. Auf der anderen Seite hätte es auch keinen Sinn, sich beim Studium des auffälligen oder schulaversiven Verhaltens und der diesbezüglichen pädagogischen Anstrengungen und Erschwernisse auf einige wenige Aspekte zu beschränken, wie von manchen Theorien, die auf dem Fachgebiet besondere Beachtung gefunden haben, vielleicht nahegelegt wird, nur um das in Augenschein genommene Gebiet übersichtlicher zu machen.

Neben dem, was allgemein in der Fachwelt anerkannt ist, gibt es ja auch diejenigen Diskurse, die aus den entsprechenden sozialen oder pädagogischen Institutionen *selbst* kommen, beispielsweise die Anordnungen und Reglements, die konstitutive Bestandteile von Schulen, Sonderschulen, Integrationsschulen, Regelschulen, Schulverweigererprojekten, klinischen oder psychiatrischen Einrichtungen sowie Jugendgefängnissen sind. Alle diese Institutionen haben ferner ihre unveröffentlichten, nur verdeckt ausgesprochenen Diskurse, die folglich niemandem direkt, etwa per Publikation, zugerechnet werden können, die aber *gelebt* werden, etwa auf schulischen *Hinterbühnen* oder in abgespaltenen Teilen eines Kollegiums und die die jeweilige Institution auf eigentümliche Weise in Gang halten und die der Verarbeitung und Klärung dienen, weil sie den institutionellen und pädagogischen Konfliktstoff einerseits auffangen und verarbeiten helfen, diesen aber zugleich produzieren.

Dies alles müsste einmal gesammelt und sichtbar gemacht werden, im Sinne von Erkenntnis, vielleicht auch nur (weil man in vielen Fällen viel Unerfreuliches entdecken wird), um es nachher wieder zuzudecken. Ich werde mich in allem bemühen, die zur Diskussion stehenden Inhalte stets durch eine reflektierende Instanz, die quasi auf einer Meta-Ebene angesiedelt ist, zu begleiten und zu unterbrechen, und auf diese Weise sicher zu stellen, dass mein Gedankengang einer ist, dem sich folgen lässt, auch um mich selbst zu vergewissern, dass es genau das ist, was ich sagen wollte, dass es das ist, was ich tatsächlich für erwähnenswert oder mitteilenswert halte. Es handelt sich dabei um eine Absicherung, dass weder Leser noch Autor unter einer schier endlos erscheinenden Masse an Inhaltlichkeit, die sich aus unzähligen Texten und mündlichen Diskursen konstituiert, ersticken.

Das Abenteuer und die Herausforderung besteht jetzt darin, die Felder und Wälder, die zur theoretischen und praktischen Landschaft und den Zonen dazwischen gehören, bewusst reflektierend zu durchwandern, immer unter der Perspektive, wie und an welchen Stellen sich Wissensbestände variabel in die pädagogischen Prozesse einbringen lassen, und dabei stets nach verschiedenen Seiten zu schauen und gelegentlich Nebenwege einzuschlagen, um insgesamt einen Zuwachs an Handlungsmöglichkeiten zu erreichen. Der Versuch, ein bestimmtes Gelände zu kartographieren, damit Wege, vielleicht Auswege, erkennbar werden, die den Leidensdruck, der vielfach auf dem zu bearbeitenden Gebiet herrscht, mindern helfen.

Dass es Leidensdruck auf der Praxisebene gibt, wird immer gerne bestritten, letzlich auch von vielen Praktikerinnen und Praktikern selber, vermutlich aus Selbstachtung und Selbstschutz. Wer will schon von anderen Berufsgruppen bemitleidet werden? Wer will sich nach so vielen Arbeitsjahren schon eingestehen, dass er oder sie sich möglicherweise in eine berufliche Sackgasse hineinmanövriert hat? Doch ich hatte genug Einblick in die verschiedensten Kollegien und auch genug Selbsterfahrungsmöglichkeiten, was sehr hohe oder extrem hohe Arbeitsbelastungen in Hauptschul-, Erziehungshilfe- und Lernbehindertenklassen betrifft, um heute sagen zu können, dass sehr viele, ursprünglich hochmotivierte und hochengagierte Lehrkräfte langsam innerlich zerbrechen. They go to pieces. Auch hier will ich im Sinne eines sehr fundamentalen Anliegens mit meiner Untersuchung ansetzen. Die *Didaktischen Variationen* verfolgen das ehrgeizige Ziel,

Pädagoginnen und Pädagogen neue und wirksame Handlungsmöglichkeiten aufzuzeigen, wieder mehr Leichtigkeit und Beweglichkeit zu erreichen, gerade im Hinblick auf sehr herausfordernde, belastende oder extreme Ausgangssituationen.

SCHULPÄDAGOGIK UND SOZIALPÄDAGOGIK
Ich wende mich im Untertitel des Buches nun an Lehrkräfte *und* Sozialpädagogen[80] gleichermaßen. Mit welchem Recht? Gibt es denn einen gemeinsamen Bezugspunkt von Sonderpädagogik und Sozialpädagogik, speziell mit Blick auf die Felder der Erziehungshilfe, der Lernbehindertenpädagogik und der Pädagogik bei Schulverweigerung? Die Bemühungen richten sich doch in Teilbereichen immerhin auf ein- und dieselbe Zielgruppe, nur dass von unterschiedlichen Systemen herangegangen wird. Die eine Gruppe an professionellen Pädagogen befindet sich im Bildungssystem und die andere Gruppe kommt vom Jugendhilfesystem her. Die spätere Kommunikation zwischen beiden Gruppen würde sicher schon dadurch erleichtert und verbessert, wenn sie an ein- und derselben Art von Hochschule studieren würden, nicht in Universitäten und Fachhochschulen getrennt, wenn sie also gemeinsam in Seminaren, Bibliotheken und in der Mensa sitzen und bereits während des Studiums miteinander sprechen würden.

Beide Disziplinen, (Sonder-)Pädagogik und Sozialpädagogik könnten also durchaus noch enger miteinander zusammenarbeiten, zum Wohle der letztlich *gemeinsam* zu bildenden und zu betreuenden Heranwachsenden. Fehlende Passung, aber auch Chancen und Ansatzpunkte für Kompatibilität und Kooperation zwischen diesen beiden Disziplinen werden etwa von B. Warzecha, K. Thimm oder N. Störmer thematisiert und ausgelotet.[81] K. Thimm bringt das delikate Verhältnis zwischen den beiden Pro-

---

[80] Die weiblichen Pendants sind hier stets eingeschlossen, und manchmal, aufgrund der von mir mit Absicht unregelmäßig gebrauchten Formen, ich nehme mir diese Freiheit, eben auch die männlichen.
[81] Dass es dabei auch um ganz praktische Zusammenarbeit zwischen Schule und Jugendhilfe geht, zeigt etwa der Bericht von Reiser, H. & H. Loeken: Das Zentrum für Erziehungshilfe der Stadt Frankfurt am Main. Kooperation von Schule und Jugendhilfe. Solms, Lahn 1993

fessionen Sonderpädagogik und Sozialpädagogik auf den Punkt: „So hoch die Kooperation zwischen den helfenden und bildenden Berufsgruppen auch gehandelt wird: Der Alltag von Zusammenarbeit ist verzwickt, konfliktanfällig und lernaufwändig."[82] Was N. Störmer „fruchtbare Nähe"[83] nennt, wurde für mich durch den Erfahrungsaustausch während der durch B. Warzecha, K. Thimm und K. Kantak organisierten Hamburger[84] und Brandenburger[85] Tagungen zum schulaversiven Verhalten konkret eingelöst.

Meine dort aus der Rolle des wissenschaftlich reflektierenden Sonderschullehrers und Integrationspädagogen in die Workshops eingebrachten Beobachtungen, Erfahrungen und konzeptionellen Überlegungen schienen den Sozialpädagoginnen und Sozialpädagogen, die sich in ihrer Projektarbeit in den deutschen Großstädten um die sozial desintegrierte Jugend kümmern, kompatibel mit ihren eigenen Herangehensweisen. Ist Lebensweltorientierung ohnehin ein sozialpädagogisches Grundprinzip[86], so vermuten die Repräsentanten dieser Profession eine lebensweltorientierte

---

[82] Thimm, K.: Zur Kooperation von Förderschule und Jugendhilfeeinrichtungen. Zeitschr. für Heilpäd. 54. Jg., 2003, H. 3, 110 – 115, hier: S. 115

[83] Störmer, N.: Sonder- und Sozialpädagogik – Was leistet Interdisziplinarität? In: Warzecha (Herz), B. (Hrsg.): Heterogenität macht Schule. Beiträge aus sonderpädagogischer und interkultureller Perspektive, München, New York. Berlin 2003, 115 – 126, hier: S. 125

[84] Beitrag von J. Bröcher: Lebensweltorientierte Didaktik als Antwort auf Phänomene der sozialen Desintegration, zur Tagung „To play truant..." - Institutionelle und soziale Desintegrationsprozesse bei Heranwachsenden. Eine Herausforderung an die Kooperation von Schule und Jugendhilfe. Universität Hamburg 18./ 19.2.2000

[85] Beiträge von J. Bröcher: Die Thematisierung jugendkultureller Inhalte, Medien und Prozesse im sonderpädagogischen Unterricht zur Reintegration von Schulaussteigern in den Bildungsprozess, sowie: Lebensweltorientierte Didaktik bei Verhaltensauffälligkeiten und Lernproblemen. Werkstatt-Tagung der Landeskooperationsstelle Schule - Jugendhilfe Potsdam/ Brandenburg (Pädagogisches Landesinstitut Brandenburg/ Berlin) in Blankensee 14. - 15. Mai 1999; Thema der Tagung: „Bildungsarbeit mit Schulverweigerern. Sozialpädagogische und methodisch-didaktische Verfahren für die Arbeit mit schuldistanzierten Jugendlichen"

[86] Thiersch, H.: Lebensweltorientierte soziale Arbeit. Aufgaben der Praxis im sozialen Wandel. Weinheim, München 1995

Pädagogik bei Verweigerung doch nicht *innerhalb* des Systems Schule, auch nicht an dessen äußerstem Rand.

Es bot sich somit eine produktive Kontaktstelle, für beide Seiten. Dieser Berührungspunkt ermöglichte produktive Zusammenarbeit etwa mit der Landeskooperationsstelle Schule–Jugendhilfe in Potsdam. Auch flossen die von mir entwickelten Konzepte, wie bereits weiter oben angedeutet, in die Entwicklung der Schulverweigerer-Projekte des Deutschen Vereins für öffentliche und private Fürsorge, Frankfurt am Main, mit ein.

Insbesondere wurde während der Brandenburger Tagungen deutlich, dass auch die Sozialpädagogen an einer *didaktischen* Gestaltung oder Strukturierung ihrer Lern- und Betreuungsangebote interessiert sind, um ihrem Auftrag, nämlich Reintegrations- und Sozialisationshilfe zu leisten, in der themenbezogenen Arbeit mit Gruppen, noch besser gerecht zu werden. Und ich nahm wiederum die mitgeteilten Erfahrungen aus den sozialpädagogischen Projekten aus Berlin, Hamburg, Leipzig oder Dresden zum Anlass, die subjektiven Anliegen der mir anvertrauten Kinder und Jugendlichen noch stärker als bisher im lebensweltorientierten, sozialpädagogischen Sinne, auch und gerade im Kontext von Sonderschule, Förderschule oder in den integrativen Grund- und Hauptschulen zur Geltung kommen zu lassen.

Mit meinem interdisziplinären Brückenschlag soll nun nicht die grundlegende Differenz und Eigenständigkeit von schulischer Sonderpädagogik oder Integrationspädagogik einerseits und sozialpädagogischer Kinder- und Jugendhilfe anderseits in Frage gestellt werden. Es soll jedoch der Blick auf das *Gemeinsame* gerichtet werden, nämlich in einem strukturierten Rahmen besonderen Heranwachsenden die Möglichkeit zu geben, ihre Lebenssituation und ihre Lebenserfahrungen zu reflektieren, sowie aus der zumeist durch Stagnation und reduzierte Bildungs- und Lebenschancen gekennzeichneten Lage herauszukommen, in Anbetracht der zumeist widrigen Sozialisationsbedingungen etwas aus ihrem Leben zu machen.

Vielleicht kommen auf der Basis einer solchen Veröffentlichung noch einige Menschen mehr aus den beteiligten Disziplinen, wozu ja neben der Sonderpädagogik und der Sozialpädagogik auch die reguläre Primarstufen- und Sekundarstufenpädagogik gehört, miteinander ins Gespräch.

REVISIONEN, KORREKTUREN, ÜBERARBEITUNGEN
Meine inzwischen vergriffene und in einigen Kapiteln auch überholte Publikation „Lebenswelt und Didaktik" und die begleitenden Aufsätze aus dieser Zeit, richteten sich noch in erster Linie an Lehrkräfte an Schulen und Sonderschulen. Die hier vorgelegte Überarbeitung stellt nun einen Reflexionshintergrund und eine variable Zusammenstellung von Werkzeugen oder *Tools* zur Verfügung, die sich sowohl innerhalb der Schule als auch außerhalb realisieren und anwenden lassen. Bei den Didaktischen Variationen spreche ich nicht mehr von einem Modell, sondern lieber von einem Reflexionshintergrund, weil es eine vorhersagbare Umsetzung nach festgelegten Gesichtspunkten gar nicht mehr geben kann. Die konkreten Lernprozesse müssen vielmehr, je nach Situation, Kontext, Gruppenzusammensetzung, Institution und Person der Pädagogin oder des Pädagogen, initiiert und variiert werden.

Wichtiger noch als bestimmte Methoden anzuwenden, erscheint mir heute, eine spezifische Haltung und Einstellung den Kindern und Jugendlichen im Erziehungshilfesektor gegenüber zu *leben*. Karl-J. Kluge formulierte dies in dem Grundsatz, das die Person stets vor der Methode komme. (Aber die Methode kommt auch gleich danach.)

Wichtig ist, an diese Kinder und Jugendlichen zu *glauben*, sich von ihren oftmals bizarren Verhaltensweisen nicht irritieren zu lassen, nicht übereilt auf die Ebene der Disziplinierungsmaßnahmen zu gehen, sondern ein verlässliches Beziehungsangebot zu machen, etwa symbolische Ausdrucks- und Mitteilungsmöglichkeiten anzubieten, Möglichkeiten für Probehandeln in einem geschützten, begleiteten Rahmen bereitzustellen, einen *Spielraum* zu bieten, in dem die Heranwachsenden konstruktive soziale und kommunikative Erfahrungen machen, entwicklungsförderndes Feedback erhalten und eine positive Lebensperspektive aufbauen können. Dies schließt an manchen Stellen durchaus auch konsequente Grenzsetzungen ein, wie es sich anhand der Tagebuchaufzeichnungen im Kapitel „Aufzeichnungen zu einem Neuanfang" sicher nachvollziehen lässt.

Etwas Fertiges oder Endgültiges ist der hier umrissene Ansatz allerdings immer noch nicht (und wird es hoffentlich nie werden). So gesehen hat sich seit 1997 nichts geändert. Es gibt höchstens bestimmte Grundhaltungen, Prinzipien und *Tools*, die sich als sinnvoll und tragfähig erwiesen haben. Doch der Charakter von Prozess, Entwurf, Skizze, Vorläufigkeit und Unabgeschlossenheit überwiegt. Es gibt immer nur Annäherungen an die sich wandelnden Lebensverhältnisse, an die Daseinsthemen und Bewältigungsversuche heutiger Kinder und Jugendlicher in Krisen, keine Gewissheiten.

Und doch hat sich im Vergleich zu der Publikation von 1997 einiges geändert. Es ist gut, dass es die Möglichkeit der Überarbeitung und Weiterentwicklung, der Revision gibt. Ich will sie nutzen. Was wurde an meinen veröffentlichten Texten bisher kritisiert? Zu viel Nähe zu Kunst und Alltagsästhetik, stellenweise zu redundant, an anderer Stelle zu system- und institutionenkritisch.

Einige wichtige Arbeiten anderer seien nicht aufgenommen worden (so wie meine eigenen Arbeiten in den Texten einiger anderer nicht diskutiert worden sind oder werden). Das Ganze sei empirisch nicht nachgewiesen. Nun wäre es ja in der Tat ein herausforderndes Forschungsprojekt, die hier identifizierten Variablen in ein rechnerisches und statistisches Untersuchungsdesign zu bringen. Allein, als Praktiker, der ohne die Ressourcen einer Hochschule auskommen muss, kann ich da (noch) nicht heran gehen.

Um intellektuell redlich zu sein, leiste ich mir gelegentlich Korrekturen bezüglich früherer eigener Positionen in Texten und Publikationen. Selbstkritisch möchte ich daher anmerken, dass ich in „Lebenswelt und Didaktik" mit Teilbereichen des theoretischen und pädagogisch-praktischen Schaffens von Karl-J. Kluge sicher unnötig, wenn nicht übertrieben kritisch verfahren bin. Publizierte Texte können daher auch zum Medium der Konfliktaustragung werden. Wer jung und engagiert ist, glaubt oft mit großer innerer Überzeugung etwas *erkannt* zu haben, etwas verfechten oder bestimmte, ins Visier genommene, Ideale ambitioniert, vielleicht sogar kämpferisch vertreten, verfolgen und umsetzen zu müssen, etwas verändern zu wollen.

Wer so befangen, so identifiziert ist mit seinem eigen Tun, neigt vielleicht auch schneller dazu, in seiner Wahrnehmung selektiv zu sein, in seinen Sinnauslegungen bestimmte, eng gefasste Konstruktionen oder Bewertungen vorzunehmen, in die sich unbewusste Motive, Affekte oder Prinzipien hineinmischen, die ihn dann mit spitzer, aggressiver, vielleicht sogar verletzender Feder schreiben lassen. Heute würde ich sagen, dass man einem Wissenschaftler oder Pädagogen nur dann gerecht wird, wenn man sein gesamtes Oeuvre an Texten und sein praktisches Engagement als *Ganzes* in den Blick nimmt und sich dabei stets der Begrenztheit und der Relativität des eigenen Wahrnehmens und Denkens bewusst bleibt.

Versuchen wir uns in einer Bestandsaufnahme, was ein Einzelner geleistet hat, kann es niemals um einen speziellen Text und schon gar nicht um einzelne Textpassagen gehen, denn jeder von uns unterliegt doch sich schrittweise vollziehenden Bewusstwerdungs- und Erkenntnisprozessen, in denen Entwicklung und Stagnation, geistige Öffnung und Begrenzung häufig miteinander ringen. Nun, hinter der von mir verfassten Kritik scheinen mir heute vor allem die postadoleszenten Ablösungskonflikte des Doktoranden durchzuschimmern.

Zugleich muss ich zu meiner eigenen Entlastung hinzufügen, dass es im Wissenschaftsbetrieb Strukturen gibt, die es jungen, engagierten Denkern nicht immer leicht machen. Sie müssen sich gegen vielerlei Widerstände durchsetzen und manche Hürde überwinden. Sie müssen nicht nur auf einem Fachgebiet exzellent sein oder werden. Sie müssen zugleich auf der mikropolitischen Ebene, um es mit O. Neuberger[87] zu sagen, *spielen* lernen, um sich zu etablieren und zu überleben. So, wie es in vielen Wissenschaftsbereichen aussieht, müssten sie oft eher Niccolo Macchiavelli studieren als Immanuel Kant, und sich danach verhalten. Die

---

[87] Neuberger, O.: Mikropolitik. Der alltägliche Aufbau und Einsatz von Macht in Organisationen. Stuttgart 1995

sich hieraus ergebende *Anspannung* fördert sicher nicht in allen Fällen geistige Offenheit und Weitblick, Eigenschaften wie sie ja gerade für echte Wissenschaft, verstehen wir sie einmal als Wahrheits- und Erkenntnissuche, notwendig sind. (Ich will es hier bei diesen wenigen Andeutungen belassen, auch um meinen Text nicht unnötig mit diesen Dingen zu belasten. Denn mein Thema ist die Verwirklichung von individuellen Potenzialen, auch und gerade unter erschwerten Bedingungen.)

Und das Folgende gilt sicher nicht nur für den jungen, noch abhängigen Denker im Wissenschaftsbetrieb, sondern auch für den ebenso abhängigen und oftmals bis über die Belastungsgrenze hinaus strapazierten Schulpraktiker im sonderpädagogischen Feld der Lern- und Erziehungshilfe: Wenn sehr viel negativer Stress auf uns einwirkt, verengt sich unser Horizont. Dann sehen wir gar nicht mehr alle Möglichkeiten, die wir eigentlich hätten und greifen auf Altgelerntes oder instinktiv abgespeicherte Verhaltensmuster zurück. Der Mensch in einer Stresssituation ist nicht identisch mit dem Menschen in einer normalen Lebens- und Arbeitssituation.

Der Blickwinkel ist verengt, quasi wie bei einem Ritter, der in seine Rüstung eingeschlossen ist und kämpft. Was bekommt er durch den engen Schlitz oder die ins Blech des Visiers gestanzten Löcher von der ihn umgebenden Welt zu sehen? Es gibt jedoch situative, institutionelle oder berufsbiographische Kontexte, zumindest bestimmte Episoden, die solche Kämpfe und die Wahrnehmung einengende Schutzmaßnahmen mit sich bringen. Solche Themen müssten sich mit Lehrkräften oder Pädagoginnen, die in sehr stark herausfordernden Feldern arbeiten, im Rahmen von Coaching bearbeiten lassen.

Neu, im Vergleich zu „Lebenswelt und Didaktik" ist auch, dass ich nicht mehr unbedingt *Recht zu haben* brauche. In meinem Denken darf es auch Fragen, Offengebliebenes und Widersprüche geben und die Einwendungen und Gegenargumentationen der anderen lasse ich mir gerne gefallen, weil ich sie als Chancen ansehe, noch mehr von den Dingen zu erkennen und selbst nicht in engen Sichtweisen zu erstarren. Ja, es ist wahr, es ist schwer, Modelle wie die Lebensweltorientierte Didaktik oder die Didaktischen Variationen mit empirischen, statistischen und rechnerischen Mitteln zu evaluieren. Aber kann das ein Grund sein, solche Arbeitsweisen parallel zur pädagogischen Praxis, in der Praxis stehend und diese Praxis beständig neu entwerfend, *nicht* zu entwickeln?

Die Turbulenzen, die ich in nunmehr zwanzig Praxisjahren und, parallel dazu, in zwanzig Wissenschaftsjahren erlebte, haben einerseits eine bestimmte pädagogische Kernauffassung geprägt, zum anderen jedoch dafür gesorgt, das Eigene nicht unbedingt als das Wahre, sondern als eine von vielen möglichen Sichtweisen zu erkennen. Somit sind hoffentlich auch eine verstärkte Offenheit, eine größere geistige Beweglichkeit, vielleicht auch Humor und Leichtigkeit entstanden.

Vor diesem veränderten Hintergrund konnte sich in meinem Denken das Prinzip der *Didaktischen Variation* als neuer roter Faden etablieren, der sich als verbindendes Element durch Hochbegabtenpädagogik, Kreativitätspädagogik, Erziehungshilfepädagogik, Lernbehindertenpädagogik, Kindheitsforschung, Integrationspädagogik und pädagogisch orientierte Kunsttherapie zieht.

INTERDISZIPLINARITÄT

Die Erziehungshilfepädagogik, das ist keineswegs neu, hat eine interdisziplinäre Ausrichtung. Sie ist eingebettet in eine Art Netzstruktur wissenschaftlicher Grundlagendisziplinen und hochspezialisierter Teilgebiete benachbarter Wissenschaften. Während sie ihre fundamentalen Ziele und ihr Selbstverständnis aus der Pädagogik bezieht (und für mich ist das in etwa der Rahmen, wie ihn W. Klafki in seinen bildungs- und schultheoretischen Studien skizziert hat), verwendet sie Arbeits- und Erkenntnismittel aus Psychologie, Soziologie oder Philosophie.

Zusätzlich bezieht sie Detailkenntnisse aus der Medizin, speziell der Psychiatrie, und verschiedenen anderen Spezialgebieten. In ihren Anwendungsfeldern überschneidet sie sich mit der sozialpädagogischen Kinder- und Jugendhilfe sowie mit der Psychotherapie. Ein weites Feld also. Es ist quasi so, als müssten die Rettungsschwimmer auf dem Ozeandampfer „Gesellschaft" auch gewisse Kenntnisse über Schiffsnavigation, Meeresforschung,

Ingenieurswesen, Maschinenbau u.a. besitzen, um ihrer Aufgabe verantwortlich nachgehen zu können.

Dieser interdisziplinäre Status, dieses Angewiesensein auf andere Wissenschaften, beinhaltet natürlich eine gewisse Irritation. Ich kann nie sicher sein, ob ich auch genug über dieses oder jenes Gebiet weiß. Was ist für mich wirklich zentral zu wissen und was brauche ich nur oberflächlich zu kennen? Es gibt darüber keine Einigkeit, womit wir beim Thema Wissensmanagement angelangt wären. Meine Professionalität hat in Teilbereichen somit etwas Vages und Ungefähres.

Bekomme ich einen Schüler mit AIDS in die Klasse, tue ich gut daran, mich mit den aktuellen medizinischen Erkenntnissen bezüglich HIV und AIDS zu beschäftigen (soweit diese für den pädagogischen Prozess und die persönliche Sicherheit der Einzelnen in einer Gruppe verhaltensauffälliger Jugendlicher von Bedeutung sind), auch ohne Mediziner zu sein. Unterrichte ich einen Schüler mit Diabetes Typ I bin ich gehalten, mich in diese Materie einzuarbeiten, um den Jungen optimal betreuen und unterstützen zu können, wenn er noch nicht selbstverantwortlich mit der Problematik umgehen kann. Ich muss nicht ganz so viel wissen wie ein Arzt, und doch muss ich mir ein bestimmtes Grundlagenwissen aneignen, um wirklich handlungsfähig zu sein, auch im pädagogischen Feld.

Schon häufiger unterrichtete ich Kinder oder Jugendliche mit einer Alkoholembryopathie, das heißt einer durch erheblichen Alkoholkonsum der Mutter während der Schwangerschaft hervorgerufenen, pränatalen Erkrankung mit Wachstumsretardierung, statomotorischer und geistiger Retardierung. Solche besonderen somatischen oder hirnorganischen Voraussetzungen sind natürlich jederzeit bei der Entwicklung von pädagogischen und didaktischen Zielen, Förderzielen usw. zu berücksichtigen, um realistisch vorzugehen und nicht das Unmögliche zu wollen. Dazu muss, je nach dem, um welche Problematik es sich handelt, schnell und gezielt ein spezifisches medizinisches Wissen angeeignet werden. Das Gleiche gilt für psychotherapeutisches oder psychiatrisches Wissen. Natürlich kann ich nicht alles wissen und doch bin ich stets gehalten, mich neu zu orientieren, etwa zum

Borderline-Phänomen, zur Schizophrenie, zum Aufmerksamkeits-Defizit-Syndrom, zur Hyperaktivität, zur Impulskontrollstörung, Phänomenen, die mit hoher Wahrscheinlichkeit hirnorganisch bedingt sind und durch viele uns vertraute pädagogische Mittel gar nicht oder kaum beeinflussbar sind. Spezialkenntnisse sind erforderlich, wie sie im Falle von ADHS etwa von Lauth, Schlottke & Naumann[88] bereitgestellt werden.

Dieses praktisch von uns Pädagogen erfahrene Angewiesensein auf Spezialwissenschaften kennzeichnet auch das Fachgebiet der Erziehungshilfepädagogik als Ganzes. Dieses Angewiesensein deutet möglicherweise auf ein Identitätsproblem. Das Fachgebiet der Pädagogik bei Verhaltensproblemen und Schulverweigerung benötigt daher eine Bestimmung des Eigenen, Spezifischen und Unverwechselbaren und zugleich eine kritische Erörterung der Frage, wie sich der Austausch mit den Grundlagen-, Nachbar- und Spezialwissenschaften auf eine produktive Weise gestalten lässt. Zu der von vielen vorhergesagten und möglicherweise bald stattfindenden Auflösung und Überführung dieses Spezialgebietes als institutionalisiertes Praxisfeld in eine qualitativ angereicherte allgemeine und inklusive Schulpädagogik[89] stünde das ja in keinerlei Gegensatz. Die institutionellen Kontexte würden sich dann zwar ändern, das Wissenschaftsgebiet der Erziehungshilfe- oder Schulverweigererpädagogik selber aber bleiben. Interdisziplinarität ist daher allemal die Zukunft.

Deshalb ist es nur folgerichtig, die eigenen Reflexionen interdisziplinär anzulegen, um diesem Punkt der Umgestaltung, Verschmelzung oder qualitativen Anreicherung im Sinne einer inklusiven Pädagogik näher zu kommen. Denn was ich hier gedanklich entwickle, ist nun wahrlich nicht gebunden oder gekoppelt an eine separierende Beschulung oder Unterweisung in Sonderprojekten oder Sonderschulen. Wer lange genug in diesen sozial kon-

---

[88] Lauth, G., P. Schlottke & K. Naumann: Rastlose Kinder, ratlose Eltern. München 2002
[89] Sander, A.: Konzepte einer inklusiven Pädagogik. In: Zeitschrift für Heilpädagogik 5, 2004, S. 240 – 244. – Hinz, A.: Entwicklungswege zu einer Schule für alle mit Hilfe des „Index für Inklusion". In: Zeitschrift für Heilpädagogik 5, 2004, S. 245 – 250

struierten Kunstwelten am Rande des Bildungssystems gearbeitet hat, weiß wie sehr sich dort Problemschicksale nicht nur sammeln, sondern auch gegenseitig potenzieren, hochschaukeln und in all ihrem Spannungsreichtum und in ihrer Konflikthaftigkeit miteinander verquicken. Die Separierung ist und bleibt ein Verhängnis. Sie erzeugt Trostlosigkeit. Es fehlt an positiven Modellen, an Zugkraft innerhalb der Lerngruppen. Leistung und Produktivität kommen nur äußerst schleppend in Gang. Wer noch daran zweifelt, sollte sich die Tagebuchaufzeichnungen am Ende dieser drei Bände durchlesen.

Was gebraucht wird, sind stabile soziale Gemeinschaften, die die weniger belastbaren und weniger leistungsbereiten Heranwachsenden mittragen, motivieren, einbeziehen, wie es ja auch unserer gesamtgesellschaftlichen Struktur idealerweise entspräche. Durch die Separierung werden dagegen schon früh genau diejenigen Spaltungen erzeugt, die die gesellschaftlichen Gruppen dann lebenslang voneinander trennen und die dann fortwährend sozialen Konfliktstoff erzeugen. Die entzweiten sozialen Gruppen werden ja nie wieder zueinander finden.

Hinzu kommt, dass durch die separierte Beschulung von Kindern und Jugendlichen mit Verhaltensproblemen den spezialisierten Pädagoginnen ein enormes berufliches Lebensprogramm zum Abarbeiten in einer wirklichkeitsentrückten Welt zugemutet wird. Zu den Wirklichkeitsverlusten der Heranwachsenden gesellen sich mit der Zeit die Wirklichkeitsverluste der ihnen zugeteilten Pädagoginnen und Pädagogen. Zum Zeitpunkt ihrer idealistisch motivierten Berufsentscheidung dürften sie kaum ahnen, was sie wirklich erwartet und was sie werden leisten und aushalten müssen, wenn sie ausschließlich an Sonderschulen für Lern- oder Erziehungshilfe verbleiben wollen (oder müssen).

Es wäre daher für alle Beteiligten sinnvoller, die personellen und materiellen sonderpädagogischen Ressourcen in inklusive pädagogische Kontexte zu überführen und einzubringen. Regellehrkräfte und Sonderpädagogen könnten dann gemeinsam etwas entwickeln, in Kooperation, wie es ja schon jetzt vielfach geschieht, allerdings überwiegend noch unter dem Vorzeichen der Integration, und weniger unter dem Aspekt der Inklusion und des individualisierten Lernens in heterogenen Lerngruppen. Die Pädagogik bei Verhaltensproblemen und Schulverweigerung, wie sie hier verstanden wird, zielt also durchaus langfristig auf die Aufhebung separierender Kontext und auf eine inklusive Pädagogik für alle.

MACHT UND NORM
„Das Wort `Devianz´, von lateinisch `de via´, bezeichnet das Abweichen vom Weg. Doch von welchem Weg?"[90] Macht es nicht gelegentlich auch Sinn, dass die Heranwachsenden aufbegehren und sich quer zu den Erwartungen der Etablierten verhalten und ihre Autonomie und ihren Eigensinn ins Spiel bringen? Doch welchen Sinn sollte das ergeben? Foucault[91] führt aus, „dass das, was das Gesellschaftliche als solches ausmacht [...] nichts anderes ist als das System des Zwangs, der `Disziplin´, was heißt, dass es das System der Disziplinierungen (système des disciplines) ist, durch das die Macht wirkt, aber nur indem sie sich verbirgt und sich als die Realität präsentiert, die jetzt ein zu durchlaufendes und zu beschreibendes Wissen ist."

Indem sie in die Verweigerung oder in destruktive Verhaltensmuster hineingehen, bringen sich die Heranwachsenden als Subjekte zur Geltung. Zugleich sind wir, die professionellen Pädagogen in die Aufrechterhaltung dieser Machtsysteme durch unsere Disziplinierungsversuche aktiv verstrickt, insbesondere dann, wenn wir zugleich am Aufbau von Wissen über die heranwachsenden Subjekte orientiert sind.

In seiner Abhandlung „Die Macht und die Norm"[92] schreibt Michel Foucault: „Tatsächlich ist jeder Punkt der Machtausübung zugleich ein Ort der Wissensbildung und umgekehrt erlaubt und sichert jedes etablierte Wissen die Ausübung der Macht."

---

[90] Vincent, G.: Eine Geschichte des Geheimen. In: Ariès, P. & G. Duby (Hrsg.) (1987): Die Geschichte des privaten Lebens, Band 5: Vom ersten Weltkrieg bis zur Gegenwart. Frankfurt am Main 1993, 153 – 343, hier: S. 230
[91] Foucault, M.: Die Macht und die Norm. In: ders.: Short Cuts. Frankfurt 2001, 39 – 55, hier S. 54
[92] Foucault, Die Macht und die Norm, S. 46

„Und noch weniger", heißt es weiter bei Foucault, „hat man sich mit den Beziehungen zwischen Wissen und Macht, mit ihren wechselseitigen Einwirkungen beschäftigt. Ich habe nun den Eindruck, und ich habe das zu zeigen versucht, dass sich Macht immer an Wissen und Wissen immer an Macht anschließt. Es genügt nicht, zu sagen, dass die Macht dieser oder jener Entdeckung, dieser oder jener Wissensform bedarf. Vielmehr bringt die Ausübung von Macht Wissensgegenstände hervor; sie sammelt und verwertet Informationen. [...] Die Machtausübung bringt ständig Wissen hervor und umgekehrt bringt das Wissen Machtwirkungen mit sich. [...] Es ist nicht möglich, dass sich Macht ohne Wissen vollzieht; es ist nicht möglich, dass das Wissen nicht Macht hervorbringt"[93] (Foucault).

Es handelt sich hier um einen vielschichtigen Zusammenhang, der auf die tiefen Verstrickungen der pädagogischen und therapeutischen Disziplinen, innerhalb derer sich ja auch mein eigenes professionelles Tun abspielt, hindeutet. Häufen wir nicht systematisch Wissen über unsere *Klientel* an, in unseren Berichten, Gutachten und Förderplänen, um dann in der Macht-Position zu sein, eingreifen und etwas verändern und beeinflussen zu können?

Warum dieser Hinweis auf Foucault? Natürlich folgen die allermeisten Pädagoginnen und Pädagogen einem beruflichen Selbstverständnis, das auf Konzepten beruht, wie anderen zu helfen, diese zu begleiten, individuelle Entwicklungen zu ermöglichen. Doch inwieweit werde ich in diesem Bemühen zum Werkzeug der Aufsicht, der Kontrolle, der Disziplinierung? „Jeder Träger der Macht" sei ein „Agent der Konstruktion von Wissen" behauptet Foucault.[94] Der „Bericht" fungiert dabei als „Form der Beziehung zwischen Macht und Norm".[95] Im Rahmen einer aufgeklärten sozialpädagogischen oder sonderpädagogischen Professionalität müssten diese Zusammenhänge mit bedacht werden, nicht nur in der Produktion von Berichten, Gutachten, Zeugnissen, Verhaltensbeschreibungen, Förderplänen, Therapieplänen,

---

[93] Foucault, M. (1975): Räderwerke des Überwachens und Strafens. In: ders.: Short Cuts. Frankfurt 2001, 56 – 80, hier: S. 77 f.
[94] Foucault, Die Macht und die Norm, S. 47
[95] Foucault, Die Macht und die Norm, S. 47

Hilfeplänen usw., sondern auch darüber hinaus. Doch wir sind durch die Funktionsbeschreibungen zu den *Stellen*, die wir besetzen, zugleich zum „Abfassen von Berichten verpflichtet".[96]

Ist das nicht eine ungeheure Provokation, wo wir doch daran gewöhnt sind zu glauben, unsere Bildungssysteme förderten, im klassischen Sinne, die selbstverantwortete Freiheit? Ein Schelm, der Böses dabei denkt. Es wirkt also längst eine beträchtliche Institutionalisierung von Sozialisation, Bildung, Entwicklung, Erziehung und damit eine gesellschaftliche Macht, die kaum noch hinterfragbar erscheint.

Die Schule erfüllt ganz spezifische Aufgaben im Hinblick auf die Gesellschaft. W. Klafki[97] nennt die „Qualifizierungs- und Ausbildungsfunktion", zweitens die „Selektions- und Allokationsfunktion, das heißt eine „Auslesefunktion", die darauf hinausläuft, dass die jungen Menschen verschiedenen „sozialen Positionen, Einfluss-, Geltungs-, Einkommens- und Gewinnchancen" zugeführt werden. Drittens die „Integrations- und Legitimationsfunktion", das heißt die Funktion der „Eingliederung der jungen Generation in die jeweilige Gesellschaft, ihre politischen, gesellschaftlichen und ethischen Normen, ihre verbindlichen Ordnungen und Verhaltensregeln" und zugleich die Funktion ihrer Rechtfertigung". Viertens übernimmt die Schule die Funktion der „Kulturüberlieferung".

Man fragt sich, wo da der eigene „Anspruch der Kinder und Jugendlichen" bleibt, „Hilfen zur Bewältigung *ihres* individuellen Lebens, zur Entfaltung *ihrer* individuellen Möglichkeiten zur Anerkennung *ihres* Rechts auf Selbstbestimmung, Glück, Entscheidungs- und Handlungschancen" zu erhalten?[98] Das wäre ja, in Abgrenzung zu den oben genannten bildungssoziologischen Überlegungen die eigentlich *pädagogische* Perspektive. Wie *gut* meint es also das Bildungssystem mit den Heranwachsenden? Dominiert hier gar eine Macht, der der Einzelne kaum noch entrinnen kann? Handelt es sich nicht um eine äußerst subtile Macht-

---

[96] Foucault, Die Macht und die Norm, S. 47
[97] Klafki, W., Schultheorie ..., S. 43
[98] Klafki, W., Schultheorie ..., S. 57

struktur? Wer abweicht oder ausschert, zieht nach und nach ein ganzes Repertoire an Maßnahmen und Interventionen auf sich.

Eine solche Textstelle zu Beginn einer Abhandlung über Verhalten, Verweigerung, Erziehung? Eine unrealistische und wirklichkeitsfremde Verteidigung der Autonomie des Subjekts? Doch muss nicht die Frage gestattet sein, ob die sozialen und institutionellen Strukturen und Mechanismen, die sich bis in die Gegenwart hinein entwickelt haben, so sein und so bleiben *müssen*, wie sie nun einmal sind? Müssten nicht vielmehr alle Professionellen, die sich mit Kindern und Jugendlichen beschäftigen wollen, die mehr oder weniger *aus der Bahn geraten* sind oder aus der Bahn zu geraten drohen, sich zuallererst mit M. Foucaults Untersuchungen „Wahnsinn und Gesellschaft" und „Überwachen und Strafen" auseinandersetzen, damit sie den komplizierten Zusammenhang von Verhalten und Norm in einem weiteren Sinne sehen (lernen)? Und wie lässt sich ein solch erweiterter Blick überhaupt erlernen? Kann man so etwas im Hörsaal oder im Seminarraum oder in einer Bibliothek durch bloße Lektüre lernen? Muss es nicht vielmehr am eigenen Leibe *erfahren* werden?

So warten wir immer noch auf eine fundierte machttheoretische Untersuchung auf dem Feld der Pädagogik bei Verhaltensproblemen und Schulverweigerung, denn geht es in den Prozessen des Sich-Auflehnens und des Eindämmens, der Provokation und der Zurechtweisung, des Angriffs und des Gegenangriffs, der Intervention und der Konsequenz, der Verweigerung auf Seiten der Heranwachsenden und der Verweigerung auf Seiten des Bildungssystems (und seiner jeweiligen Repräsentanten) nicht vor allem auch um Macht? „Die Mechanismen der Macht sind in der Geschichte niemals gründlich analysiert worden. Man hat die Leute studiert, welche die Macht innehatten. Das war die anekdotische Geschichte der Könige, der Feldherren. Aber die Macht mit ihren umfassenden und detaillierten Strategien und Mechanismen ist niemals wirklich erforscht worden."[99]

In dem bereits erwähnten Aufsatz aus dem Nachlass von M. Foucault mit dem Titel „Die Macht und die Norm" ist die folgen-

---

[99] Foucault, Räderwerke des Überwachens und Strafens, S. 77 f.

de Passage zu lesen: „Die Macht wird nicht besessen, sie zieht sich durch die feinsten Risse auf der ganzen Oberfläche des sozialen Feldes gemäß einem System von Relais, Konnexionen, Transmissionen, Distributionen etc."[100] Was Foucault hier andeutet, halte ich für eines der spannendsten Themen, die in der Erziehungshilfepädagogik und der Pädagogik bei Schulverweigerung noch zu bearbeiten sind.

Bei alldem ist natürlich zu beachten, dass es Foucault immer um die Rolle der Humanwissenschaften als Ganzes geht. Foucault hat den westlichen Gesellschaften ihre subtilen Techniken der Unterwerfung nachgewiesen. In den 1970er Jahren beginnt er diese Gesellschaften als Disziplinargesellschaften wahrzunehmen. Das heißt die Gesellschaft produziert, selbst dort, wo sie Befreiung verspricht, Disziplinierung und Unterwerfung. Selbst die Psychoanalyse, die zunächst Befreiungsprozesse hervorgebracht hätte, hat in der Sichtweise Foucaults schließlich neue Machtverhältnisse geschaffen.

Die Freiheiten des Individuums nahmen zwar zu, so Foucault, aber merkwürdigerweise so, dass die Einzelnen sie nicht als Freiheit empfinden würden. Zugleich wuchs auch die Konformität. Zwar werden wir, der sozialen Ordnung halber, das Verhalten der Heranwachsenden *normalisieren* müssen, bis zu einem bestimmten Punkt, allein um die Menschen dazu zu bringen, sich einigermaßen vorhersehbar zu verhalten, aber die Idee, eine solche Normalisierung sei mehr als zweckmäßige Notwendigkeit, ist in Foucaults Sicht verheerend. Schreiben ist für Foucault ein subversiver Akt, eine Kraft, die die gesellschaftlichen Konventionen in Frage stellt.

Nehmen wir nur den sehr häufig verwendeten Begriff der *Verhaltensstörung*. Gerade im Gebrauch dieses Begriffs wird deutlich „wer in einer Situation die Definitionsmacht hat und wer den Zweifel am Wert seiner Person zu akzeptieren hat", schreibt Norbert Störmer.[101] Natürlich verbirgt sich hinter dem sprachlichen,

---

[100] Foucault, Die Macht und die Norm, S. 40
[101] Störmer, N.: Probleme und Grenzen der Grundlegung einer „Verhaltensgestörtenpädagogik". In: Bundschuh, K. (Hrsg.): Sonder- und Heilpädagogik in der modernen Leistungsgesellschaft. Krise oder Chance? Bad Heilbrunn 2002, 445 –

definitorischen Machtstreben der Etablierten gegenüber den Außenseitern eine gehörige Portion Verunsicherung und Ohn-Macht, wie Birgit Herz notiert: „Verhaltensstörungen, Erziehungsschwierigkeiten, deviantes Verhalten und ähnliche Etiketten sind provisorische Sammelbegriffe, eher hilflose Versuche, gesellschaftliche Ausgrenzungsprozesse, die immer mehr Heranwachsende in die Position von Modernisierungsverlierern drängen, zu einer Ordnungskategorie zusammenzufassen."[102]

Und H. Reiser, der die gegenseitigen Beziehungen der Begrifflichkeiten „Lernbeeinträchtigung" und „Verhaltensstörung" untersucht, kommt zu dem Ergebnis, „dass die begriffliche Differenz kaum etwas zu tun hat mit den Menschen, auf die sie angewendet wird, und mit ihren Problemen, aber sehr viel mit den Professionellen, ihren Disziplinen und Institutionen. Die Differenz macht keinen Sinn, um subjektive Realitäten der Klienten zu erfassen, sondern macht Sinn, um professionelles Handeln in den gewohnten Bahnen zu legitimieren."[103]

Das Subjekt wird folglich Begrifflichkeiten unterworfen, was Teil übergreifender institutionalisierter Prozesse ist, die sich um den thematischen Zusammenhang von Verhalten, Norm und Macht drehen. Man müsste Foucault vielleicht in einem Einführungsseminar mit den Studierenden lesen, bevor man jemals den Begriff der Verhaltensstörung gebraucht, oder mit Hilfe welcher Begriffe auch immer *gestörte Subjekte* konstruiert werden, auf die hin dann die bekannten Repertoires und Prozeduren der Verhaltensänderung und Verhaltensbeeinflussung angewendet werden.

456, hier: S. 448, mit Bezug auf Schlee, J.: Zur Problematik der Terminologie in der Pädagogik bei Verhaltensstörungen. In: Goetze & Neukäter (Hrsg.): Pädagogik bei Verhaltensstörungen, Handbuch der Sonderpädagogik, Bd. 6, Berlin 1993, 2. Aufl., 36 – 49, hier: S. 43

[102] Herz, B.: Emotionale und soziale Entwicklung – Heranwachsende in einer zerrissenen Welt. Zeitschrift für Heilpäd., 55. Jg., H. 1, 2004, 2 – 10, hier: S. 5

[103] Reiser, H.: Die Differenz zwischen den Begriffen Lernbeeinträchtigungen und Verhaltensstörungen (Learning Disabilities/ Behavior Disorders) als Effekt unterschiedlicher wissenschaftlicher Paradigmen. In: Rolus-Borgward, S., Tänzer, U., Wittrock, M. (Hrsg.): Beeinträchtigung des Lernens und/ oder Verhaltens. Unterschiedliche Ausdrucksformen für ein gemeinsames Problem. Oldenburg 2000, 75 – 79, hier: S. 78

Michel Foucault schreibt: „Aber wenn ich von der Mechanik der Macht spreche, denke ich an die feinsten Verzweigungen der Macht bis dorthin, wo sie an die Individuen rührt, ihre Körper ergreift, in ihre Gesten, ihre Einstellungen, ihre Diskurse, ihr Lernen, ihr alltägliches Leben eindringt".[104] Man muss nicht jeden Foucaultschen Gedanken übernehmen, doch seine Grundthemen wie Normalität und Ausgrenzung, Disziplin und Revolte, Sexualität und Kontrolle, Delinquenz und Überwachung, Wissen und Macht scheinen mir in einem äußersten engen Zusammenhang mit den Themen und Problemen einer Pädagogik bei Verhaltensproblemen und Schulverweigerung zu stehen. Die thematischen Einkreisungen innerhalb des Foucaultschen Diskurses verweisen auf den Kern auch der eigenen Sache. Ich werde in Zusammenhang mit der Diskussion der *Neuen Disziplinierungspädagogik* auf das Thema der Macht zurückkommen.

FORSCHUNGSMETHODIK

Worin bestehen die „Erkenntnisinteressen" (Habermas) einer Pädagogik bei Verhaltensproblemen und Schulverweigerung? Geht es nicht in erster Linie um die Verbesserung der gesamten Lebenslage sozial desintegrierter und an den Rand des Bildungssystems geratener Subjekte? Didaktik lässt sich daher nicht nur als eine auf den Unterricht bezogene Handlungswissenschaft verstehen, sondern ebenso im Sinne einer sozialwissenschaftlich-pädagogischen Lebenswelt- und Biographieforschung:

"Gerade eine Didaktik, die an der Frage nach Möglichkeiten und Behinderungen der Entwicklung der Selbstbestimmungs-, Mitbestimmungs- und Solidaritätsfähigkeit [...] orientiert ist (eine Situation, wie sie ja bei Heranwachsenden mit Förderbedarf im Bereich des Verhaltens und Erlebens zumeist gegeben ist, J.B.), muss Untersuchungen betreiben, die uns Einblick in den von frühester Kindheit an sich vollziehenden Vorgang von Aneignungen und Auseinandersetzungen des sich entwickelnden Individuums im Einflussbereich sozialer Beziehungen, erzieherischer Einwirkungen und umfassender gesellschaftlicher Verhältnisse und Pro-

---

[104] Foucault, Räderwerke des Überwachens und Strafens, S. 59

zesse verschaffen können. Sie können dazu verhelfen, Möglichkeiten didaktischer Hilfen zum Aufbau von Selbstidentität, sozialer Beziehungs- und Behauptungsfähigkeit, Handlungs- und Verantwortungsfähigkeit zu entwerfen, aber auch die Grenzen solcher Angebote zunehmend realistischer einzuschätzen."[105]

Empirische Forschung erhält somit einen emanzipatorisch-kritischen Auftrag: „Sie kann nicht mehr formal als `neutrale´ Effektivitätsforschung verstanden werden, sondern zum einen als Erforschung von Bedingungen, die für ungleiche Chancen der Entwicklung von jungen Menschen [...] außerhalb und innerhalb der Bildungsinstitutionen verantwortlich sind, zum anderen als Innovationsforschung, die im Zusammenhang mit Schul- und Unterrichtsreformen, die an humanen und demokratischen Zielsetzungen orientiert sind, Möglichkeiten der Verwirklichung solcher Ziele für alle (jungen) Menschen ermittelt, und das heißt nicht zuletzt für die bisher Benachteiligten, die gewöhnlich aus den sozial schwächeren Bevölkerungsgruppen stammen."[106]

Um die Sinnhaftigkeit und zugleich die Präzision unserer wissenschaftlichen Aussagen zu erhöhen, bedarf es der vollen Ausschöpfung der verfügbaren forschungsmethodischen Zugänge und Verfahren. Es gibt auf der einen Seite Praxisberichte, Konzeptentwicklungen, hermeneutische Analysen und Rekonstruktionsversuche zu Lernprozessen, zur individuellen Problemverarbeitung von Kindern und Jugendlichen, Arbeiten, die aber zumeist nicht den Anforderungen genügen, die von empirischer Wissenschaft an *harte* Daten und Fakten gestellt werden. Die wenigen empirisch besser abgesicherten und für Verallgemeinerungen daher eher geeigneten Untersuchungen und Untersuchungsergebnisse beleuchten bisher eher eng umrissene Spezialfragen, etwa die Regulation von Emotionen betreffend.[107]

Wird es daher jemals den großen wissenschaftlichen Wurf geben können? Ein alle wissenschaftliche Kriterien erfüllendes

---

[105] Klafki, Neue Studien..., 1985, S. 49
[106] Klafki, Neue Studien..., 1985, S. 62
[107] vgl. z.B. Fingerle, M.: Das subjektive Verständnis emotionsregulativer Vorgänge bei Kindern – Metawissen über die Regulierbarkeit von Emotionen. In: Heilpädagogische Forschung, Bd. XXVIII, H. 4, 2002, 200 - 212

Großprojekt, das uns nachher ein für alle Mal zeigen kann, wie Lernen unter abweichenden und schwer vorhersagbaren Bedingungen am besten geschehen kann? Das Eintauchen in den lebensweltlichen Zusammenhang der zur Diskussion stehenden Kinder und Jugendlichen wird noch am ehesten im Rahmen von Handlungs- und Feldforschung, die Beschreibung des Gesehenen und Erfahrenen günstigerweise unter Rückgriff auf beschreibende, phänomenologische und hermeneutische Verfahren gelingen.

Das könnte einerseits ein Plädoyer für Praxisforschung sein, also der zugleich wissenschaftliche denkende Sozialpädagoge oder Sonderschullehrer oder die Gesamtschullehrerin dokumentieren, analysieren und reflektieren ihre Praxiserfahrungen. Eine solche Handlungs- und Feldforschung kann natürlich auch von Wissenschaftlern unternommen werden, die von außen in ein Praxisfeld kommen und selbst Beobachtungen machen, Lehrpersonen befragen usw. Aber was lässt sich tatsächlich über den inneren Entwicklungsprozess eines elfjährigen Jungen mit Diabetes Typ I sagen, wenn ich ihn ein- oder zweimal einer Fragenbogenuntersuchung unterziehe oder ihn einige Male im Unterricht beobachte oder wenn ich, von außen kommend, seinen Klassenlehrer befrage?

Was kann dagegen ein Sonderschullehrer aussagen, der ihn Tag für Tag unterrichtet, der die Höhen und Tiefen, das ständige Hin und Her von Verweigerungsverhalten und Anhänglichkeit am eigenen Leibe erfährt? Das eine Mal rennt der Junge davon und versteckt sich irgendwo hinter Kartons, wenn ihn der Lehrer an die Notwendigkeit der erneuten und regelmäßig vorzunehmenden Blutzuckerbestimmung erinnert. Weil der Lehrer um die negativen Folgewirkungen zu hoher oder zu niedriger Blutzuckerwerte weiß und den Jungen quasi in die Klasse *zurückschieben* und zum Messen regelrecht drängen, wenn nicht zwingen muss, schreit das Kind, dass es ein für alle Mal die Nase voll habe von dem ewigen Zuckermessen und dass es sich mit einer Höchstdosis Insulin, die es sich über eine per Katheder mit dem Körper verbundene Pumpe verabreichen kann, ins Jenseits befördern wolle.

Beim anderen Mal ist der elfjährige Junge wieder so anhänglich, dass er sich beim Zuckermessen auf dem Schoß des Lehrers setzt, wie ein Kleinkind. Zugleich murmelt er die allerbesten Verhaltensvorsätze vor sich hin, während der Lehrer das Messergebnis in das Tagesprotokoll einträgt, das der Mutter zum Übertrag in ein Behandlungstagebuch weitergereicht und alle paar Wochen dem Diabetesarzt zur Auswertung gegeben wird. Lässt sich die gesamte Komplexität solcher Praxissituationen, das Auf und Ab im Verlauf eines einzigen Schultages, und das Ganze vollzieht sich ja zusätzlich vor dem Hintergrund eines hochdifferenzierten Gruppengeschehens, durch wenige punktuelle Erhebungen hinreichend erfassen?

Zumeist verfügt der Praktiker über einen immensen Vorrat an hautnaher und unmittelbarer pädagogischer Erfahrung, aber oftmals weniger über die Kategorien, die zur Generierung von wirklichen wissenschaftlichen Erkenntnissen gebraucht werden. Am besten wäre sicherlich, wenn sowohl Praktiker oder praxisverwickelte Theoretiker als auch nüchterne, von außen kommende Beobachter zusammenarbeiten in längerfristig kooperierenden Forschungsteams.

Ich ordne meine eigenen Forschungsbemühungen am ehesten noch der methodologischen Struktur der kritisch-konstruktiven Erziehungswissenschaft zu, wie sie W. Klafki in seinen bildungstheoretischen und schultheoretischen Studien[108] formuliert hat, nämlich als Verknüpfung von historisch-hermeneutischen und erfahrungswissenschaftlich-empirischen sowie von gesellschaftskritisch-ideologiekritischen Ansätzen.[109]

„Alle pädagogischen Sinngebungen und die durch sie ausgelösten Re-Aktionen der zu Erziehenden [...] stehen nun zum einen in umfassenderen erziehungsgeschichtlichen Zusammenhängen, zum anderen in darüber hinausreichenden geschichtlichen, gesellschaftlichen Kontexten [...] Hermeneutik bezeichnet hier also alle Bemühungen, Sinn- und Bedeutungszusammenhänge mit wissenschaftlichen Methoden, das heißt intersubjektiv überprüfbar und intersubjektiv diskutierbar, zu erfassen."[110] W. Klafki nimmt vier

---

[108] Klafki, Neue Studien..., 1985. – Ders.: Schultheorie..., 2002
[109] Klafki, Schultheorie, S. 22 ff.
[110] Klafki, Schultheorie, S. 23 f.

Differenzierungen dieser historisch-hermeneutischen Perspektive vor.

Erstens geht es darum, die Geschichte des pädagogischen Denkens, der pädagogischen Ideen immer neu aufzuarbeiten, was schon Anliegen der Geisteswissenschaftlichen Pädagogik gewesen ist, dies jedoch immer in Beziehung zu gesamtgesellschaftlichen Prozessen. Neben dieser „Ideen- und Theoriegeschichte"[111] geht es zweitens darum, die pädagogischen Ideen auf die „Realgeschichte der Erziehung und Erziehungsinstitutionen" zu beziehen und diese Ideen mit der Erziehungswirklichkeit zu konfrontieren. Klafki spricht hier auch von „Real- und Institutionengeschichte".[112] Drittens richtet sich pädagogisch-hermeneutische Forschung „nicht nur auf Texte und Dokumente und nicht nur auf die geschichtliche Perspektive, sondern auch auf die Sinnzusammenhänge der jeweils aktuellen Erziehungswirklichkeit, die sich nicht oder nicht nur in Texten und Dokumenten niederschlagen, sondern in konkreten pädagogischen Interaktionen, Handlungen, sinnlich vermittelten Ausdrucksformen [...] oder in Phänomenen wie etwa der pädagogisch relevanten Atmosphäre einer Familie, eines Kindergartens, einer Schule."[113] Klafki spricht hier auch von einer „Hermeneutik der aktuellen Erziehungswirklichkeit"[114], in der auch die Lebensweltforschung und biographische Untersuchungen eine Rolle spielen können.

Klafki sieht ferner die „Notwendigkeit der Ergänzung durch empirische Forschung; besser der Verknüpfung mit empirischer Forschung".[115] Es existiert allerdings ohnehin eine enge Verflechtung zwischen historisch-hermeneutischen und erfahrungswissenschaftlich-empirischen Methoden, denn in „die erfahrungswissenschaftliche Fragestellung" sind immer schon „Bedeutungssetzungen" sowie „Vorbedingungen und Annahmen mit erziehungsgeschichtlichem bzw. gesellschaftlichem Hintergrund" eingegangen.

---

[111] Klafki, Schultheorie, S. 24
[112] Klafki, Schultheorie, S. 25
[113] Klafki, Schultheorie, S. 26
[114] ebd.
[115] Klafki, Schultheorie, S. 27

Klafki nennt hier als Beispiel den Begriff der *Leistung*, der etwa in viele empirische Untersuchungen eingeht. Doch was ist Leistung? Was wird darunter verstanden? Diese Fragen sind letztlich nur historisch-hermeneutisch zu klären. Dasselbe gilt meines Erachtens für den Begriff der *Disziplin*, wie er in Zusammenhang mit dem „Trainingsraumprogramm"[116] auflebt und in neue erziehungswissenschaftliche Forschungen eingeht.

Auch weist Klafki mit Recht darauf hin, dass am Ende einer Untersuchung empirische Ergebnisse stets interpretiert und in einen größeren Zusammenhang gestellt und eingeordnet werden (müssen), was eine originär historisch-hermeneutische Angelegenheit sei[117], und was von Verfechtern einer *allein empirischen* erziehungswissenschaftlichen Forschung gerne übersehen wird.

Das von Klafki seiner Bildungstheorie und seiner Schultheorie zugrunde gelegte methodologische Repertoire umfasst schließlich den gesellschaftskritisch-ideologiekritischen Ansatz. Nach Klafki sind „Erziehungsprobleme in vielfältiger Weise mit umgreifenden ökonomischen, sozialen, politischen und kulturellen Verhältnissen und Prozessen verbunden"[118], was ja in Anbetracht von Verhaltensproblemen und Verweigerungsreaktionen, speziell von Heranwachsenden aus Risikomilieus, oftmals direkt ins Auge springen dürfte. In diesen Zusammenhang gehört vor allem die Kritik an „gesellschaftlichen Ungleichheits- und Herrschaftsverhältnissen"[119], vor deren Hintergrund etwa Untersuchungen zum Thema Chancengleichheit im Bildungssystem auf den Weg gebracht worden sind.

Die Erwartungen und Hoffnungen auf fundamentale Veränderungen in dieser Hinsicht sind jedoch durch vielfältige Ergebnisse, die ich hier nicht weiter auflisten kann, gedämpft worden. W. Klafki fasst zusammen: „Allen Verfechtern der Forderung nach

---

[116] Balke, S. (2001): Die Spielregeln im Klassenzimmer. Das Trainingsraum-Programm. Ein Programm zur Lösung von Disziplinproblemen in der Schule. Bielefeld 2003, 2. Aufl. - Bründel, H. & E. Simon: Die Trainingsraum-Methode. Weinheim 2003
[117] Klafki, Schultheorie, S. 29
[118] Klafki, Schultheorie, S. 31
[119] Klafki, Schultheorie, S. 31

entschiedener Berücksichtigung des Chancengleichheitsprinzips ist heute allerdings bewusst, dass Bildungsreinrichtungen auch bei optimaler Nutzung ihrer bislang noch unausgeschöpften Möglichkeiten nur einen begrenzten, im Detail nicht prognostizierbaren Beitrag zum Abbau von Chancenungleichheit leisten können. Denn die Ungleichheit der Bildungschancen ist in umfassenderen gesellschaftlichen Ungleichheitsverhältnissen verankert."[120] Die Sozial- und Bildungswissenschaften stoßen hier in ihrem (inzwischen entkräfteten) Veränderungsoptimismus an Grenzen.

Erst die gelungene Verknüpfung der genannten forschungsmethodischen Ansätze vermag vermutlich das wissenschaftliche Niveau unserer Analysen zur tatsächlichen Lebenswirklichkeit der im Verhalten und Erleben problematisch wahrgenommenen oder sich schulaversiv gebenden Heranwachsenden anzuheben, unsere Vorschläge zur Prävention und Intervention zu präzisieren, unsere Kritik an verstörenden gesellschaftlichen Sozialisationsbedingungen oder abträglichen institutionellen Kontexten treffend zu formulieren und unsere Betroffenheit und unsere Versuche in Anbetracht von Kindern, die etwa am Diabetes Typ I oder den Folgen einer Alkoholembryopathie leiden und zugleich gravierende Lern- und Verhaltensprobleme aufweisen, mehr noch all die Schwierigkeiten, die auf das Konto der sozialen Verwahrlosung und gesellschaftlichen Zersplitterung und Desintegration gehen, in solides pädagogisches Handeln zu überführen.

Schon allein die Reflexion auf die Bedingungen all dessen könnte und müsste das Bewusstsein und das Handeln der professionellen Pädagoginnen und Pädagogen, egal welcher Teildisziplin sie auch angehören, verändern. Andererseits, wo sind heute noch Sozial-, Erziehungs- und Kulturwissenschaften anzutreffen, die den gewagten Anspruch erhöben, durch *Analyse* das Leiden innerhalb der (westlichen) Gesellschaften zu mindern? Zugleich ist und bleibt die Erziehungshilfepädagogik natürlich auf die Entwicklung praktischer Handlungsmodelle ausgerichtet. Was sonst gäbe es zu tun, einmal abgesehen von der persönlichen Erkenntnisgewinnung, Selbstvervollkommnung oder Bewusstseins-

---

[120] Klafki, Schultheorie, S. 72 f.

erweiterung, die für den einzelnen Pädagogen durchaus geistig, spirituell usw. mit Sinn unterlegt sein kann. Zur Betonung und zur Verstärkung dieser, auf unmittelbare Lösungen und Veränderungen in der konkreten Lebensrealität zielenden, Handlungsperspektive habe ich auch ein gewisses Know-How aus dem Bereich des Coaching in meine pädagogische Arbeit mit den Heranwachsenden sowie in die beratende Arbeit mit den Pädagogen und sozialen Helfern einbezogen.[121]

HANDLUNGSORIENTIERUNGEN
Die Praktiker, die im Rahmen der schulischen Bildungsinstitutionen und außerschulischen Einrichtungen mit auffälligem oder schulaversivem Verhalten von Kindern und Jugendlichen umgehen, benötigen Orientierungshilfen und offen formulierte, Spielraum lassende Handlungsimpulse, die die Komplexität aktueller Praxisanforderungen vom Rechtsradikalismus über Identitätsprobleme bis hin zum Drogenmissbrauch und dem schulischen Totalausstieg berücksichtigen. Es kann etwa sehr wichtig sein, genau über die Manifestationen und Hintergründe des Rechtsradikalismus von Jugendlichen Bescheid zu wissen, um erstens dessen Wurzeln und Hintergründe tiefergehend zu verstehen, und zweitens handlungsfähig zu sein.

Dasselbe gilt für den Bereich der jugendlichen Identitätsentwicklung, ein Thema, das für meine früheren Untersuchungen sehr zentral, wenn nicht fundamental wichtig gewesen ist. Es ist notwendig, mir als Pädagoge Kenntnisse zu diesem Gebiet anzueignen, wenn ich die internen Prozesse von *Heranwachsenden in Krisen* wirklich auf eine umfassendere Weise verstehen will. Ich werde dann die Verhaltensweisen eines Jugendlichen anders und vorurteilsfreier wahrnehmen sowie weitergefasst, tiefergehend verstehen können und vielleicht auch eher in der Lage sein, passende, das heißt wirklich förderliche pädagogische oder didaktische Angebote zu machen oder zumindest beratend einige hilfreiche Impulse zu geben.

---

[121] vgl. auch Bröcher, J.: Coaching als ästhetischer Prozess. Selbstgestaltung und Handlungserweiterung im Beruf durch die Potenziale der Kunst. Niebüll 2003

Es lohnt sich auch heute noch E.H. Erikson zu lesen, trotz seiner Fixierung auf bestimmte etablierte Mittelschichten und einer gewissen zeitbedingten normativen Enge, die in diesen Texten eingelagert ist. Es waren schließlich die 1950er Jahre. Es gibt in der Tat in Eriksons Abhandlung Engführungen, die man ja so nicht zu übernehmen braucht. Überdies existieren zeitgemäßere identitätstheoretische Entwürfe und Studien.[122] Solche Einzeluntersuchungen und Einzelergebnisse, die hier exemplarisch für Vieles andere genannt werden, müssen im Prinzip mit Blick auf das Feld der Pädagogik bei Verhaltensproblemen und Schulverweigerung in einer großen und weiten Synthese gedacht werden.

Der gesamte Vorrat an Wissen, Handlungsmodellen und Erkenntnissen wird durchgefiltert. Welches Kind und welcher Jugendliche benötigt welche Art von verstehender Zugangsweise von meiner Seite? Welchen Wissenshintergrund muss ich mir jeweils aus dem vorhandenen theoretischen Bestand aneignen? Welche subjektiven Besonderheiten und Anliegen vermittelt mir der junge Mensch selbst? Wie komme ich nun zum Handeln? Wie lässt sich das Aufgefundene und Vorgefundene an theoretischen Elementen in Form von Praxis umsetzen? Welcher Prozess entwickelt sich und in welche Richtung geht es?

Das Ganze läuft für mich auf das Prinzip der *didaktischen Variation* hinaus. Was genau darunter zu verstehen ist, wird sich in den einzelnen Kapiteln nach und nach von den unterschiedlichsten Gesichtspunkten und Bezugnahmen ausgehend entfalten. Die konsequente Anwendung des Prinzips der Variation ermöglicht mir, der jeweiligen Besonderheit und Individualität eines Kindes oder eines Jugendlichen, aber auch der sich zwangsläufig ergebenden Heterogenität von Gruppen sowie der ständigen Veränderung von hochkomplexen Lernprozessen produktiv zu begegnen.

---

[122] Eine aufschlussreiche Studie zur Adoleszenzentwicklung von männlichen Jugendlichen ist: Blos, P. (1962): Adoleszenz. Eine psychoanalytische Interpretation. Stuttgart 1989. Zur Erforschung der weiblichen Adoleszenz: Floake, K., King, V., Hagemann-White, C., Overbeck, A. u.a.: Weibliche Adoleszenz. Zur Sozialisation junger Frauen. Weinheim 2003

HUMANITÄT ALS MAßSTAB

Die Pädagogik bei Verhaltensproblemen und Schulverweigerung, wie sie in diesem Buch entwickelt werden wird, orientiert sich an Weite im Verständnis alles Menschlichen. Im Sinne eines anthropologischen, philosophischen Grundverständnisses sehe ich den Menschen als definiert durch Freiheit und Selbstbestimmung, zumindest durch die Möglichkeit dazu, denn an Hürden und Hindernissen diesbezüglich habe ich nun genug gesehen. Andererseits erscheint der Mensch uns häufig genug als Spielball interner Triebe und Mächte sowie als passives Objekt sozialer und kultureller Einwirkungen. Insbesondere Heranwachsende aus desintegrierten und bildungsfernen Milieus wirken in dieser Hinsicht oftmals in sich zerrissen.

Der Grad an Selbsterkenntnis, Selbstreflexion, Selbstbestimmungsfähigkeit, auch Selbstbildungsfähigkeit dieser Heranwachsenden variiert in der Folge erheblich, was vielfach besonders intensive und wohlüberlegte Bildungsbemühungen von Seiten der Gesellschaft notwendig macht, um einerseits das Vermögen der weniger reflektierten und reflektierenden Individuen zu Freiheit und sinnvoller Lebensgestaltung zu fördern und zugleich die Freiheit der anderen, durch die *auffälligen* Heranwachsenden in Mitleidenschaft gezogenen Menschen, zu schützen.

Es kann nun nicht darum gehen, dass sich die eine Gruppe über die andere erhebt, indem sie diese mit defizitären Etikettierungen und Kategorisierungen versieht und zum Objekt von *Behandlungen* macht. Hierzu merkt Wolfgang Jantzen entsprechend kritisch an: „Besonders verwundbare Kinder werden durch die Reduktion des pädagogischen Umgangs auf verdinglichende Behandlungsmethoden in besonderer Weise verwundenden Situationen ausgesetzt. Stattdessen wäre von ihrer Subjektposition auszugehen und somit von einer Rekonstruktion und Anerkennung ihrer jeweiligen Handlungen als sinnvoll und systemhaft."[123]

Auch Norbert Störmer wendet sich gegen die Verwendung von Begrifflichkeiten wie *verhaltensgestört* oder *Verhaltensge-*

---

[123] Jantzen, W.: Natur, Psyche und Gesellschaft im heilpädagogischen Feld. In: Zeitschrift für Heilpädagogik 54. Jg., 2003, H. 2, 59 – 66, hier: S. 63

störtenpädagogik sowie gegen die sich hinter einer solchen Terminologie verbergende Haltung gegenüber Menschen. Bezüglich des Begriffs *Verhaltensstörung* schreibt Störmer: „...erscheint eine Abkehr von diesem stigmatisierenden Begriff überfällig zu sein..., denn die Vergabe des Etiketts `verhaltensgestört´, wirkt als ein hilfloser Versuch, gesellschaftliche Entgrenzungsprozesse als individuelle Probleme anzusehen."[124]

Und Störmer weiter: „Handlungen, die als `verhaltensgestört´ diagnostiziert werden, können innerhalb einer spezifischen Gruppe äußerst funktionell sein. Sie können aber auch ein Notsignal, eine Handlungsverlegenheit, eine mehr oder weniger hilflose Antwort, oftmals eine verzweifelte Mitteilung auf unbefriedigende und individuell aussichtslose Situationen und unerträgliche Zumutungen innerhalb einer vorgegebenen und zugleich widersprüchlichen sozialen Situation sein. Das beobachtete `Fehlverhalten´ wäre dann eine aus der überindividuellen Lage abgeleitete Erscheinung der individuellen Verunsicherung, es ist jedoch nicht (kann vielleicht auch nicht) zielgerichtet gegen die eigentlichen Ursachen der negativen Lage gerichtet, es fehlt möglicherweise eine rationale oder alternative Lösungsstrategie. Was in einem derartigen sozialen Kontext für einen Beobachter als auffälliges und störendes Verhalten erscheint, ist von Seiten des Subjekts Tätigkeit. Die Tätigkeit ist jedoch nicht etwas vom Subjekt Getrenntes, sondern die Existenzform des Subjekts selbst."[125]

Wir befinden uns also unversehens mitten in der Materie und indem ich diese terminologischen Schwierigkeiten und die sich hinter ihnen verbergenden Auffassungen und (Ab-)Gründe schon in diesem einleitenden Kapitel anspreche, habe ich etwas sehr Wesentliches vorweggenommen, vielleicht nicht ohne Grund. Die geistigen Kontinentalschlachten in den Sozialwissenschaften, man denke etwa an die Rivalitäten und Kämpfe zwischen Psychoanalyse, Behaviorismus und Humanistischer Psychologie und

---

[124] Störmer, N.: Probleme und Grenzen der Grundlegung einer „Verhaltensgestörtenpädagogik". In: Bundschuh, K. (Hrsg.): Sonder- und Heilpädagogik in der modernen Leistungsgesellschaft. Krise oder Chance? Bad Heilbrunn 2002, 445 – 456, hier: S. 452
[125] Störmer, Probleme und Grenzen..., S. 451 f.

den von diesen Mega-Strömungen transportierten Menschenbildern, sind zwar als wissenschaftliche *Events* vorbei, doch haben wir es auch heute noch mit einem endlosen Handgemenge bezüglich der theoretischen Konzeptualisierungen zu tun: Postmoderne, Systemtheorie, Konstruktivismus u.a.

Auf der einen Seite erscheint das Subjekt in seinem Wunsch nach Autonomie, Individualität, seinem Drang nach selbstverantworteter Freiheit, auf der anderen Seite ziehen wie düstere Wolken am Horizont die psychischen, biologischen und anthropologischen Determinationen herauf, die das Ich auf eine bloße augenblickliche Möglichkeit, auf eine Lücke im Ablauf des immer Gleichen reduzieren. Dabei arbeiten wir uns alle an ein- und denselben Lebensproblemen ab, nur die Mittel zu deren Bewältigung sind unterschiedlich verteilt, wodurch sich qualitativ verschiedene Lebensverhältnisse und Erkenntnisstufen ergeben. Letztendlich bewerten, das heißt einander über- oder unterordnen, können wir diese unterschiedlichen Reflexionsstufen und Auseinandersetzungsebenen dagegen nicht, denn wer kann am Ende schon mit dem wuchern, was er selbst glaubt erkannt zu haben? Es ist doch immer zu wenig.

Im Zentrum der Betrachtung steht für mich daher der Prozess gelebten Lebens, dem wir Menschen *alle* unterliegen, das heißt unser unaufhörliches Ringen um Sinn, Erfüllung, soziale Akzeptanz und Integration in diese gegenwärtige, individualisierte, freisetzende und globalisierte Form von Gesellschaft sowie der Kampf um Freiheit und zugleich die Sehnsucht nach Bindung, mehr oder weniger auch unser Scheitern an diesen Aufgaben.

ORIENTIERUNG AN CHANCEN
Die in den *Didaktischen Variationen* zu skizzierende Pädagogik orientiert sich an Chancen, an Lösungen, an Veränderungsprozessen. Sie benötigt Entwicklungen und Entwürfe, die auf die Zukunft verweisen. Die Theoretiker und die Praktiker, die in Zusammenhang mit Verhaltensproblemen und Schulverweigerung tätig sind, können Motor sein und eine innovative Kraft entfalten, ohne sich dabei in Beliebigkeit oder einem falschen Bedürfnis nach Farbigkeit, nach Geltung oder Profilierung zu verlieren.

Gefragt sind weniger bonbonbunte Programme für Schulen und Projekte. Was wir brauchen ist die kreative und zugleich verantwortungsbewusste Weiterentwicklung des Bestehenden, die Erweiterung bisheriger Sichtweisen, die Verknüpfung des bisher Unverbundenen.

Was geschieht, wenn man die Blickrichtung ändert, zeigt etwa die Resilienzforschung. Der Frage: „Was behindert Kinder in ihrer Entwicklung?" wird nunmehr die Frage „Was stärkt Kinder?" gegenübergestellt.[126] In diesem Zusammenhang ist auch die Hinwendung zu einer „ressourcenorientierten Diagnostik"[127] zu sehen, die die Stärken und adaptiven, auf eine konstruktive Realitätsbewältigung gerichteten Potenziale der Heranwachsenden stärker in den Blick rückt. Hier anschließen lässt sich auch eine Akzentverschiebung, die ich selber im Zuge einer Ausbildung zum Coach vollzogen habe, nämlich von der Analyse der in den mit Verhaltensproblemen und Schulverweigerung befassten Arbeitsfeldern anzutreffenden Konflikte hin zum Anstoßen und Managen von Veränderungsprozessen und zum Entwickeln individueller Potenziale.

Mit Blick auf die didaktischen Realisationen sind entscheidend also auch die Visionen, die eine schöpferische Pädagogik nach Betrachtung der Dinge antizipiert und anschließend gemeinsam mit den Kindern und Jugendlichen zustandebringt. Ich arbeite in Umkreisungen und immer wieder neuen Annäherungen an die Kernthemen, durchaus in dem Bewusstsein, hier keinen unrealistisch anmutenden Veränderungsoptimismus verbreiten zu dürfen. Nein, diese Abhandlung ist wahrlich kein Heldengesang. Der herkulische Mensch, der Kraft seines Elans die Verhältnisse aus den Angeln hebt? So sind vielleicht viele von uns Sonder- und Sozialpädagogen einmal in den Beruf eingestiegen, mit einem

---

[126] Julius, H. & M.A. Prater: Resilienz. Sonderpädagogik 26, 1996, 228 – 235. - Julius, H. & H. Goetze: Resilienzförderung bei Risikokindern. Ein Trainingsprogramm zur Veränderung maladaptiver Attributionsmuster. Universität Potsdam 1998 - Opp, G., Fingerle, M. & A. Freytag (Hrsg.): Was Kinder stärkt. Erziehung zwischen Risiko und Resilienz. München, Basel 1999

[127] vgl. Fingerle, M. & G. Opp: Lehrerratingskalen für adaptive Ressourcen von Grundschulkindern. In: Zeitschrift für Heilpädagogik, H. 4, 2004, 202 - 207

festen, vielleicht gar ins Utopische übersteigerten Veränderungswillen.

Und heute, nach der allgemeinen Verabschiedung vom Traum sozialer Gerechtigkeit und Chancengleichheit? Sind wir jetzt gestrandete, von allen guten Geistern dieser Gesellschaft verlassene Apokalyptiker, nachdem die Morbidität, die Härte des pädagogischen Alltags und die ständige Berührung mit jugendlichen Risikopersönlichkeiten und zerrütteten Familien in den Erziehungshilfe-Grenzwelten ihre Schleifspuren in unseren Seelen und an unseren Körpern hinterlassen haben? Ist der Umgang mit (partiell) misslingendem Leben, mit der Brüchigkeit menschlicher Existenz vielleicht gar unverzichtbarer Bestandteil menschlicher Reifung, um wenigstens auf der Ebene der persönlichen Selbstvervollkommnung etwas ernten zu können?

Der sich um soziale Brüche und Risse, um die finsteren Hinterhöfe und Trabantenstädte der modernen Stadtmaschinen, um die psychosozialen Folgen der allgemeinen transzendentalen Obdachlosigkeit dieser Gesellschaft drehende und folglich ein Gefühl der Desillusionierung erzeugende *dunklere* Diskurs muss allerdings ausgeglichen, kompensiert und aufgewogen werden durch einen *helleren,* an Chancen, Potenzialen, Entwicklungs- und Veränderungsprozessen orientierten Diskurs, der das verschlungene und an düsteren Phänomenen überreiche Fachgebiet erneut mit Licht überstrahlt und erneut Hoffnung auf eine Verbesserung der Lage geben kann. Was sonst wäre der Sinn des theoretischen wie praktischen Engagements? Dabei verstehe ich Wissenschaft als der Gesellschaft und dem einzelnen Menschen verpflichtete Erkenntnissuche. Kleinliche Scharmützel um geringfügige Prinzipienfragen sind hier ohne Belang. Es geht nicht um Petitessen, sondern um das soziale Ganze, das zur Zeit immer weiter auseinander fällt.

ERKENNTNISSUCHE, APPLIKATIONS- UND
BELASTUNGSFORSCHUNG

„Zur Freiheit ermutigen. Soziale Verantwortung fördern. Nach Wahrheit streben", lauten die Maximen der Privaten Universität Witten/ Herdecke. Ein schönes Motto, auch für die eigene Untersuchung. Im Sinne des Kritischen Rationalismus K.R. Poppers nehme ich einmal an, dass es zu dem Problemzusammenhang Verhalten-Norm-Konflikt-Verweigerung eine Art von *Wahrheit* geben wird. Vorhandene Erklärungsansätze und Handlungsmodelle richten sich mal mehr auf Erziehung, Unterricht, eine Art therapeutischen Unterricht oder den Unterricht flankierende erzieherische oder therapeutische Maßnahmen.

In den vergangenen hundert Jahren konstituierte sich ein Komplex wissenschaftlichen Wissens und daraus abgeleiteter Handlungsmuster, der sich nach G. Theunissen[128] nach einem psychiatrischen, einem tiefenpsychologisch bzw. sozialisationstheoretisch ausgerichteten, einem interaktionistisch bzw. sozialwissenschaftlich orientierten und einem systemökologischen Paradigma kategorisieren lässt. Ich wiederhole an dieser Stelle nicht die gesamte, bereits von G. Theunissen geführte Diskussion, die in ihren Kriterien und nach innen vorgenommenen Differenzierungen sicher sehr richtungsweisend ist.

Die zentrale Frage lautet für mich heute, nach all den Praxisjahren, was *wirkt* und was *helfen* könnte, um die Lage der jungen Menschen, um die es uns geht, zu verbessern und was sich dabei zugleich erziehungsphilosophisch und ethisch vertreten lässt? Das Korrektiv sehe ich daher in der Vereinbarkeit mit dem anvisierten und damit handlungsleitenden Bildungsideal, das sich an der Freiheit des Subjekts orientiert. Die in Betracht gezogenen „Erziehungspraktiken und pädagogischen Theorien bzw. erziehungswissenschaftlichen Entwürfe werden unter dem Kriterium beurteilt (werden müssen, J.B.), was sie zur Entwicklung der Selbstbestimmungs-, Mitbestimmungs- und Solidaritätsfähigkeit der Kinder und Jugendlichen [...] beitragen können."[129]

---

[128] Theunissen, G.: Heilpädagogik und Soziale Arbeit mit verhaltensauffälligen Kindern und Jugendlichen. Freiburg 1992, hier: S. 20 ff.
[129] Klafki, Schultheorie, S. 20

Problematisch wird es immer dann, wenn es zu einer isolierten, auf den Einzelnen zentrierten Sichtweise kommt, statt das Verhalten und Erleben eines Kindes oder Jugendlichen im Kontext seiner weiteren Lebenssituation zu sehen. Die Prozesse der Definition und Festlegung von Normen, was als *normal* und was als *gestört* zu gelten hat, muss immer hinterfragbar bleiben. Es gibt hier unterschiedliche Perspektiven, eine kritische, sozialwissenschaftliche und eine pragmatische, handlungsorientierte.

Aber wir können nicht wissen, ob wir mit Hilfe unserer Theorien zu dem Problemzusammenhang Verhalten-Norm-Konflikt-Verweigerung die Wahrheit erkannt haben. Voraussichtlich gibt es keine abschließende Wahrheit, sondern eher unterschiedliche Wirklichkeiten. Alles, was wir tun, wäre demnach Entwurf und Vermutung. Kein Entwurf und keine Vermutung lässt sich jedoch endgültig beweisen. Die Zusammengehörigkeit von Vermutung und Widerlegbarkeit ist Poppers Grundprinzip: Wir lernen in Wahrheit nur von unseren Irrtümern und befinden uns in einem unendlichen Erkenntnisprozess, in dem unsere Hypothesen strengen Prüfungen unterworfen und nicht selten widerlegt werden. Unsere Erkenntnisse besitzen den Charakter des Vorläufigen und sie werden immer neu auf die zu ergründenden Phänomene angewendet. Ein „Erkenntnisfortschritt" ist nach Popper in der „Verbesserung des vorhandenen Wissens"[130] zu sehen.

So experimentierte ich in den vergangenen fünfzehn Jahren mit zahlreichen mir bekannten und für den Erziehungshilfebereich empfohlenen Handlungsmodellen, Verfahren und didaktischen Modellen, von der Verhaltenstherapie, über die Gesprächstherapie, das therapeutische Puppenspiel, die Spieltherapie, projektorientiertes Arbeiten, mit einem hochgradig lehrerzentrierten Unterricht genauso wie mit eher offenen oder schülerorientierten Unterrichtsformen oder mit Mischformen und sammelte Erfahrungen, beobachtete, wie die Schülerinnen und Schüler reagierten, wie sie sich verhielten, wie sie auf meine Methoden und Verfahren ansprachen, welche Art von Lernaktivitäten in Gang kamen

---

[130] Popper, K. R. (1972): Objektive Erkenntnis. Ein evolutionärer Entwurf. Hamburg 1995, 3. Aufl., hier: S. 73

und welche nicht, welche Arten von Konflikten entstanden usw. Ich notierte meine Beobachtungen und Erfahrungen in Tagebüchern und hielt die Entwicklungen und Veränderungen einzelner Kinder und Jugendlicher dort fest.

Diese forschende und experimentierende Haltung in der praktischen Arbeit hielt mich stets in Bewegung, was sicherlich einer der Haupteffekte war. Parallel dazu rezipierte ich die Ergebnisse von neuen Untersuchungen und versuchte die dort gegebenen Impulse in meiner Praxis fruchtbar zu machen oder zu verifizieren. Thematisch ging es dabei etwa um das Bindungsverhalten von verhaltensauffälligen Kindern und das Ableiten von Handlungsanweisungen für den pädagogischen Umgang mit diesen Kindern[131], die Überprüfung eines bestimmten Therapieprogramms für Kinder mit Aufmerksamkeitsstörungen und Hyperaktivität[132] oder die „Life-Space-Konfliktlösungsintervention" im Sinne von F. Redl.[133]

Nimmt man exemplarisch nur die drei genannten Beispiele für wissenschaftliche Untersuchungen, so müssten und sollten ihre Ergebnisse im Insgesamt der pädagogischen Prozesse ihren Stellenwert haben. Doch spielen letztlich so viele verschiedene Variablen in die Prozesse in Zusammenhang mit Verhaltensproblemen und Verweigerungsreaktionen hinein, dass wir vor einer ungeheuer komplexen Ausgangssituation stehen und nur nach und nach bestimmte *Baustellen* bearbeiten können. Welche Basiskenntnisse und welche *Tools* gehören also in den Handwerkskoffer von Pädagoginnen, die im Erziehungshilfe- und Schulverweigererbereich tätig sind, hinein?

---

[131] z.B. Julius, H.: Die Bindungsorganisation von Kindern, die an Erziehungshilfeschulen unterrichtet werden. Sonderpädagogik 31. Jg., 2001, H. 2, 74 – 93. – Ders.: Bindungstheoretisch abgeleitete, schulische Interventionen für verhaltensgestörte Kinder. In: Heilpäd. Forschung, Bd. XXVII, 2001, 175 - 188

[132] Lauth, G. & S. Freese: Effekt einer schulbasierten Behandlung von ADHD in der Bewertung von Lehrern und Eltern – eine Einzelfallstudie an vier Kindern. Heilpädagogische Forschung, Bd. XXIX, H. 1, 2003, 2 - 8

[133] Goetze, H.: Die Effektivität der Life-Space-Konfliktlösungsintervention bei Förderschülern – dargestellt an zwei kontrollierten Einzelfalluntersuchungen. Heilpädagogische Forschung, Bd. XXIX, 2003, H. 2, 84 - 95

Wie steht es außerdem mit der Umsetzung all dessen, beispielsweise eines bestimmten therapeutischen Verfahrens im Rahmen des Unterrichts? Dies alles lässt sich nur sehr schwer objektivieren und standardisieren. Jede Pädagogin und jeder Pädagoge setzt das therapeutische Puppenspiel oder gesprächstherapeutische Elemente ja individuell, mit einer eigenen Stimme und Mimik und mit einem eigenen körpersprachlichen Gestus und vor einem jeweils typischen lebensgeschichtlichen und berufsbiographischen Hintergrund um. Beispielsweise macht es unter anderem auch einen Unterschied, ob eine Lehrerin bereits eigene Kinder groß gezogen hat oder nicht, ob sie dies eventuell gerade in der Gegenwart noch tut, ob sie etwa eigenen Kindern abends am Bett vorgelesen hat, was und wie sie dort vorgelesen hat. Es dürfte auch eine Rolle spielen, welche kindbezogenen Erfahrungen eine Lehrerin im häuslichen Bereich gemacht hat, etwa beim nächtlichen Kindertrösten, Kinder versorgen oder den morgendlichen Vorbereitungen, Problemlösungen, Konfliktklärungen usw.

Das alles wird in das berufliche Tun einer Lehrkraft einfließen und die von ihr verwendeten Methoden und Verfahren in Verlauf und Ergebnis beeinflussen. Während eine Lehrkraft mit eigenen Kindern eventuell (jedoch nicht zwingend) von einem differenzierteren pädagogischen Erfahrungshintergrund ausgeht, ist die Lehrkraft ohne eigene Kinder vielleicht frischer, energiereicher, unverbrauchter in ihrer Herangehensweise, was ja durchaus nicht nur die pädagogischen Prozesse wie die Ergebnisse von didaktischen Einheiten, Klärungsgesprächen usw. betrifft.

Betrachten wir einmal die von H. Goetze empirisch überprüfte und als wirksam befundene, für den pädagogischen Alltag sicherlich hilfreiche „Life-Space-Konfliktlösungsintervention": Diese setzt sich das Ziel des „verbalen Durcharbeitens eines aktuellen Konfliktes zum Zweck der Gewinnung emotionaler Einsichten", „um auf Seiten des Schülers nach einer LSKI-Erfahrung bei ähnlicher Ausgangslage in Zukunft anders fühlen, denken und handeln zu können."[134] Wird diese Methode jemals von zwei verschiedenen Pädagoginnen genau gleich realisiert werden können?

---

[134] Goetze, H.: Die Effektivität der Life-Space-Konfliktlösungs..., S. 85

Zwar werden verbindliche Ablaufschemata für solche Gespräche angegeben, wie „Gesprächsanbahnung im Krisenstadium", „Gesprächsvertiefung", „Ereignisleisten" und „Zeitlinie aus der Sicht des Kindes herstellen", „Absteckung eines Interventionsziels", „Lösungsalternativen entwickeln", „Rückkehr zur Gruppe und Lerntransfer" usw.[135], doch wird eine zweiundfünfzigjährige Sonderschullehrerin mit drei eigenen Kindern und zwei Enkelkindern sowie gestalttherapeutischer Zusatzausbildung solche Gespräche anders führen als ein fünfundvierzigjähriger Kollege, der eher unterrichtsfachbezogene Fortbildungen besucht hat und zugleich das „Trainingsraum-Programm"[136] propagiert, um sich Disziplin zu verschaffen.

All´ dies könnte und müsste einmal gründlich erforscht werden. Was zwei Professionelle tun, ist folglich nie dasselbe. Hinzu kommt, dass durch die ständig wechselnden, sich verändernden und nur schwer vorhersagbaren Gruppenprozesse quasi kaum eine Situation jemals wiederholbar und damit wahrscheinlich auch nicht verifizierbar ist. Dies gilt sicherlich weniger für außerschulisch angesiedelte Therapieprozesse, wie sie etwa von Lauth, Schlottke & Naumann[137] beschrieben werden, Prozesse, die ja mit einzelnen Kindern in einem bestimmten, wiederholbaren Setting durchgeführt werden und durch die Schulung der therapeutischen Mitarbeiterinnen und Mitarbeiter einen hohen Grad an Standardisierung und Vergleichbarkeit erlauben.

In der institutionellen Arbeit mit Gruppen gelten jedoch andere Gesetze. Kinder mit Aufmerksamkeitsstörungen und Hyperaktivität, emotional vernachlässigte oder sozial verwahrloste Kinder, Kinder mit und ohne Intelligenzdefizit, Kinder mit und ohne Dyskalkulie bewegen sich etwa in einer Klasse der Schule für Lernbehinderte bunt durcheinander, beeinflussen sich gegenseitig, strapazieren vielleicht die Nerven ihrer Lehrerin derart, dass diese erkrankt und die Gruppe wochenlang von wechselnden Lehrkräften unterrichtet werden muss, nach den verschiedensten Metho-

---

[135] Goetze, Die Effektivität..., S. 85 ff.
[136] Bründel, H. & E. Simon: Die Trainingsraum-Methode. Weinheim 2003
[137] Lauth, G., P. Schlottke & K. Naumann: Rastlose Kinder, ratlose Eltern. München 2002

den und inhaltlich wenig aufeinander abgestimmt. Solche Prozesse sind Alltag in Institutionen. Trotz all dieser Erschwernisse müssen aber dennoch Wege gefunden werden, wie das Wissen sich auf dem zur Diskussion stehenden Gebiet weiter entwickelt werden kann. Wir benötigen somit eine *Applikationsforschung*.

Methodische Ansätze und Ideen gibt es inzwischen in großer Fülle, doch wie, mit welchen Ergebnissen und mit welchen Unterschieden werden die Dinge umgesetzt? Wie lassen sie sich wirksamer umsetzen als bisher? Wie können verschiedene Elemente wirksam kombiniert werden? Wie können die Praktikerinnen und Praktiker unterstützt werden, das zur Zeit vorhandene Wissen sich kontinuierlich anzueignen und nicht nur partiell oder punktuell, sondern durchgängig und kontinuierlich und *mit langem Atem* umzusetzen? Was sagt das alles aus über adäquate strukturelle und personelle Bedingungen in pädagogischen Institutionen?

Die oben genannte Applikationsforschung muss folglich einhergehen mit einer Belastungsforschung bezüglich der Pädagoginnen und Pädagogen. Auch müssen entsprechende Coaching-Modelle begründet und entwickelt werden, um die Praktiker in den Umsetzungs- und Applikationsprozessen angemessen zu beraten und zu unterstützen.[138]

Es können nicht immer neue Erwartungen an die Lehrkräfte adressiert werden, während sich vor Ort, in den Lerngruppen, aufgrund von strukturell bedingter Überbelastung der Pädagogen, vielfach Prozesse der seelischen Fragmentierung und Deformation und der körperlichen Zerrüttung vollziehen. Der soziologische Wandel von Familie, Kindheit und Jugendalter führt in den damit verbundenen Veränderungen im Sozialverhalten und Wertbewusstsein Lehrkräfte an physische und psychische Grenzen.

---

[138] Bröcher, J.: Orientierung an Social Habitat und Selbstsorge als Eckpunkte sonderpädagogischer Professionalität. Grundriss eines Coaching für PädagogInnen in der Erziehungs- und Lernhilfe. In: Sasse, A., Vitkova, M. & N. Störmer (Hrsg.): Integrations- und Sonderpädagogik in Europa. Professionelle und disziplinäre Perspektiven. Bad Heilbrunn 2004, 213 – 233. Vgl. auch: Bröcher, Coaching als ästhetischer Prozess. Selbstgestaltung und Handlungserweiterung im Beruf durch die Potenziale der Kunst. Niebüll 2003

Ein Arzt oder eine Therapeutin sprechen Stunde um Stunde mit ihren Patienten oder Klienten, aber *in Ruhe* und unter geordneten Bedingungen. Welche Sonderschullehrkraft, die eine herausfordernde Gruppe leitet oder unterrichtet, kann schon *in Ruhe* ein Gespräch führen? Es wird in der Regel von allen Seiten gleichzeitig an ihr gezerrt. Die Akzentuierung und Strukturierung des Lebens durch Ruhe, Stille, Besinnlichkeit erscheint in vielen pädagogischen Zusammenhängen gar nicht mehr denkbar oder möglich. Was kann etwa den Lehrkräften tatsächlich abverlangt werden und wo wird es zuviel? Es gehörten auch Ärzte in solche Forschungsteams, die den Lehrkräften beispielsweise stündlich den Blutdruck messen oder psychovegetative Tests durchführen, um reale Belastungen, Überforderungen und Zumutungen zu ermitteln, denen die meisten Praktiker, die Stunde um Stunde sehr herausfordernde Gruppen betreuen (müssen), durchgängig ausgesetzt sind. An der Universität Trier wurde inzwischen eine Forschungsstelle für Lehrergesundheit eingerichtet, was ich für eine sehr wesentliche und wichtige Neuerung halte.

Ich vermute, dass all dies am ehesten in Form von Feld- und Handlungsforschung, gekoppelt an Fragebogenuntersuchungen und Interviews gelingen könnte. Das heißt, ein Arbeitsfeld wird beschrieben, die dort anzutreffenden Schwierigkeiten benannt, es werden Interventionen überlegt, diese festgelegt, umgesetzt und in ihrer Wirkung analysiert, das Ganze dokumentiert, Schlussfolgerungen gezogen. Erneut wird eine Analyse der Schwierigkeiten vorgenommen, neue, veränderte Interventionen überlegt usw. Es geht dabei im Kern um Variationen im eigenen professionellen Tun. Dazu ist auch Selbstbeobachtung, Selbstreflexion und kritische Distanz zur eigenen Arbeit notwendig. Ergänzend dazu benötigen wir eine kontinuierliche Beratung und Unterstützung, ein wohlmeinendes und an den individuellen Möglichkeiten einer Lehrkraft orientiertes Coaching. Was ich im Rahmen dieses Buches versuche, versteht sich auch als Beitrag zu einer so verstandenen Forschung.

SCIENTIA SEXUALIS

„Den Namen leise singend, hatte er sich entblößt zu einem unwiderstehlichen Handeln. Als seine Schenkel wieder kühl und sein Atem wieder ruhiger, ging er mit geräuschvollen Schritten zu Pete. Er stellte sich vor ihn. Sah ihm fest ins Angesicht. Er sagte: `Ich liebe dich, aber ich will dich nicht lieben.´ Kaum hatte er es gesprochen, so schlug er mit geballter Faust Pete ins Angesicht. Pete schrie auf. Die Blechbüchse entglitt seinen Händen. Die süße Flüssigkeit ergoss sich über ihn. Daniels linke Faust war so kräftig wie die rechte. Er rannte sie gegen die Rippen Petes. Er schlug sehr unbarmherzig auf den fast Wehrlosen ein. Als Blut der Nase des Misshandelten entströmte, weckte es nicht Mitleid, verdoppelte Wut. Er spaltete ihm noch die Lippe. Er klatschte mit flachen Händen gegen die weichen Wangen des Knaben, trat mit Füßen ihm in die Achselhöhle. `Wehr Dich´, schrie Daniel, indem er das fremde Blut sich von den Händen leckte."[139]

Es könnte sich um eine szenische Beschreibung aus dem grenzwertigen Alltag einer städtischen Schule für Erziehungshilfe handeln. Allein, es handelt sich um Literatur. Die wiederum gibt Einblicke in die Bedeutungen zwischen den Zeilen, in die Dinge hinter den Dingen, im Falle von Hans Henny Jahnn allemal. Sexualität und Pädagogik? Wer sich mit Verhaltensproblemen auf eine tiefergehende Weise beschäftigen will, kommt um dieses Thema nicht herum. Natürlich kann es nicht darum gehen, den bereits vorhandenen „Diskursen über den Sex"[140] und seine Verzweigungen, und von diesem Thema zeugen die Reden, Gesten, Phantasien und Bilder der Heranwachsenden in Problemlagen wie von keinem anderen, bloß weitere Berichte, Analysen und Interpretationen im Sinne einer zunehmenden „Archivierung dieses Wissens"[141] hinzuzufügen.

Besonders das Thema der Sexualität konfrontiert uns mit den Ungereimtheiten, den Restriktionen und den scheinbaren Freiheitsräumen dieser Gesellschaft. Speziell in diesem Bereich

---

[139] aus: Jahnn, H. H. (1929): Perrudja. Roman. Hamburg 1994, S. 610 f.
[140] Foucault, M. (1976): Sexualität und Wahrheit I: Der Wille zum Wissen. Frankfurt am Main 1991 (5. Aufl.), S. 87
[141] ebd.

müsste das Ändern-Wollen des gesellschaftlichen und normativen Kontextes von Sexualität und Erotik ein Anliegen sein, damit die in den psychosozialen Arbeitsfeldern tätigen Sozialpädagogen, Therapeuten, Lehrkräfte usw. nicht zu bloßen Werkzeugen einer diffusen, den Bereich des Sexuellen definierenden Macht werden. Die von Herbert Marcuse[142] explizierte Vorstellung einer „Kultur ohne Unterdrückung", in der eine „repressionsfreie, libidinöse Moral" herrscht, scheint größtenteils Utopie geblieben zu sein.

Die vorangestellte Szene aus Jahnns Roman „Perrudja" führt uns beispielsweise die innere Verzahnung von erotischen Tendenzen, der Unerreichbarkeit des anderen aufgrund von Tabus, Frustration und nackter Gewalt vor Augen. Weil der andere nicht geliebt werden darf, muss er zerstört werden. Gewalt als Ausweg aus einer tief empfundenen Vergeblichkeit. Spielen solche ambivalenten Motive, Triebe, Affekte, Ängste usw. auch eine Rolle in den Gemeinschaften, den Aktionen, Beschwörungen und Kämpfen der Skinheads, Hooligans oder anderer rechtsradikal oder neofaschistisch orientierter Gruppierungen?

Die unter dem Titel „Sexualität und Intimität" zu behandelnden Themen und Aspekte stellen einen in sich sehr vielfältigen und komplexen Bereich in der Erziehungshilfepädagogik dar. Sexualität lässt sich als grundlegende Dimension der menschlichen Existenz betrachten, weshalb sie als Thema auch die human- und sozialwissenschaftlichen Diskurse[143] durchzieht wie kaum ein anderes. Ist man in einem psychosozialen Arbeitsfeld tätig und auf diese Weise mit dem Thema Sexualität konfrontiert, bedarf es einer Vergewisserung, was Sexualität & Erotik in unserer heutigen Kultur sind, wie sie sich im allgemeinen und im besonderen darstellen und wie über sie von den Mitgliedern der Gesellschaft,

---

[142] Marcuse, H. (1955): Triebstruktur und Gesellschaft. Ein philosophischer Beitrag zu Sigmund Freud. Frankfurt am Main 1982
[143] z. B. Freud, S. (1905): Drei Abhandlungen zur Sexualtheorie. In: Sexualleben. Studienausgabe Band V. Frankfurt am Main 1972, 1989, 6. Aufl. - Ariès, P., Béjin, A., Foucault, M. u.a. (1982): Die Masken des Begehrens und die Metamorphosen der Sinnlichkeit. Zur Geschichte der Sexualität im Abendland. Frankfurt am Main 1990 - Paglia, C. (1990): Die Masken der Sexualität. München 1995 - Dannecker, M. & R. Reiche (Hrsg.): Sexualität und Gesellschaft. Festschrift für Volkmar Sigusch. Frankfurt am Main 2000 u.v.a.

hier den Kindern und Jugendlichen mit einer Verhaltens- oder Verweigerungsproblematik (aber auch von ihren pädagogischen Bezugspersonen), reflektiert wird, um zunächst gemeinsam mit den Heranwachsenden eine Auseinandersetzung mit den diesbezüglichen Vorstellungen, Erfahrungen, Wünschen, Ängsten usw. zu erreichen und um schließlich Perspektiven zu entwickeln, wie und was Sexualität für diese Heranwachsenden in der Zukunft sein könnte.

Auf Erotik und Sexualität zielendes Verhalten lässt sich zunächst als zu entziffernde Sprechhandlung betrachten. Im hermeneutischen Sinne geht es hierbei um das Entschlüsseln und Verstehen von libidinös gefärbten Verhaltensweisen, Gesten, Reden, Gestaltungen, in die sowohl aktuelle Erlebnisse, frühe Lebenserfahrungen als auch Wunsch- und Angstvorstellungen eingehen können. Im Anschluss an die „universalpragmatische Hermeneutik"[144] befindet sich das Verstehen in einem sozialen oder pädagogischen Kontext unter der Leitidee der Kommunikation, das heißt es richtet sich auf die Verständigung zwischen Menschen der Gegenwart.

Sexuell oder erotisch gefärbte Verhaltensweisen, Reden, Gesten oder Symbolisierungen lassen sich als eine Form der Kommunikation betrachten, die in den Realitätsbezug der jeweiligen Lebenswelt eingebettet ist. Sender und Empfänger beziehen sich auf bestimmte Phänomene oder Probleme, hier aus dem Bereich des Erotisch-Sexuellen, in der „objektiven", der „sozialen" und der „subjektiven" Welt.[145]

Die genannten Klassen von Sprechhandlungen lassen sich auf verschiedenen Verhaltens- und Kommunikationsebenen ausmachen. Es handelt sich einmal um Aussagen zur „subjektiven" Welt, in denen ein Sprecher einem anderen oder einer Gruppe seine erotischen bzw. sexuellen Wünsche, Vorstellungen, Erfahrungen oder Ängste offenbart oder er verhüllt sich, verschweigt etwas oder verleugnet sich. Die Bildaussagen zur subjektiven Welt drehen sich im Kern um die Lebensgeschichten, um die

---

[144] Habermas, J. (1981): Theorie des kommunikativen Handelns. 2 Bände. Frankfurt am Main 1995
[145] Habermas, Theorie des kommunikativen Handelns, Bd. II, S. 183 f.

Sinn- und Existenzfragen des einzelnen. Unter diesem Aspekt stellt sich zunächst die Frage nach Sexualität und Intimität als einer „Entwicklungsaufgabe".[146]

Hiermit ist ein Zusammenhang angesprochen, in dem von den Heranwachsenden ein bestimmter Komplex an sexuellem Wissen angeeignet und geordnet werden muss. Im Zuge der, von antagonistischen Motiven durchsetzten, Loslösung von den Eltern zeigt sich auf der einen Seite der Wunsch nach Abgrenzung und Autonomie, auf der anderen Seite das Bedürfnis nach Nähe, Zuwendung, Verschmelzung, welches sich jetzt (in der Regel) auf Gleichaltrige richtet. Die sich jeweils ausbildenden heterosexuellen, homosexuellen oder bisexuellen Identitäten[147], um die bisherigen identitätstheoretischen Entwürfe ein wenig zu erweitern und an die längst gelebten Praxisformen anzugleichen, konkretisieren sich in Beziehungswünschen, Beziehungsvorstellungen, Beziehungsphantasien und ersten tatsächlichen Beziehungsrealisationen.

Die hiermit bezeichnete Entwicklungsaufgabe wird von den Jugendlichen unterschiedlich bewältigt. Sie kann, je nach eingesetzten Daseinstechniken oder Reaktionsformen, die nach der individuellen Ausprägung der überdauernden Persönlichkeitsstrukturen variieren, zu einer Thematik, einer Problematik, einem Konflikt oder einer gravierenden Krise werden.[148] Diese Vorgänge können sich in den spontanen Ausdrucks- und Verhaltensweisen der Heranwachsenden sowie in den strukturierten und explo-

---

[146] Havighurst, R. J. (1948): Developmental tasks and education. New York 1972, 3. überarb. Aufl. - Dreher, E. & M. Dreher: Entwicklungsaufgaben im Jugendalter: Bedeutsamkeit und Bewältigungskonzepte. In: Liepmann, D. & A. Sticksrud (Hrsg.): Entwicklungsaufgaben und Bewältigungsprobleme in der Adoleszenz. Göttingen 1985, 56 - 70

[147] Wolff, C. (1977): Bisexualität. Frankfurt am Main 1981 – Isay, R. A.: Being homosexual, Gay Man and Their Development. New York 1989. Deutsche Ausgabe: Schwul sein. Die psychologische Entwicklung des Homosexuellen. München 1990 - Rauchfleisch, U. (1994): Schwule, Lesben, Bisexuelle. Göttingen & Zürich 1996, 2. überarb. Auflage - Rauchfleisch, U.: Zur Beratung männlicher Adoleszenten mit homosexueller Orientierung und ihrer Eltern. Praxis Kinderpsychol. Kinderpsychiat. 45, 1996, 166 - 170

[148] Thomae, H.: Das Individuum und seine Welt. Eine Persönlichkeitstheorie. Göttingen 1988, 2. neu bearb. Aufl. S. 56

rativen Gesprächen widerspiegeln. Das Sprechen oder Verhalten der Kinder und Jugendlichen kann sich ferner auf die Auseinandersetzung mit realen Erfahrungen beziehen, unter Umständen werden auch *Leidens*erfahrungen oder verfrühte, nicht altersangemessene *Lust*erfahrungen thematisiert. Somit wird unter anderem auch erlebte Realität dargestellt und verarbeitet.

Speziell die Bildproduktion erfolgt im Erziehungshilfebereich tendenziell regressiv. In den meisten erotischen Bildern der sich hier versammelnden Heranwachsenden zeigt sich ein „besonderes Verhältnis von Detaillierung und Regression, d.h. die Zeichnenden bemühen sich um die Verdeutlichung erotisch-sexueller Beziehungen/ Sachverhalte, häufig unter Vernachlässigung schon ausgebildeter Repertoire-Elemente".[149] Die Produktion erotischer Bildnereien gestaltet sich ferner obsessiv. Viele Schüler mit einer Verhaltensproblematik zeigen sich in ihrem Denken und Verhalten hypersexualisiert. Die spontan entstehenden Bildreihen sind, wie auch das gesamte Verhalten, oftmals durch einen ungewöhnlichen Erotizismus gekennzeichnet. Die zwanghaft wirkende Beschäftigung mit sexuellen Inhalten erscheint wie eine Fluchtmöglichkeit, eine ablenkende Droge angesichts einer unbefriedigenden, durch Lethargie und Sinnleere gekennzeichneten Realität.

In manchen Fällen wird eine sexuelle Erregung transportiert, die ihren Ursprung in einer spezifischen Lebenslage besitzt, die jeweiligen biographischen Vorgänge eingeschlossen. Ich erlebte Schüler, die jedes verfügbare Stück Papier hastig mit nackten Körpern, sexuellen Szenen oder Fragmenten wie Genitalien usw. bekritzelten. Oder die Bilder handeln von der Sehnsucht nach dem Anderen, dem Reiz des Unbekannten, der Neugier, der Lust, Grenzen zu überschreiten, wie etwa beim homosexuellen Analverkehr, der von den Jugendlichen im Erziehungshilfefeld immer wieder verdeckt oder direkt zum Thema gemacht wird. Wieder andere Zeichenblätter sind grandiose Erzählungen vom eigenen Selbst, etwa Selbstbilder mit einem gigantisch großen Penis. Grö-

---

[149] Richter, H.-G.: Die Kinderzeichnung. Entwicklung, Interpretation, Ästhetik. Düsseldorf 1987, S. 356

ßenphantasien, die vermutlich auch der Kompensation erlebter sozialer Benachteiligung oder der Abwehr von Ängsten dienen.

Die erotischen Bildaussagen lassen sich auch im Kontext des pädagogischen oder sozialen Systems betrachten. Bedenkt man, dass sich die genannten Prozesse ja zumeist in einem, bestimmten Regeln unterliegenden, Kontext manifestieren, muss davon ausgegangen werden, dass hier auf Seiten einer Person, die innerhalb dieses Systems eine pädagogische Aufgabe oder Funktion übernimmt, auch Überraschungen, Unsicherheiten und Irritationen ausgelöst werden können. Vielleicht werden aus diesen Gründen auf Sexuelles zielende sprachliche oder bildhafte Äußerungen sowie Verhaltensweisen von Heranwachsenden häufig übergangen, ignoriert, aktiv unterdrückt oder mit Hilfe von Ironie oder Sarkasmus abgewehrt, Strategien, die ich in bestimmten Grenz- oder Stresssituationen durchaus auch selber angewandt habe, um mir bestimmte Themen oder dahinter verborgene Attacken, in denen es vielleicht um ganz anderes ging, *vom Leibe zu halten*.

Die Verhaltensweisen, Gesten, Reden oder Zeichnungen der Kinder und Jugendlichen schleusen sich überdies ein in einen Strom eigener sexueller Erfahrungen, Erinnerungen, Wünsche oder Ängste. Auf den ersten Blick berührt mich das nicht, rede ich mir vielleicht ein, doch kann ich mich diesen Thematisierungen und Symbolisierungen tatsächlich entziehen? Schließlich bin ich auch nicht *aus Stein* und auch ich muss hinsichtlich Erotik & Sexualität ein internes Gleichgewicht halten, was nicht immer durchgängig und in allen Lebenslagen gleich gut gelingt. Eine Pädagogin oder ein Pädagoge muss daher mit Irritationen im eigenen Denken und Fühlen rechnen. Ein breites Assoziationsfeld, gerade in Anbetracht teilweise sehr drastischer Thematisierungen durch die Jugendlichen, entfaltet seine Kraft: Unsterblichkeit, Vergänglichkeit, Ekel und Ekstase. Die von den Kindern oder Jugendlichen ausgehenden erotisch oder sexuell gefärbten Impulse, Botschaften, Mitteilungen, Provokationen usw. brechen mitunter ein in die Identitätskonstruktionen der Pädagoginnen und Pädagogen. Jede verbale, körperliche, bildhafte usw. sexuell oder erotisch gefärbte Äußerung von Heranwachsenden kann hier eine möglicherweise unerwünschte Konfrontation mit der eigenen diesbezüglichen Geschichte oder Gegenwart darstellen oder bewirken.

Das Gekritzel mit sexuellem Inhalt oder das obszöne Reden kann natürlich auch eine Provokation in einem Machtspiel darstellen, das etwa das System des Unterrichts oder der außerschulischen Projektarbeit durchkreuzen soll oder der bloßen Abwehr von Lernarbeit und Lernanstrengung dienen kann („Fucken Sie mich nicht ab!" „Soll ich Ihnen mal einen Einlauf machen, mit diesem Bleistift hier? ... Also, wenn Sie noch einmal mit diesem abgefuckten Arbeitsblatt da kommen, dann schiebe ich Ihnen den Bleistift da in den Arsch!" [Schüleraussagen aus dem Erziehungshilfebereich]). Gelegentlich geht es auch um ritualisierte Beschimpfungen der Jugendlichen untereinander, die in verschiedenen Varianten oder Kombinationen immer wieder auftauchen, die der Spannungsabfuhr, der gegenseitigen Provokation oder der Befestigung der eigenen Position in der Hierarchie der Jugendlichengruppe und oft genug als willentlicher Einstieg in Prügeleien dienen.

Alle im Folgenden genannten Beispiele stammen aus einer reinen Jungengruppe einer Schule für Erziehungshilfe, wo sie immer wieder, über Wochen, über Monate zu hören waren: „Ich piss dir ins Gesicht und furz dich wieder trocken! Ich hab´ mehr Haare am Sack als du auf dem Kopf! Ich fick´ dich auseinander! Verfickte Hurenscheiße! Du Hure du! Du verfickte, abgefickte, arschgefickte Hure du! Dein Arschloch ist doch schon zammelig und ausgefranst vom vielen Ficken! Du Pisser, du Missgeburt, du Stück Scheiße! Dein Vater war ein Kinderficker, ein mieser Kinderficker war er. Und dich haben sie doch ausgeschissen, deine Mutter, diese alte Hure, sie hat dich ausgeschissen! Du Hurensohn!" usw.

D. Schmetz, der sich mit dem Zusammenhang von Sexualpädagogik und Vulgärsprache von Kindern und Jugendlichen befasst, empfiehlt den Pädagogen, „sich mit den eigenen Empfindungen und Gefühlen, die vulgärsprachliche Bezeichnungen bei ihnen hervorrufen, auseinander zu setzen und in diesem Zusammenhang die eigene Sozialisation kritisch zu bedenken."[150] Das kann sicher helfen, nicht mehr vor den plastisch-drastischen Reden der Jugendlichen zu erschrecken und nicht jedes ihrer Worte auf die Goldwaage zu legen.

Wenn ein Schüler einen Penis, einen Busen oder einen koitalen Akt hastig aufs Papier kritzelt und an den Tischnachbarn weiterreicht oder für alle anderen sichtbar hochhält, oder es werden obszöne Sprüche laut in die Klasse gerufen, stellt sich natürlich auch die Frage nach dem sozialen oder institutionellen Kontext, in dem dies geschieht. Wollen sich diese Heranwachsenden vor der Gruppe produzieren oder profilieren? Geht es ihnen vielleicht darum, den Unterricht und seine Ordnung aus den Angeln zu heben, indem sie die Aufmerksamkeit der Gruppe auf einen provokativ wirkenden, lustvolleren Gegenstand lenken? Versuchen sie eventuell den Lehrer zu zwingen, von dem ursprünglich verfolgten Unterrichtsthema abzulassen und sich dem, aus der Sicht dieser Schüler relevanteren Thema der Sexualität zuzuwenden? Hat der Lehrer hier etwas aus dem Unterricht ausgeklammert? Muss er vielleicht deswegen *gestört* oder provoziert werden? Tatsache ist, dass hier darauf bestanden wird, dass man sich über die bearbeiteten Themen einigt.

Im anderen, das heißt dem günstigeren Fall rechnet eine Lehrkraft jederzeit mit der Manifestation des Themenkreises Erotik & Sexualität. Vor dem Schwimmunterricht kam ein vierzehnjähriger Schüler auf mich zu und fragt: „Heh, Süßer, kannst du mal auf mein Handy aufpassen?" und blies mir dabei ins Ohr. Ich lehnte ab und verbat mir eine solche Ansprache, legte aber immerhin noch etwas Humorvolles in meine Stimme. Ein flexibles Unterrichtshandeln ermöglicht viel eher eine situativ angemessene Auseinandersetzung mit den durch die Schüler aufgeworfenen Problemen. Aber ich darf auch gelegentlich mal nein sagen und auf einer angemessenen Gesprächsebene bestehen.

Oftmals genügen wenige Blicke, Gesten, Worte, kurze Kommentare oder Erläuterungen, die den Heranwachsenden ein ver-

---

[150] Schmetz, D.: Wie sagt es mir mein Kind? Über die Schwierigkeiten, in der Sexualerziehung mit Vulgärsprache von Kindern und Jugendlichen umzugehen. In: Zeitschrift für Heilpädagogik 54. Jg., 2003, H. 4, 156 – 160, hier: S. 159

tieftes Verständnis, Akzeptanz, vielleicht auch nur Toleranz, gelegentlich aber auch Missbilligung und damit Grenzsetzung, signalisieren. Da, wo es sinnvoll erscheint, lassen sich längerfristige Themenbearbeitungen einleiten. Gelingt es Pädagoginnen und Pädagogen, die oft überschießenden Reaktionen auf die dahinter verborgenen Anliegen zurückzuführen, wird bezüglich des Themas Sexualität & Erotik mit der Zeit ein ehrlicheres, akzeptierenderes und vor allem ruhigeres Klima in einer Gruppe von Kindern und Jugendlichen entstehen. Die erotisch-sexuellen Mitteilungen sind schließlich im Kontext des kulturellen oder objektiven Gesamtzusammenhangs zu lokalisieren.

Foucault etwa vertritt die These, dass die Menschen der westlichen Kultur im 19. und 20. Jahrhundert die Sexualität nicht allmählich befreit, sondern als ein Objekt der Reflexion hervorgebracht und zu einem besonderen Feld für die Suche nach der Wahrheit ihrer Existenz gemacht haben. Zwar lehnt Foucault im Gegensatz zu W. Reich und H. Marcuse die Repressionshypothese ab, wonach der herrschende Diskurs der religiösen Institutionen, der wissenschaftlichen, pädagogischen, medizinischen und juristischen Maßnahmen und Praktiken die Sexualität unterdrückt hätten. Sofern diese Absicht vorhanden gewesen sei, wurde sie vom „Willen zum Wissen"[151], vom Willen zur Macht, auch im Intimbereich, und vom Willen zur Lust überdeckt. Nach Foucault machte es die christliche Seelsorge im Beichtstuhl und in der moralischen Unterweisung zur Pflicht, die sexuellen oder erotischen Ausschweifungen, Phantasien und Obsessionen detailliert zu beschreiben, womit auch eine Wurzel bestimmter therapeutischer, quasi auf dem Selbstentlastungsprinzip der *Beichten* beruhender, Herangehensweisen bezeichnet wäre.

Im 19. Jahrhundert hat, ich folge weiter der Argumentation von Foucault, der Diskurs der „Geständniswissenschaften" Medizin, Psychiatrie und Pädagogik eine „Scientia Sexualis" etabliert, inklusive besonderer Techniken, die Lust an der Wahrheit des Begehrens auszukosten; ein wissenschaftlich bisher wenig unter-

---

[151] Foucault, M. (1976): Sexualität und Wahrheit I: Der Wille zum Wissen. Frankfurt am Main 1991, 5. Aufl.

suchter Bereich. Foucault befasst sich schließlich mit der antiken Problematisierung der sexuellen Akte und Lüste, die zum Gegenstand moralischer Sorge werden konnten. Es werden kulturelle Praktiken sichtbar, mit deren Hilfe Menschen ihren Körper, ihre Befindlichkeit und ihre Lebensführung gestalten können, Existenzkünste, Praktiken oder Techniken des Selbst, die auf eine „Ästhetik der Existenz" verweisen.

Bereits für Platon[152] bildete die Sorge um den Körper, die Gesundheit, das Verhältnis zur Partnerin oder zum Partner das Motiv für die Ausbildung einer strengen Moral, die in den ersten nachchristlichen Jahrhunderten verfeinert wurde zu einer von der „Sorge um sich"[153] beherrschten Kunst der Existenz, die als natürlich und vernünftig galt. Erst das Christentum veränderte die ethische Substanz des sexuellen Verhaltens durch die Theorie des Sündenfalls und des notwendigen Übels, das nach dieser Auffassung quasi mit jeder (nicht unmittelbar fortpflanzungsbezogenen) sexuellen Aktivität verbunden sei.

Hieraus resultierte die Idee der Reinigung der Seele vom Begehren, der Selbstentsagung und das Ideal einer entsexualisierten Nächstenliebe anstelle der vernünftigen „Sorge um sich". Es wurde somit ein Spannungsfeld etabliert, in dem sich die verbotenen Lüste zu Neurosen, Zwängen und geheimen Obsessionen auswachsen konnten. Im günstigsten Falle führte dies zur Produktion einer hoch elaborierten Literatur oder Bildenden Kunst oder einem anderen, jedenfalls auf Sublimierung beruhenden Engagement. Im Allgemeinen konstituierte sich jedoch eine psychische Schicht, die das Obszöne, das Lächerliche, das Anstößige und Schlüpfrige vielleicht als Gegenwehr gegen das Lustverbot und die aus diesem resultierenden Schuldgefühle geschaffen hat. Die zotigen Bemerkungen, die *schmutzigen* Witze oder die in die Schulbücher und an die Toilettenwände gekritzelten Genitalien stehen in dieser letztlich auf *Verarbeitung* zielenden Tradition.

Führt dieser Diskurs nicht zu weit weg vom eigentlichen Thema meiner Untersuchung? Mitnichten, denn in jeder sexuell ge-

---

[152] Platon: Symposion. In: Sämtliche Werke. Bd. 2, Reinbek 1994, S. 41 - 101
[153] Foucault, M. (1984): Sexualität und Wahrheit III: Die Sorge um sich. Frankfurt am Main 1991, 2. Aufl.

färbten Geste oder Redensart, und wir werden ja in den Erziehungshilfeschulen großzügig damit bedacht, schimmert fortan dieser immer noch viel zu bruchstückhaft bleibende Reflexionszusammenhang durch. Allein das Wissen um den weiteren historischen Kontext alles Erotisch-Sexuellen bewahrt mich letztlich davor, die sexuellen Selbstdeutungen, Aneignungs- und Eroberungsversuche der Heranwachsenden zu pathologisieren, zu unterdrücken oder vielleicht allzu gereizt zu übergehen. Am Ende stehe ich in Anbetracht einer einzelnen sexuell oder erotisch gefärbten Manifestation im pädagogischen Feld doch immer einem äußerst vielschichtigen und weit gefächerten kulturellen Gesamtzusammenhang gegenüber. Dadurch, dass weitere kulturelle oder religiöse Systeme, mit ihren je eigenen Hintergründen und Auswirkungen auf das Verhalten und Erleben der Heranwachsenden, in den Lerngruppen repräsentiert sind, wird die Ausgangslage noch komplizierter. Es erscheint also gerechtfertigt, gerade hier ein wenig auszuholen.

Im Zeitalter des *anything goes* werden nun schon seit Beginn der 1990er Jahre die alten Tabus durch ein grenzenloses sexuelles *Geplapper* zersetzt und durch die nicht enden wollenden medialen Bilderfluten endgültig hinweggefegt. In den Talkshows der Gegenwart sitzen Prostituierte, Zuhälter, Transvestiten, Dominas, Masochisten und Sadisten, Missbrauchsopfer oder ehemalige Straftäter und berichten aus ihrem Leben. TV-Sendungen wie „Peep", „Wa(h)re Liebe" oder „Liebe Sünde" huldigen der Lust am bis dahin Verbotenen, Verruchten, oftmals *Perversen*. Der Zuschauer, auch der jugendliche, wird zugeschüttet mit Bildern von Geschlechtsteilen oder von mit Silikon aufgepumpten Brüsten, die etwa nach ihrer Größe verglichen werden. Neuerdings kann der jugendliche Zuschauer gar *live* mitverfolgen, wie Silikonkissen in weibliche Brüste einoperiert werden. Die Medienfabriken erzeugen Bilder von sexuell aktiven Körpern oder Demonstrationen zu ungewöhnlichen sexuellen Praktiken. Die Gerätschaften der Sado-Maso-Szene werden, durchaus affirmativ, vorgeführt. Nackte Menschen, auf allen Vieren gehend, werden an Hundeleinen durchs Gelände geführt. Eine Frau wirbt für *Fist*

Fucking. Problematisiert und reflektiert, und das wäre meine Kritik an den genannten Sendungen, wird hier wenig.

Ein fünfzehnjähriger Erziehungshilfeschüler erzählt im Unterricht davon, wie er am Vortag gemeinsam mit seinem älteren Bruder Pornofilme mit *Animal Sex* angeschaut hat. In einer der Szenen habe eine Frau einen Schäferhund oral befriedigt. In einer anderen Szene habe derselbe Hund die Frau anal penetriert. Ein Mann habe eine Katze penetriert, die während des Aktes gestorben sei usw. Der zweite, mit dem Bruder im häuslichen Wohnzimmer angeschaute Film habe acht Personen, zwei Frauen und sechs Männer, gezeigt, die sich in zwei Reihen aufgestellt hätten, jeweils drei Männer hinter einer Frau, und dann jeweils anal penetriert hätten.

Die Vorstellungen, Gedanken und Manifestationen im Verhalten der sich weniger steuernden und in ihren triebhaften Bedürfnissen weniger zurückhaltenden Heranwachsenden können somit auch als Signale für eine Überreizung und Überstimulation, für die Überflutung und Überschwemmung mit (teilweise erheblich die moralischen und sittlichen Grenzen überschreitenden) sexuellen Inhalten durch die visuellen Medien verstanden werden.

Zwei zehnjährige Jungen einer Schule für Erziehungshilfe gehen während einer offen gestalteten Unterrichtsphase zum Klassensofa, lassen in Windeseile die Hosen herunter und der eine versucht sich, durchaus im Einverständnis mit seinem Klassenkameraden, mit einer analen Penetration, was allein schon deshalb nicht gelang, weil ich das Geschehen unmittelbar unterband. Während der Morgenrunde, die auf niedrigen Bänken stattfindet, schmiegt sich ein Zehnjähriger an mich, knabbert mit den Zähnen in der Nähe meiner Brust und verbeißt sich schließlich in den Stoff des Flanellhemdes und gibt dabei lustvoll stöhnende Geräusche von sich. Ein anderer, ebenfalls zehn Jahre alter Schüler, hat am Vortag einen Pornofilm gesehen und behauptet, aus den Brüsten einer Frau sei Urin gelaufen. Minutenlang redet er immerzu davon, wie aus den Brüsten der Frau Urin herausgespritzt sei und kichert dabei lustvoll. Am Wochenende sei er zu seiner Mutter und zu deren neuem Freund ins Bett gekrochen und habe „ein wenig bei denen mitgespielt".

In der Dusche des Schwimmbades unternehmen die Jungen den Versuch sich gegenseitig anzupinkeln.[154] Ein von mir wegen seiner Verhaltensprobleme betreuter Grundschüler schreit auf der Zugfahrt in die benachbarte Großstadt (zum Zoo), während er unmittelbar hinter einem uniformierten Polizisten sitzt, unentwegt: „Ich will ficken!" durch den Waggon. Dann krault er dem Polizisten durchs Kopfhaar. Dieser dreht sich um und droht dem Jungen in recht barschem Ton eine Ohrfeige an, womit (endlich) Ruhe ist.

Die Beispiele zeigen an, dass es hier von pädagogischer Seite einiges zu tun gibt. Haben wir Grund über diese Kinder unserer Zeit zu erschrecken? Das Erschrecken, die Ratlosigkeit und die Angst vieler Erwachsener angesichts einer Jugend, von der sie glauben, dass sie plötzlich ganz anders ist, als sie es gewohnt waren, vergisst zu fragen, ob und wann Jugendliche erschrecken und ratlos werden angesichts der heutigen Erwachsenenwelt, die ja von den Heranwachsenden unter anderem über die Medien erfahren und angeeignet wird.

---

[154] Vielleicht sind diese Dinge doch alle Zeiten übergreifend. Auch H. Zulliger berichtet von vergleichbaren *Spielen*, die allerdings insgesamt ein wenig harmloser ausfallen als die oben genannten, in seinem Buch „Sexualerziehung und geschlechtliche Aufklärung der Kinder", Zürich 1963

II. Beziehungsaufnahmen

Bevor ich hier, von verschiedenen Seiten aus, mit Einkreisungen der, für das schul- und sozialpädagogische Feld, äußerst zentralen und wesentlichen Thematik der pädagogischen Beziehungsgestaltung beginne, wäre zugrunde zu legen, worum es bei pädagogischen Beziehungsaufnahmen in Zusammenhang mit vom Scheitern bedrohten jungen Menschen, neben dem für alle Kinder und Jugendlichen notwendigen „Pädagogischen Bezug" (H. Nohl), denn eigentlich in einem tieferen Sinne geht? Noch bevor irgendeine Wissenschaft zu Wort kommt, geht es doch zuallererst darum, den jungen Menschen in Krisen Erfahrungen menschlichen Angenommen- und Getragenseins zu vermitteln.

Die Kinder und Jugendlichen, um die es uns hier geht und die durch unerwartetes oder herausforderndes, gelegentlich für uns Erwachsene äußerst unbequemes oder strapaziöses Verhalten auf sich aufmerksam machen, sind bei ihrer Identitätssuche und in ihren Freiheitsversuchen in einem besonders hohen Maße angewiesen auf großzügige Partnerschaft, Begleitung, Beratung angesichts der Nöte der Kommunikation und der Erfahrung von Scheitern und Misslingen. Der sich hieraus für uns Pädagoginnen und Pädagogen ableitende Auftrag ist in jeder Hinsicht fundamental und existenziell. Für alles zukünftige Leben und Verhalten der noch im Reifungsprozess befindlichen Risikopersönlichkeiten gewinnen Grunderfahrungen wie die von Vertrauen und Entfremdung konstitutive Bedeutung, das heißt es gilt Entfremdung zu verringern und Vertrauen aufzubauen.

PERSÖNLICHKEIT UND BEZIEHUNGSFÄHIGKEIT VON PÄDAGOGEN
Sämtliche Interventionen im Erziehungshilfebereich scheinen zunächst hochgradig gebunden an die jeweilige Persönlichkeit einer Pädagogin oder eines Pädagogen. Karl-J. Kluge war einer der ersten, die diesen Zusammenhang in voller Tragweite erkannt und in hochschulpädagogische Modelle umgesetzt haben. Entsprechend wurde die universitäre Ausbildung für Sonderpädagogen und Diplompädagogen, die sich später einmal mit Verhaltensproblemen und Schulverweigerung befassen wollten, seit den

1980er Jahren an der Universität zu Köln in erster Linie als *Persönlichkeitsbildung* und erst in zweiter Linie als Wissensaneignung und Methodentraining konzeptualisiert. Die Studierenden bekamen in speziellen Seminaren die Gelegenheit, den tatsächlichen Stand ihrer Beziehungsfähigkeit und ihrer Kommunikationsfähigkeit kennen zu lernen und weiter zu entwickeln, Handlungskompetenzen, wie sie sonst in dieser Intensität damals nur in therapeutischen Zusatzausbildungen oder, in der Gegenwart, in einigen soliden Coachingausbildungen vermittelt werden.

In mehreren aktuellen Publikationen des Fachgebietes der Erziehungshilfepädagogik wird neuerdings auf den Stellenwert der Bindungsforschung[155] hingewiesen, weil davon auszugehen ist, dass hinter den Verhaltensschwierigkeiten der Heranwachsenden enttäuschende und traumatisierende frühkindliche Beziehungs- und Bindungserfahrungen stecken (vgl. Bowlby). Im Grunde sind diese Zusammenhänge seit den Arbeiten von Bruno Bettelheim bekannt und sie wurden auch parallel in der Säuglingsforschung[156] untersucht. Nun rückt diese Thematik, wenn auch mit einer gewissen zeitlichen Verzögerung, ins Zentrum der Fachdiskussion, was einer Weiterentwicklung ja nur nützen kann, vor allem, weil die Zusammenhänge im Detail nun genauer aufgeklärt und pädagogische Interventionen theoriegeleitet und wissenschaftlich fundiert abgeleitet werden können.

Nur, wer über frühe Bindungsdefizite spricht und hieraus etwas für eine praktisch intervenierende Pädagogik schlussfolgern

---

[155] vgl. Brisch, K.H.: Bindungsstörungen. Von der Bindungstheorie zur Therapie. Stuttgart 1999. - Julius, H.: Die Bindungsorganisation von Kindern, die an Erziehungshilfeschulen unterrichtet werden. Sonderpädagogik 31. Jg., 2001, H. 2, 74 – 93. - Julius, H.: Bindungstheoretisch abgeleitete, schulische Interventionen für verhaltensgestörte Kinder. In: Heilpädagogische Forschung, Bd. XXVII, 2001, 175 – 188. - Schleiffer, R.: Desorganisierte Bindung als gemeinsamer Risikofaktor für Dissozialität und Lernbehinderung. In: Rolus-Borgward, S., Tänzer, U., Wittrock, M. (Hrsg.): Beeinträchtigung des Lernens und/ oder Verhaltens. Unterschiedliche Ausdrucksformen für ein gemeinsames Problem. Oldenburg 2000, 95 – 105. - Schleiffer, R.: Der heimliche Wunsch nach Nähe. Bindungstheorie und Heimerziehung. Münster 2001.

[156] z.B. Lichtenberg, J.D. (1983): Psychoanalyse und Säuglingsforschung. Berlin 1991 - Stern, D.N. (1986): Die Lebenserfahrung des Säuglings. Stuttgart 1992

möchte, landet am Ende doch immer wieder bei der Fähigkeit von pädagogischen Bezugspersonen ersatzweise, nachträglich, kompensatorisch, auch im therapeutischen Sinne, Bindung praktisch *herzustellen* und somit Beziehungen bewusst, reflektierend, systematisch zu gestalten. Das wiederum wurde auf modellhafte und zukunftsweisende Art genau in jenen Seminaren in den 1980er Jahren durch Karl-J. Kluge geleistet, indem diese prozesshaften Lerneinheiten mit Selbsterfahrungsanteilen, mit Übungen zur Selbstexploration, zur Körpersprache, zum aktiven Zuhören, zur Spiegelung der beim Anderen wahrgenommenen emotionalen Prozesse, Erlebnisanteile, Motive usw. oder mit Übungen zur Sensibilisierung der eigenen Wahrnehmung, zum Herausfiltern vorschneller Interpretationen, subjektiver Theorien und Wertungen angereichert wurden.

Den einzelnen Studierenden wurde in diesen Seminargruppen die Möglichkeit gegeben, in einem sicheren und geschützten Rahmen Licht- und Schattenseiten der eigenen Persönlichkeit auszuleuchten, ohne dass es sich hierbei im engeren Sinne um eine Gruppen*therapie* gehandelt hätte. Dennoch wurden hier therapeutische Elemente in den pädagogischen Prozess implementiert, etwa in einem Sinne, wie dies Carl Rogers mit seinen „Encountergruppen" oder Ruth Cohn mit der „Themenzentrierten Interaktion" oder Klaus Vopel mit seinen „Interaktionsspielen" unternommen haben, oder wie es in gestaltpädagogischen und gestalttherapeutischen Kontexten der Fall ist, die am Herstellen von *Kontakt* und für das Subjekt existenziell relevanten *Prozessen* orientiert sind. Ich werde später, von verschiedenen Seiten aus, auf diese Zusammenhänge zurückkommen.

RAUM FÜR SELBSTTHEMATISIERUNGEN ANBIETEN

Ein fünfzehnjähriger Jugendlicher an einer Schule für Lernbehinderte, nennen wir ihn Mike, kam zu mir in eine künstlerische Arbeitsgemeinschaft. Der Junge befand sich in einem ziemlichen Spannungsverhältnis mit seiner Klassenlehrerin. Sie schien ihn nicht mehr unterrichten zu wollen oder zu können und Mike schien sich immer weiter in sein von der Lehrerin als schwierig erlebtes, da den Unterricht belastendes Verhalten hineinzusteigern. Als Ergebnis dieser Situation verbrachte der Jugendliche viel Zeit draußen vor der Klassentür oder irgendwo auf den Gängen. Ein Verfahren zum Wechsel in die Erziehungshilfe wurde in Gang gesetzt. Dieses verlief jedoch schleppend und war offenbar für den Jungen schwer einzuschätzen.

Nun kam er zu mir, für zwei Wochenstunden, zum Malen. An ein nach Themen und künstlerischen Verfahren geordnetes oder auch freies Produzieren von Bildern oder Objekten war bei Mike gar nicht zu denken. Er verhielt sich sprunghaft, versuchte dies, brach die jeweilige Tätigkeit wieder ab, versuchte etwas anderes. In jeder der Stunden suchte er jedoch Blickkontakt und vorsichtigen Körperkontakt sowie das Gespräch mit mir. Er berührte mich etwa an den Schultern oder boxte mir locker mit der Faust gegen den Bauch, so als wolle er spielen oder aus Spaß kämpfen. In einem gewissen Rahmen erwiderte ich diese körpersprachlichen Kommunikationsangebote auch.

Während die anderen Schülerinnen und Schüler (überwiegend) an den verschiedensten Bildentwürfen arbeiteten, begann Mike nach einer Weile die im Klassenraum befindlichen Schränke, Regale und Materialien zu untersuchen. Schließlich entdeckte er einen Vorrat an Gipsbinden und fragte mich, ob er etwas damit machen könne. Ich bejahte und er öffnete ein Röllchen, das er sogleich komplett unter den Wasserhahn hielt und um seinen Finger zu wickeln versuchte, was jedoch zu keinem zufriedenstellenden Ergebnis führte. Ich nahm ein neues Päckchen und zeigte ihm, wie er den Gips in kleine Stücke schneiden und die Gipsstückchen in Wasser legen musste, um dann eine Lage nach der anderen auf den Finger zu legen und glatt zu streichen. Ich bot ihm eine Schale mit Wasser und einen Tisch zum Arbeiten an und Mike gipste sich einen Finger ein. Versunken saß er da und strich Schicht um Schicht Gips auf seinen Finger.

Es war das erste Mal nach Wochen, dass der Jugendliche so selbstvergessen und hingebungsvoll an etwas arbeitete. Nie hatte ich ihn wirklich dazu gedrängt, bildnerisch produktiv zu werden. Allerdings hatte ich ihm Angebote gemacht und Möglichkeiten aufgezeigt, wie er sich gestalterisch ausdrücken könne, Dinge, die er von sich aus jedoch nicht aufgriff. Ich hatte mich dabei ganz auf das Entstehenlassen einer tragfähigen pädagogischen Beziehung zu Mike konzentriert. Dies geschah durch Hinhören, kleine, wohlmeinende Kommentare zu seinen, an Alltagserlebnissen orientierten Erzählungen, kleine Berührungen gelegentlich intensiven und ruhigen Blickkontakt, interessiertes Nachfragen.

Jetzt, wo der Junge sich offenbar hinreichend emotional gebunden und getragen fühlte, setzten seine Exploration, indem er die Materialien durchforstete, und sein Gestaltungsdrang ein. In der Woche darauf gipste er sich eine ganze Hand ein, danach einen Fuß, schließlich einen kompletten Arm und eine weitere Woche später einen großen Teil eines Beines. Gelegentlich fungierte ich als helfender Assistent, speziell als es um das Eingipsen des Armes ging. Mike schien es sehr zu genießen, sich die entsprechenden Körperteile mit Vaseline einzureiben. Versunken saß er da, tauchte Gipsstücke ins Wasser und brachte sie streichend auf seinen Körper. Nie sah ich ihn so ruhig, so entspannt, so bei sich, wie in diesen Stunden.

Schließlich fragte er mich, ob er als nächstes seinen Penis eingipsen könne. Er schaute mich, während er das sagte, so ruhig und ernsthaft an, dass ich sicher war, dass er wirklich diese Absicht hatte und auch dieser Körperteil einer hingebungsvollen, vielleicht heilenden oder reparativen Zuwendung bedurfte. Ging es etwa nicht um das Heilen von, vermutlich, seelischen Verletzungen? Ich wusste nicht viel über den Jungen, außer dass die Mutter nicht mehr bei der Familie lebte. Ich versuchte auch nicht, weitere Einzelheiten in Erfahrung zu bringen. Doch bemühte ich mich, eine Art Resonanzboden für die vermuteten seelischen Verletzungen und ein Verstärker für die offensichtlich werdenden selbstreparativen Kräfte des Jungen zu sein. Ich gab ihm die Freiheit, sich auf seine eigene Weise als Subjekt zur Geltung zu bringen und wahrscheinlich unbewusst gewordene Erfahrungen zu thematisieren.

Ich tat dies, ohne auch nur im Geringsten die Machtinstrumente der Institution Schule ins Spiel zu bringen, indem ich ihn etwa für seine bisherige unstete Mitarbeit kritisiert oder ihm mit schlechten Zensuren gedroht hätte. Ich sah auch keine Schwierigkeit darin, die prozesshaften Ergebnisse aus Gips als künstlerische

Leistungen anzuerkennen und im schulischen Sinne entsprechend positiv zu bewerten.

Zugleich schien mir das Vorhaben des Jugendlichen, sein Geschlechtsteil einzugipsen, die institutionellen Grenzen, aber auch die Grenzen des Therapeutischen zu überschreiten. Ich nahm ihn daher beiseite und schlug ihm vor, mit Rücksicht auf den schulischen Kontext diese neuerdings geplante Prozedur des Eingipsens lediglich *in der Phantasie* vorzunehmen. Er stimmte kopfnickend zu und ich bat ihn, sich mit geschlossenen Augen hinzusetzen, sich vor seinem geistigen Auge zu entkleiden, die Gipsstückchen ins Wasser zu tauchen, auf seinen Penis zu legen, glatt zu streichen usw. Er saß eine Weile, nicht sehr lange, und sagte: „Schon gut", und ging zu anderen Dingen über. Erneut klopfte er mir gegen die Schulter, unterhielt sich mit einigen der anderen Schüler, boxte mir gegen den Bauch, verwickelte mich in kleine Gespräche über dies und das.

Weil das Geschehen in seiner Stammklasse wegen seiner Aggressionen gegen die Klassenlehrerin und wegen seines schwer zu steuernden Verhaltens immer weiter eskalierte und anscheinend auch verschiedene Schulausschlüsse erfolgten, sah ich Mike nur noch unregelmäßig in meiner Arbeitsgruppe. Im darauffolgenden Schuljahr, der Junge war wegen des schleppenden Verfahrens immer noch an der Schule für Lernbehinderte, lief er mir während des Unterrichts auf dem Schulflur entgegen, ich war gerade unterwegs, um einige fehlende Arbeitsblätter für meine Schüler zu holen. Ich hörte Mike schreien und weinen zugleich. Er war rasend vor Wut und Verzweiflung. Ich hatte das Gefühl, dass jeden Augenblick etwas Schlimmes geschehen könnte, dass es vielleicht zu einem gravierenden Zwischenfall kommen könnte, dass bestimmte Personen in der Schule Schaden nehmen könnten. So fasste ich den Jungen entschieden an den Schultern, sprach ihm gut zu und brachte ihn auf dem schnellsten Weg nach draußen ins offene Gelände, auf einen weitläufigen Sportplatz, wo ich ihn, der immer noch raste und bestimmten Personen Gewalt androhte, hielt, und wo er seine Schreie in den Wind schleudern und sein Schluchzen sich freie Bahn schaffen konnte, bis er schließlich ruhiger wurde.

FÖRDERLICHES KOMMUNIZIEREN[157]

Das Kommunikationsquadrat im Sinne von Schulz v. Thun[158] ist heutzutage theoretischer Standard. Ein vierzehnjähriger Erziehungshilfe-Schüler sagt etwa im Rahmen eines morgendlichen Klassengespräches, in dem ich mich nach der momentanen Befindlichkeit der Schüler erkundige, zu mir: „Was willst du denn, du Hans!? Was soll das schwule Gelaber?" Nun habe ich die Möglichkeit nach dem Sachinhalt dieser Aussage zu fragen: Worüber wird gesprochen? Was wird mitgeteilt? Worüber wird informiert? Zweitens steckt in der Aussage eine Selbstkundgabe des Schülers: Was sagt der Sender über sich? Was ist er für einer? Was ist mit dem Sender los? Wie geht es dem Sender? Drittens wird eine Botschaft auf der Beziehungsebene gesendet: Was denkt der Sender über sein Verhältnis zum Empfänger? Wie gehen Sender und Empfänger miteinander um? Was ist erlaubt, was nicht? Was hält der Sender vom Empfänger (Du-Botschaft)? Wie steht der Sender zum Empfänger (Wir-Botschaft)? Viertens enthält die Mitteilung einen Appell: Was soll der Empfänger tun, unterlassen, denken oder fühlen? Was soll erreicht oder verhindert werden? usw.

Ich will es mir und den Lesern hier ersparen, alle diese Fragen, bezogen auf den genannten Beispielsatz, nun nach der Reihe spekulativ zu beantworten, doch müsste bereits deutlich geworden sein, wie komplex der Bedeutungsgehalt einer so einfachen Schüleraussage ist und wie vielfältig meine eigenen Reaktionsmöglichkeiten aus der Lehrerrolle heraus sind. Gelingt es mir, in einer solchen Situation ruhig und gelassen zu bleiben und humorvoll zu reagieren, ist es sicher am einfachsten. Wirkungsvolle Kommunikation im Erziehungshilfe- und Schulverweigererbereich beginnt darüber hinaus mit dem Aktiven Zuhören, wie es zunächst von T.

---

[157] In diesem Kapitel sind auch zahlreiche Anregungen, Impulse und Materialien aus meiner Coaching-Ausbildung im Hamburger Institut COATRAIN coaching & personal training GmbH (Johanna M. Steinke & Ingo Steinke) verarbeitet worden (siehe: www.coatrain.de).
[158] Schulz von Thun, F.: Miteinander reden. Störungen und Klärungen. Reinbek 1981

Gordon beschrieben worden ist. Ich bin dabei bestrebt, das Kind oder den Jugendlichen zu verstehen. Ich bin an seinen Gedanken und Gefühlen interessiert, verurteile es oder ihn nicht, auch nicht bei sehr problematischen Verhaltensweisen.

Ich höre akzeptierend zu und gebe Rückmeldung über meine eigenen inneren Reaktionen zu dem Gehörten. Ich versuche, mich in die Gedanken- und Gefühlswelt des Kindes oder Jugendlichen einzufühlen, das emotional Wichtige aus der Äußerung herauszufiltern und in der Sprache des jungen Menschen zurückzuspiegeln, das heißt wohlwollend zurückzumelden.

In dem Maße, in dem sich der Heranwachsende akzeptiert und verstanden fühlt, wird er angeregt und ermutigt, sich mit der Zeit weiter zu erforschen und zu öffnen. Wenn mir noch etwas unklar ist, frage ich nach. Ich achte dabei auf verbale und nonverbale Äußerungen. Ich versuche auch das in Worte zu fassen, was das Kind oder der Jugendliche nicht in eigene Worte fassen kann oder mag, stelle jedoch an keiner Stelle meine eigenen Emotionen, Ratschläge oder Urteile in den Mittelpunkt des Gesprächs, sondern stets diejenigen meines jugendlichen Gegenübers.

Mögliche Formulierungen in solchen aktiv zuhörenden Gesprächen, die sich in meiner eigenen pädagogischen Praxis bewährt haben, sind: *Ich habe den Eindruck, dass da ... ist. Das klingt ja so, wie wenn man ... ist. Das hätte mich dann ... gemacht. Ich denke, dass da eine Menge ... mitschwingt, wenn du das so sagst. Was geht dann in dir vor? Und wie wirkt das auf dich? Und was geht dir dabei durch den Sinn? Und wie erlebst du das? Wie ist das dann für dich? Wie ging es dir denn dann in diesem Moment? Gehe ich richtig in der Annahme, dass ...*

So habe ich die Chance, an den Subtext, das heißt die Ebene der Emotionen heranzukommen, die unterhalb der Sachebene in der Kommunikation beständig mitläuft und überdies Veränderungen unterliegt. Gelegentlich erscheint es mir auch hilfreich, atmosphärische Empfindungen selbst zu verbalisieren: *Irgendwas ist gerade anstrengend... Ich habe da so ein Gefühl von Blockade....*

Je nachdem, wen ich vor mir habe, mag es hilfreich sein, Formulierungen zu finden, die nicht allzu gefühlsbetont klingen, da gefühlsbetonte Äußerungen häufig von Jugendlichen mit einer

Verhaltensproblematik abgewehrt werden, indem sie etwa sagen: „Was soll jetzt dieses schwule Gelaber!?" Statt zu sagen: *Du fühltest dich dann...* kann es günstiger sein, etwas versachlichender oder indirekter zu formulieren: *Ich habe den Eindruck, dass da ... ist... Und dann ist da zum Beispiel Enttäuschung?* Das emotionale Phänomen wird eher auf indirekte Weise in den Raum gestellt, sodass das Kind oder der Jugendliche dies aus freien Stücken annehmen oder aufgreifen kann und sich nicht so festgelegt fühlt.

Zum Vertiefen kann ich etwa fragen: *Und was geht dann in dir vor? Was geht dir dann durch den Sinn? Wie wirkt das auf dich? Und wie erlebst du das? Und wie ist das dann für dich?*

Ergänzt und unterstützt werden natürlich alle diese verbalsprachlichen Interventionen durch körpersprachliche Elemente wie Augenkontakt, Kopfnicken, zugewandte Körperhaltung oder Zustimmungslaute (Mhm, hm). Es kann auch sinnvoll oder hilfreich sein, körpersprachliche Signale des Kindes oder des Jugendlichen anzusprechen, dies jedoch, ohne diese auf bestimmte Bedeutungen festzulegen.

Oftmals geht es darum, dass uns ein Kind oder Jugendlicher von einem Erlebnis erzählen möchte, das etwa konflikthaft, beängstigend, aufregend, stressbesetzt oder im günstigsten Falle einfach nur schön gewesen ist. Wir können das erzählende Kind oder den Jugendlichen mit einigen Impulsfragen darin unterstützen, uns möglichst detailliert und umfassend von seinem Erlebnis zu berichten:

Wann trat das Ereignis oder das Problem auf? Gab es einen besonderen Anlass? Wo hat es sich ereignet? Wer war direkt daran beteiligt? Wer war indirekt beteiligt oder noch anwesend? Wer wollte was? Wer wollte was nicht? Wer wollte nichts? Was geschah genau? Was tat ich? Was sagte ich? Was unterließ ich? Was tat der andere oder was taten die anderen? Was sagten der andere oder was sagten die anderen? Was unterließ der andere oder was unterließen die anderen? Wie reagierte ich in der Situation? Wie fühlte ich mich? Wie reagierte der andere oder wie reagierten die anderen? Welche Gedanken gingen mir durch den Kopf?

Neben dem Aktiven Zuhören kommt es auf das Senden von Ich-Botschaften (Gordon) an. Beides sind ja inzwischen allgemein anerkannte und sehr weit verbreitete kommunikative Grundlagen im Bereich der Pädagogik. Ich-Botschaften sind verbale Äußerungen, die den eigenen Standpunkt oder das eigene emotionale Erleben klar und verständlich kommunizieren. Dabei wird grundsätzlich auf Angriffe, Vorwürfe, Beschuldigungen oder Anklagen des Anderen verzichtet. Eine Sichtweise wird auch deutlich als die eigene, subjektive Sichtweise formuliert, ohne Anspruch auf allgemeine Gültigkeit zu erheben.

Prozessreflexionen, die sich in die Unterrichtseinheiten und oder in die Projektarbeit einstreuen lassen, können etwa dem Modell der Themenzentrierten Interaktion im Sinne von Ruth Cohn folgen. Bezogen auf „Es", das Thema: *Was hat es mir gebracht? War es interessant?* Bezogen auf das „Ich": *Was nehme ich persönlich mit? An welcher Stelle bin ich weitergekommen?* Bezogen auf das „Wir": *Wie fand ich die Zusammenarbeit in der Gruppe?* Mit Blick auf den äußeren „Rahmen": *Wie hat mir der Rahmen, in dem wir gearbeitet haben, gefallen?* Und: *Was ich sonst noch sagen wollte?*

Solche Impulsfragen müssen natürlich stets situativ und dem Alter bzw. Reifegrad der Kinder und Jugendlichen entsprechend variiert und konkretisiert werden. Es ist sicher ein Unterschied, ob ich mich im integrativen Unterricht einer Grundschule auf dem Lande oder in einer Schule für Erziehungshilfe oder Gesamtschule in einer Großstadt befinde. Immerhin bietet das Modell der Themenzentrierten Interaktion eine tragfähige Rahmenstruktur, die sich thematischer pädagogischer Arbeit zugrunde legen lässt.

Abschließend will ich hier einiges zum Thema Feedback sagen, weil dieses Thema gerade in der Arbeit mit Kindern und Jugendlichen mit Verweigerungstendenzen und/ oder Verhaltensproblemen fundamental wichtig ist. Wirksames Feedback sollte idealerweise vom Empfänger gewollt sein, was es in den hier zur Diskussion stehenden Arbeitsfeldern leider oft nicht ist. Wirksames und förderliches Feedback benennt erst Stärken, dann erst die Schwächen, sonst kommt das Lob nicht an. Stärken lassen sich etwa folgendermaßen benennen: *Mir gefällt... Ich finde gut...*

Mich beeindruckt... Ich finde toll... Ich mag an dir... Ich schätze dich als... Schwächen können etwa so benannt werden: *Ich vermisse... Mich stört... Ich mag nicht so gerne, wenn...*

Konstruktives Feedback beschreibt stets ein bestimmtes Verhalten oder spezifische Handlungen, nie jedoch die ganze Person. Es erfolgt rechtzeitig und in kleinen Portionen. Förderliches Feedback ist stets der geistigen und emotionalen Verfassung des Empfängers angemessen. Es ist getragen von Einfühlungsvermögen und Wertschätzung des Anderen. Es soll das Kind oder den Jugendlichen stärken und ihm weiterhelfen. Es bringt die eigenen Emotionen und inneren Reaktionen des Pädagogen, möglicherweise in gefilterter Form zum Ausdruck, sodass das Kind oder der Jugendliche die Auswirkungen seines Verhaltens schrittweise einschätzen lernt.

Konstruktives Feedback ist konkret, verständlich und beschränkt sich auf das Wesentliche. Es erfolgt in Form von Ich-Botschaften. Wenn ich als Feedbackgeber Urteile oder Wertungen abgebe, sage ich klar und deutlich, das es sich um meine eigene Einschätzung handelt. Ich gebe dem Kind oder Jugendlichen auch Anregungen und Impulse, wie das Feedback und die darin enthaltenen Empfehlungen in die Tat umgesetzt werden können: *Ich wünsche mir deshalb... Ich brauche dann von dir... Ich empfehle dir deshalb... Es wäre nützlich wenn du....*

Förderliches Feedback kann, zusammengefasst, etwa in den folgenden vier Schritten gegeben werden. Erster Schritt: Es wird eine Empfindung oder Behauptung verbalisiert: *Ich empfinde dich... Ich erlebe dich...* Zweiter Schritt: Es wird eine Begründung oder Beschreibung gegeben: *...wenn du manchmal machst ... wenn du gelegentlich unterlässt...* Dritter Schritt: Es wird ein Beispiel angeführt: *Als du ... vorhin... Neulich hast du z.B. ....* Beim vierten Schritt schließlich wird eine Folge oder eine Konsequenz formuliert: *Ich wünsche mir von dir... Ich empfehle dir... Es wäre hilfreich, wenn du jetzt einmal...*

PÄDAGOGIK DER ACHTUNG
Auf der einen Seite benötigen *gefährdete* Schülerinnen und Schüler emotionale Zuwendung, erhöhte Motivierung und persönliche Ansprache, auf der anderen Seite haltgebende und verbindliche Strukturen. Es spricht alles dafür, dass die pädagogischen Bemühungen um Kinder und Jugendliche mit Verhaltensproblemen und schulverweigernder Haltung zwar haltgebend, gelegentlich auch sehr stark grenzsetzend, jedoch nicht repressiv sein dürfen, denn wer ohnehin zu Ängsten neigt oder wenig lernmotiviert ist, wird bei einer Erhöhung des institutionellen Drucks erst recht wegbleiben oder aus dem Felde gehen.

Die beste didaktische Konstruktion wird zunichte gemacht, wenn sie nicht von einer pädagogisch förderlichen Haltung zum Kind oder Jugendlichen motiviert oder begleitet ist. Schon lange wissen wir um den besonderen Stellenwert menschlicher Beziehungen für das Gelingen oder Scheitern von individueller Persönlichkeitsentwicklung. Günther Opp[159] empfiehlt bei Kindern und Jugendlichen mit Förderbedarf im Bereich „Emotionale und soziale Entwicklung", die „biografischen Erfahrungen von Bindungsverlusten, Beziehungsabbrüchen und Beziehungslosigkeit durch die Schaffung konstanter und kontinuierlicher sozialer Beziehungsgeflechte und Bindungserfahrungen aufzuarbeiten."

Doch an welchen pädagogischen Grundsätzen und Grundhaltungen können wir uns hier orientieren? Es ist F. Klein[160], der uns etwa die „Pädagogik der Achtung im Geiste Janusz Korczaks" nahe bringt. „Das gesamte Lebenswerk Korczaks, das aus Achtung vor dem Anderen immer wieder Fragen stellt [...] lädt zum Nachdenken über [...] unser berufliches Handeln ein".[161]

Klein nimmt mit Sorge wahr, „dass die modernen Lebens- und Sozialwissenschaften sich oft nur mit klar definierten technologi-

---

[159] Opp, G.: Heilpädagogische Institutionen in Transformationsprozessen – moderne Arbeitsprofile von Förderschulen und Förderzentren. In: Zeitschrift für Heilpädagogik, 53. Jg., 2002, 362 – 367, hier: S. 366
[160] Klein, F.: Pädagogik der Achtung im Geiste Janusz Korczaks. Zum 60. Todestag des polnischen Arztes, Pädagogen und Schriftstellers. In: Zeitschrift für Heilpädagogik 53. Jg., 2002, H. 11, 467 - 472
[161] Klein, Pädagogik der Achtung, S. 467

schen und soziologischen Begriffen um Kenntnisse und Techniken bemühen und sich für die Erörterung der Grundorientigung des verantwortlichen Handelns nicht zuständig fühlen. [...] Humanität und wirkliches Interesse am anderen Menschen [...] bleiben hier auf der Strecke."

Obwohl es manchmal sehr schwer ist, wenn uns Jugendliche mit einer Verhaltensproblematik etwa beschimpfen, anschreien, vielleicht sogar anspucken oder Gegenstände wie Kreidestücke, Hefte, Bücher oder gar Stühle nach uns werfen, dies obwohl wir ein freundliches Beziehungsangebot gemacht haben, müssen wir, parallel zu den auch notwendig werdenden grenzsetzenden Interventionen nicht vielmehr „damit beginnen, nach der Quelle des Guten zu suchen, die aus jener Beziehungsfähigkeit entspringt, die Korczak in Liebe und Sorge für den Anderen vorlebt?"[162]

Und weiter: „Auch in seinen schwersten Stunden bleibt Korczak dem Grundsatz der Achtung des Anderen treu. Seine Anerkennung der Würde des Anderen ist an keine Bedingung gebunden. Sein Wahrnehmen und Denken räumen dem Antlitz des Anderen absoluten Vorrang ein. In Korczaks dialogischem Leben begegnet uns das Antlitz des Menschen, dem wir nicht ausweichen können".[163] „Korczak lebt für seine Kinder", seine pädagogische Haltung ist durch „Mitfühlen" und „Mitleiden" gekennzeichnet.

Möglicherweise geht es zu weit, wenn wir in der Tat mit den traumatisierten, benachteiligten Kindern *mitleiden*, weil dies zuviel von unserer Kraft verbrauchen kann und weil uns das intensive Hineingehen in die kindlichen oder jugendlichen Gefühlslagen oder Problemlagen daran hindern könnte, mit einer gewissen Rationalität nach Lösungsansätzen und Veränderungsmöglichkeiten bezüglich der jeweiligen Situation Ausschau zu halten.

Allemal wichtig ist jedoch, die „Sache des Kindes", bis zu einem gewissen Punkt, zu „seiner Sache" zu machen und dadurch ein „elementares Interesse am Kind" zu zeigen.[164] Man wird dabei gerade in der pädagogischen Arbeit mit schwer traumatisierten

---

[162] ebd.
[163] ebd.
[164] ebd.

oder fehlsozialisierten Erziehungshilfeschülern an manche innere Grenze stoßen, allein, es gilt, diese inneren Reaktionen wahrzunehmen, sie nicht wegzudrängen, sie erneut ins Produktive zu wenden, beweglich zu bleiben, die Dinge auf eine andere Art zu versuchen.

Wir müssten natürlich mehr über eine vernünftige pädagogische Prävention nachdenken, die bereits im vorschulischen Bereich ansetzt. Das würde nicht nur Vieles verhindern können, sondern den zuwendungsbedürftigen Kindern auch die notwendige pädagogische Beachtung sichern. Es ist immer leichter und chancenreicher, sich uneingeschränkt einem kleinen wenn auch *schwierigen* Kind zuzuwenden, als einem aus der Bahn geratenen Jugendlichen, der tief im Innern noch ein verstörtes dreijähriges Kind ist, uns aber anspuckt oder einen Stuhl nach uns wirft.

Diese Gesellschaft hat noch nicht verstanden, dass sie es nicht zulassen darf, dass im Vorfeld der Schule, in teilweise sehr desolaten häuslichen Mikrowelten, und zugleich in der Teilhabe an einer äußerst fragwürdigen Trash-Kultur, Risikopersönlichkeiten drei bis sechs Jahre lang ohne jeden vernünftigen pädagogischen Einfluss heranwachsen, Kinder, die dann in der Folge in Kindergarten oder Grundschulklasse nicht mehr aufgefangen werden können und dann in die typischen Versager- und Verweigererkarrieren hineingehen. Das Kind als gesellschaftliche Ressource ist noch nicht in vollem Ausmaß erkannt worden. Alles, was hier an Kindern achtlos übersehen wird, wird fortan unsere gemeinsamen finanziellen und personellen Ressourcen beanspruchen.

Neben dem Einlösen von Chancengleichheit und der rechtzeitigen Übernahme von Verantwortung geht es ferner, um nun wieder auf das Thema der pädagogischen Beziehungsgestaltung zurückzukommen, um eine prinzipielle Gleichwertigkeit zwischen Pädagoge und Kind. „In seinem Buch `Das Recht des Kindes auf Achtung´ fragt Korczak[165]: `Wann wird jener glückliche Augenblick kommen, da das Leben der Erwachsenen und das der Kinder gleichwertig nebeneinander stehen werden?´"[166]

---

[165] Korczak, J.: Das Recht des Kindes auf Achtung. Göttingen 1970, S. 205
[166] Klein, Pädagogik der Achtung, S. 467

Auch H. Wehr[167], der sein pädagogisches Denken an Erich Fromm geschult hat, widmet sich dem Thema einer humanen Beziehungsgestaltung zwischen Pädagoge und Kind, Lehrkraft und Schüler: „Im Bereich existentieller Widersprüche sind Lehrer und Schüler suchende Co-Subjekte. Als sich selbst darstellende und Beziehung suchende Individuen können sich Lehrer/-innen und Schüler/-innen gleichrangig begegnen."

Und Ferdinand Klein fährt, ausgehend von der durch Korczak geprägten Grundhaltung fort: „Nicht das Phänomen oder Faktum der Behinderung und damit der Mensch als Objekt, sondern der Mensch als Subjekt bestimmen mein Wahrnehmen. [...]

Der Mensch darf nicht durch die Maschen begrifflicher Objektivität fallen. Für mich ist die Erziehung stets eine persönliche und existentielle Aufgabe, die ich im Dialog mit dem mir und meinem Handeln anvertrauten Kind zu verwirklichen suche. Diese Erziehung kann einmal scheitern und ein anderes Mal gelingen. Aus beiden Situationen, der gescheiterten wie der gelungenen, kann ich etwas lernen: Über die Beziehung zum Kind, die ich mitgestalte und mitverantworte, über mich und über das Kind, über den umgebenden nahen Erziehungsraum und weiteren Bedingungsraum [...]

Erst in der Fülle individueller und kommunikativer Lebensäußerungen erkennen wir das Kind mit seinen Freuden, Sorgen und Tränen, und wir sind bemüht zu entdecken, wie es wirklich fühlt, und was es will, wie es handelt und was es denkt."[168]

Und weiter: „Die Korczak-Pädagogik lässt ein Erstarren in blank geputzten Begriffen nicht zu. Wollen wir Korczak gerecht werden, so müssen wir zuallererst unsere Sprache kultivieren."[169] Werden wir einem Kind also gerecht, wenn wir in Begriffen wie *Verhaltensstörung, Syndrom X* oder *Syndrom Y* auch nur denken? Dazu F. Klein: „Wir dürfen nicht Opfer unserer eigenen Lehrgebäude sein und in Diskursen bedeutsame Lebenszusammenhänge bis zur Unkenntlichkeit verwickeln und verfremden."

---

[167] Wehr, H.: Reflexionen zur Humanisierung der Schule. Ins Internet gestellter Text, 1998, S. 13
[168] Klein, Pädagogik der Achtung, S. 468
[169] Klein, Pädagogik der Achtung, S. 469

Dem, in der aktuellen gesellschaftlichen Diskussion, immer lauter und dominanter werdenden „Berechnen" des Menschen nach „Brauchbarkeit" und „Verwertung in Kosten-Nutzen-Analysen" setzt Korczak seine „gelebten Begriffe des Verstehens, Mitfühlens und Mitleidens `mit dem Proletariat auf kleinen Füßen´ entgegen [...] Seine Pädagogik der Achtung spricht unser Empfinden und Fühlen an."[170]

„Korczak[171] erkennt intuitiv: `Aber auf dem Gebiet der Gefühle ist das Kind anders. Also gilt es, nicht nur zu begreifen, sondern mit ihnen mitzufühlen: Sich kindhaft freuen und betrübt sein, lieben und zürnen, beleidigt sein und sich schämen, Furcht haben und Vertrauen´[...] Kinder empfinden ihre Sorgen und Probleme noch stärker als Erwachsene; in den Empfindungen sind sie den Erwachsenen gegenüber viel reicher.´[172] Und nun wieder F. Klein: „Wagen wir dieses Emporklimmen und einfühlende Verstehen, dann können wir aus der Beziehung heraus die Erziehungsarbeit so leisten, dass wir dem Kind die Selbstausformung, Erprobung und Stärkung seiner Identität ermöglichen. Dabei haben wir seine Gegenwart zu achten.

Erneut Korczak im Originalton[173]: „Wir sollten das Kind nicht unterdrücken, [...] nicht der Knechtschaft der Zukunft überantworten, [...] nicht eilen, nicht hetzen. Wir sollten jeden Augenblick achten, denn er vergeht und wiederholt sich nicht, und immer sollten wir ihn ernst nehmen.´" F. Klein[174] fährt fort: „Indem wir uns auf die Aufgabe einlassen, das Kind mit dem Herzen zu begleiten und zu verstehen, wird eigentlich das Kind unser Erzieher. Es spricht uns an, fragt uns und fordert uns zum Handeln heraus. Korczak erkennt: Wenn wir nicht wachsam genug sind, uns nicht um dieses verstehende Erfassen des Kindes bemühen und dadurch die eigene Erziehung bagatellisieren, dann werden

---

[170] ebd.
[171] Korczak, J.: Wie man ein Kind lieben soll. Göttingen 1978, S. 18 f.
[172] Korczak, J.: Wenn ich wieder klein bin. Göttingen 1973, S. 7
[173] Korczak, J.: Das Kind lieben. Ein Lesebuch herausgegeben von E. Dauzenroth & A. Hampel. Frankfurt am Main 1984, S. 194, zit. n. Klein, Pädagogik der Achtung, S. 470
[174] Klein, Pädagogik der Achtung, S. 470

wir scheitern. Für ihn ist das Kind wie ein Buch der Natur. Indem er dieses Buch `liest, reift er´. Lassen wir diesen urpädagogischen Gedanken auf uns wirken, dann können wir mit Überzeugung sagen: Erziehung ist nichts anderes als Selbsterziehung."

Um diese, für die Erziehungshilfe- und Schulverweigererpädagogik fundamentale Beziehungsdimension in aller Tiefe zu erfassen, folge ich noch ein wenig weiter F. Kleins Gedankengang[175]: „Korczaks Pädagogik der Achtung ist ein Dokument der radikalen Liebe für das Kind [...] Seine Liebe verfügt nicht über das Kind und hält es nicht in einem festen Bild fest. [...] Korczak erkennt: Das Kind will selbst seine Freuden und Enttäuschungen, seine Erfolge und Misserfolge erleben und dadurch aus eigener Kraft wachsen. Auch wenn dieser Weg unendlich schwierig sein kann, muss er dennoch gewagt werden. Denn erst dadurch, dass die unüberwindbar erscheinenden Probleme dennoch gelöst werden, wird das Hineinwachsen in gelebte Verantwortung, in demokratische Spielregeln gelingen. Hier in dieser Lebens- und Erfahrungsschule ermöglicht die begleitende Verantwortung des Erziehers dem Kind die Ausformung eines starken Willens zur eigenverantwortlichen Selbstgestaltung der Gegenwart.

Gerade auch in den beiden Korczak-Heimen verwalteten sich die Kinder weitgehend selbst. Sie übernahmen freiwillig Verantwortung. Im Kinderparlament und Kindergericht (Ähnliches versuchten ja auch Gustav Wyneken in seinem Landerziehungsheim oder A.S. Neill in Summerhill, J.B.) konnten sie ihre Probleme offen legen und sich selbst entscheiden. Korczak war für sie partnerschaftlicher Begleiter [...] Die hier festgelegten Regeln und Ordnungen waren für alle gleich verpflichtend. Das Kindergericht, das um ein Höchstmaß an Gerechtigkeit bemüht war, hatte den Grundsatz des Vergebens und Verzeihens als Grundlage. Das Kind übte sein Recht auf Gleichberechtigung, Mitbestimmung und Mitverantwortung aus. [...]

So hatte jedes Kind die immer wieder sich erneuernde Chance, seine Gegenwart zu gestalten, die sich mit dessen eigener Zukunft erfüllt. [...] Das Kind ist aus eigenem Wollen selbstgestaltend

---

[175] ebd.

tätig. Es macht seine selbst zu verantwortenden Lern- und Lebenserfahrungen in der Gegenwart für seine Zukunft. [...] Korczaks Lebenspädagogik der Achtung kann das Kind nicht von seiner Vergangenheit her auf feste Ziele hin entwerfen. Sie kann aber das – noch verborgene oder verdrängte – Gute im Kind freilegen und ihm so die Chance der Selbstannahme in der Gegenwart geben."

Auf eine integrative, besser noch inklusive Grund- und Gesamtschulpädagogik müssten sich solche Formen meines Erachtens übertragen lassen. Je stärker eine Schulgemeinschaft durch sozialen Konfliktstoff belastet ist, desto vorsichtiger und kleiner müssen allerdings die ersten Schritte in der oben dargestellten Richtung ausfallen. Doch bezüglich des pädagogischen Grundverhältnisses müssten wir Korczak doch folgen können, etwa in dieser Formulierung: „Ein Erzieher, der nicht einpaukt, sondern etwas freilegt, der [...] nicht diktiert,[...] sondern anfragt – der erlebt mit dem Kind manchen bewegenden Augenblick."[176]

Im Erziehungshilfe- und Schulverweigererbereich benötigen wir natürlich sehr viel Geduld. Manche der hier anzutreffenden Heranwachsenden bringen derart negative Vorerfahrungen mit in den Unterricht oder in die sozialpädagogische Projektarbeit, dass wir gut daran tun, auch eine Weile Nicht-Arbeiten, Nicht-Lernen usw. zu respektieren, bevor die Kinder und Jugendlichen sich durch massive Belehrungs- und Anpassungsversuche von unserer Seite noch weiter verschließen und noch weiter in ihre inadäquaten, auf Abwehr und Widerstand beruhenden Verhaltensmuster hineingehen.

F. Klein[177] sieht in der Pädagogik Korczaks ein „Beziehungs- und Erziehungsverhältnis, das ein Dienstverhältnis und kein Herrschaftsverhältnis ist" und „erteilt allen Erziehungstheorien eine Absage, die eine Pädagogik des Herrschens und Machens, also eine Herrschaftspädagogik begründen." Man vergleiche diese Gedanken von Klein bzw. Korczak nur einmal mit dem gleich nachfolgend diskutierten „Trainingsraumprogramm". Zum Erzie-

---

[176] Korczak, Das Kind lieben, S. 165 f.
[177] Klein, Pädagogik der Achtung, S. 471

hungsauftrag der Schule gehört eben auch die umfassende Aufgabe, eine menschliche, überzeugende Lebenskultur zugrunde zu legen und einzuüben. Ob Schulen sinnvoll an Lebensdeutungen arbeiten, das muss sich an ihrem Stil, an ihrer Schulkultur ablesen lassen.

F. Klein[178] zeigt diesbezüglich eine Richtung auf: „Korczaks Dienstpädagogik der Achtung ist illusionslos und realitätsbezogen, sie ist vom Glauben an das Gute im Menschen getragen, von der Sehnsucht nach einem besseren Menschen und nach einer besseren Welt." Im Vordergrund steht das Dasein für andere, nicht Anspruch, sondern Hingabe, nicht Bekommen, sondern Geben.

Natürlich muss jeder einzelne Pädagoge, jede einzelne Pädagogin für sich selbst entscheiden, ob sie oder er mit einer solch hingebungsvollen beruflichen Selbstidentität, einem solch *radikal* allem Menschlichen verpflichteten Berufsethos, konform geht und innerlich damit übereinstimmt. Eine prinzipielle Orientierung in dieser Richtung, gekoppelt an ein rationales Selbstmanagement im beruflichen Feld, ist sicherlich schon aus der Sicht der zu betreuenden und zu bildenden Zielgruppen wünschenswert. Mit Blick auf eine gelingende Burnoutprophylaxe müssen allerdings zugleich auch Elemente und Strategien der Distanzierung und der Abgrenzung von den Lebenskontexten der Risikokinder und Risikojugendlichen und den gesamten, hieraus resultierenden Beziehungserfahrungen mitgedacht werden.

In einem nächsten Schritt verknüpft F. Klein[179] Korczaks Pädagogik der Achtung mit der Sozialphilosophie von Lévinas: „Aus der Nähe zum Kind, dessen Antlitz ich wahrnehme, erwächst eine klare und unabweisbare Verantwortung für sein Wohl. Lévinas fragt nach der Andersheit des Anderen, [...] eine ethische Frage, die auch als Kritik des rationalistischen und funktionalistischen Denkens verstanden werden kann. Sie richtet sich gegen politische Ideologien, ebenso gegen wissenschaftliche Denkformen, die den anderen dem eigenen Wissen einverleiben

---

[178] Klein, Pädagogik der Achtung, S. 471
[179] ebd.

möchten. [...] Seiner Ethik geht es also entscheidend darum, sich unmittelbar auf den Anderen zu beziehen, sich ihm mit Herz und Tatkraft zuzuwenden:

Der Mensch, der mir gegenüber ist, ist der konkret Andere. Er ist das Gegenüber meiner Verantwortung und nicht etwas Abstraktes. Das Antlitz des Anderen steht außerhalb des Festzulegenden, es lässt sich nicht durch Vergleich und Verallgemeinerung bestimmen oder gar falsifizieren und verifizieren, denn die Begegnung mit dem Antlitz des Anderen geht jeder Prüfung oder Reflexion voraus.[...]

Die Verantwortung aus der Nähe zum Andern ist dem Menschen durch sein Menschsein gegeben. Diese Verantwortung liegt aller Erfahrung, allen sozialen Regeln und Vereinbarungen voraus und nimmt mich unmittelbar in die Pflicht des Handelns, die von der Sorge um den Anderen getragen ist. Diese Verantwortung ist ganz ursprünglich. Sie ist nicht logisch oder rational hergeleitet, weil sie selbst Ursprung oder Anfang ist. Das Antlitz des Anderen ruft mich also in die Verantwortung, ohne zu erwarten, dass der Andere sie auch für mich übernimmt. Diese Verantwortung in der Sorge um den Anderen ist bedingungslos."

Wir hätten damit eine tiefergehende Begründung angegeben, *warum* wir uns eigentlich für die Heranwachsenden engagieren sollen und warum dieses Engagement nicht nur eine pädagogische, sondern auch eine anthropologisch fundamental notwendige Aufgabe ist.

DIE GRENZEN DER DISZIPLINIERUNG

„Hat im Unterricht Kaugummi gekaut, Papier geworfen, rumgealbert, den Lehrer beschimpft, in die Klasse gerufen, die Hausaufgaben nicht gemacht, laut geredet, mit dem Nachbarn gesprochen, mit Wasser herumgespritzt, sich geweigert das Rechenbuch rauszuholen, sich geweigert, den Text von der Tafel abzuschreiben, sich geweigert, die Jacke auszuziehen, laut gesungen, mit Heftstreifen im Mund geredet...". So lesen sich Eintragungen in „Trainingsraum-Passierscheine". Trainingsraum? Passierscheine? Womit sind wir hier konfrontiert? Soll hier durch die

Ausübung von Macht möglicherweise Ohnmacht abgewendet, Handlungsfähigkeit neu gewonnen werden?

Dass das Unterrichten in der Gegenwart aufgrund der allseits diskutierten gesellschaftlichen und institutionellen Veränderungsprozesse, auch aufgrund der veränderten Verhaltensmuster, Haltungen und Erwartungen der Lernenden, kein Zuckerschlecken für die Lehrkräfte ist, bedarf keiner weiteren Erläuterung, wenngleich hier, je nach Schultyp oder sozialem Umfeld einer Schule, ein erhebliches Belastungsgefälle zu bestehen scheint.

Der Leidensdruck, der zunächst an sogenannten „Unterrichtsstörungen" festgemacht wird (obwohl diese ja nicht mehr als die Spitze des Eisbergs sein können und eher Signal- oder Symptomcharakter besitzen, indem sie auf Anderes oder Tieferliegendes verweisen), ist jedenfalls in hohem Maße vorhanden. Eine sich seit einiger Zeit wie ein Lauffeuer ausbreitende Konzeption zur Lösung all dieser Schwierigkeiten, die sich bezüglich des Schülerverhaltens im Unterricht ergeben können, ist das „Trainingsraum-Programm". Was steckt dahinter?

Der Ursprung des Trainingsraumprogramms liegt in Phoenix, Arizona. Dort wurde es zuerst 1994 von dem Sozialarbeiter Edward E. Ford auf der Basis der Wahrnehmungskontrolltheorie von William T. Powers[180] eingeführt. Mittlerweile erfreut sich das Programm wachsender Beliebtheit in Amerika, Australien und seit 1996 auch in Deutschland. Der Ausgangspunkt dieser, sich auch über Internetauftritte immer stärker ausweitenden, *Bewegung* ist der sicher nachvollziehbare und verständliche Wunsch von nervlich überstrapazierten oder verzweifelten Lehrkräften, endlich in Ruhe unterrichten zu können. Dazu müssen, in der Sichtweise des Trainingsraummodells, *Störenfriede* zur Vernunft gebracht, diszipliniert und auf „eigenverantwortliches Handeln" verpflichtet werden.

Das Programm verfolgt zwei Ziele. Erstens müssen lernbereite Schüler die Möglichkeit erhalten, entspannt und ungestört zu lernen. Zweitens erhalten auffällige Kinder, um es einmal so zu

---

[180] Powers, W. T.: Making Sense of Behavior. The Meaning of Control. New Canaan, Connecticut 1998

formulieren wie die Apologeten des Trainingsraumprogramms selbst es tun, die Chance, ihr Sozialverhalten zu verbessern. S. Balke gilt als deutscher *Erfinder* des Trainingsraums. Erstmals richtete 1996 eine Bielefelder Schule unter seiner Regie einen Trainingsraum für wiederholt störende und undisziplinierte Schüler ein. Seitdem verbreitet sich das Trainingsraumprogramm an immer mehr deutschen Schulen.[181]

Die Lehrperson in der Klasse entscheidet nun, quasi als Schiedsrichter, wann ein Schüler *reif* für den Trainingsraum ist. Stört ein Schüler, ermahnt die Lehrperson ihn zunächst und weist auf die bestehenden Regeln hin. Ändert das Kind sein Verhalten nicht, schickt der Lehrer es in den Trainingsraum. Dort muss der betreffende Schüler sein Verhalten reflektieren, ob er will oder nicht. Vor der Ausweisung aus der Klasse muss der Schüler Rede und Antwort stehen. Dies geschieht durch einen rituellen Frageprozess. Das Kind oder der Jugendliche wird jeweils gefragt, ob es bzw. er im Unterricht verbleiben und sein Störverhalten aufgeben oder stattdessen den Trainingsraum aufsuchen will.

Dieser Trainingsraum ist ein von Lehrkräften oder Sozialpädagogen betreuter Raum. Die Schüler erarbeiten dort unter Anleitung einen Plan, der erstens die Störsituation beleuchtet und zweitens Besserungsvorschläge enthalten muss, damit das Kind oder der Jugendliche in die Klasse zurückkehren darf. In der Klasse führt die Lehrperson dann ein Gespräch mit dem Rückkehrer, in dessen Verlauf sie mitteilt, ob sie nach Kenntnisnahme des Plans, mit der Wiederaufnahme des aus dem Unterrichtsgeschehen ausgegliederten Schülers in die Klasse einverstanden ist oder nicht. Kommt es erneut zu Störungen, wiederholt sich der gesamte Ablauf.

Die Eltern der Schüler, die drei Mal in den Trainingsraum eingewiesen wurden, erhalten eine schriftliche Mitteilung der Schulleitung, in der auf das Störverhalten des Kindes hingewiesen

---

[181] Eine ausführliche Übersicht zum gesamten Programm sowie über Schulen mit Trainingsraum bietet die Internetseite www.trainingsraum.de. Das Programm wird in den Büchern „Die Spielregeln im Klassenzimmer" (S. Balke, 2003) und „Die Trainingsraum-Methode (H. Bründel & E. Simon, 2003) ausführlich beschrieben.

wird. Zugleich müssen die Kinder oder Jugendlichen die Schule verlassen und mit ihren Eltern spätestens am nächsten Tag zu einer Trainingsraumkonferenz erscheinen, die während der Öffnungszeiten des Trainingsraums stattfindet. Weigert sich ein Schüler, in den Trainingsraum zu gehen und dort konstruktiv an seiner Rückkehr in die Klasse zu arbeiten, wird er sofort der Schule verwiesen, in bestimmten Fällen werden auch die Eltern angerufen und aufgefordert, ihr Kind unverzüglich von der Schule abzuholen. Die Schülerin oder der Schüler darf erst dann wieder am Unterricht teilnehmen, wenn eine Trainingsraumkonferenz stattgefunden hat und das Kind oder der Jugendliche eingelenkt und Besserung versprochen hat.

Das Trainingsraum-Programm setzt sich zum Ziel, die Lehrkräfte von ständigen Konflikt- und Streitgesprächen im Unterricht zu entlasten und lernwillige Schüler zu schützen. Die Ressourcen für den Trainingsraum bringen Schulen auf unterschiedlichste Weise auf, bestenfalls, wenn vorhanden, über spezielle Projektmittel, in der Regel jedoch wohl eher durch das Streichen von Förderstunden oder die Vergrößerung der Lerngruppen, um die Lehrerstunden für den Trainingsraum zusammenzubekommen.

Das Basisprogramm, ich folge einmal der Darstellung von Bründel & Simon[182], besteht zunächst darin, dass in den Klassen drei Regeln mit den Schülerinnen und Schülern erarbeitet und diese Regeln groß und deutlich im Klassenzimmer ausgehängt werden. Diese lauten erstens: „Jeder Lehrer und jede Lehrerin hat das Recht, ungestört zu unterrichten und die Pflicht, für einen guten Unterricht zu sorgen." Zweitens: Jeder Schüler und jede Schülerin hat das Recht, guten Unterricht zu bekommen und die Pflicht, für einen störungsfreien Unterricht zu sorgen." Drittens: „Alle müssen die Rechte der anderen akzeptieren und ihre Pflichten erfüllen." Wer wollte dem widersprechen, denn es handelt sich bei diesen Grundsätzen nicht um eine Neuerfindung, sondern um allgemeines und jahrhundertealtes pädagogisches Gut.

Doch schauen wir etwas genauer hin: Geht es um *guten* Unterricht oder um *angemessenen* Unterricht? Vor dem Hintergrund

---

[182] Bründel & Simon, Die Trainingsraum-Methode, S. 38

der aktuellen Entwicklungen insbesondere auf dem Gebiet des inklusiven, die spezifischen Besonderheiten einzelner Lerner berücksichtigenden Unterrichts, muss vor allem die Frage erlaubt sein, was hier unter *gutem* Unterricht verstanden werden soll? Müsste nicht vielmehr von einem Unterricht gesprochen werden, der den Schülerinnen und Schülern in ihrer aktuellen Lernausgangslage *angemessen* ist?

Denn, was eine einzelne Lehrkraft für *guten* Unterricht *hält*, ihre diesbezüglichen Konzepte, Evaluationen und Selbstdeutungen, dies alles kann ja dennoch an der Realität der Lernenden oder zumindest einzelner Lerner, insbesondere derjenigen mit Lern- und Verhaltensproblemen, Verweigerungstendenzen, psychosozialen Belastungshintergründen, Behinderungen, gelegentlich auch hoher Intelligenz, hoher Begabung und Motivation usw. vollständig vorbeigehen. Was Bründel & Simon unter *gutem Unterricht* verstehen, bleibt völlig vage und offen. Es werden keinerlei Kriterien dafür genannt. Es ist aus der Sicht der Trainingsraum-Befürworter quasi selbstverständlich, dass der Unterricht *gut* ist und wer darin als Schülerin oder Schüler nicht ordentlich funktioniert, geht eben raus und wird aus dem didaktischen Geschehen herausgespalten.

Können oder dürfen Sonderschulen, Grund- und Hauptschulen einen solchen Trend mitmachen? Was vielleicht noch eine gewisse Geltung für die höheren Schulformen wie Gymnasien oder Realschulen haben könnte, wo üblicherweise eine ausgeprägtere Anpassungsbereitschaft von Schülerinnen und Schülern an unterrichtliche Strukturen und Erwartungen und die entsprechenden Verhaltensstandards vorausgesetzt werden kann, und seien diese Strukturen auch noch so schülerfern und lehrerzentriert, weil sie einfach sachbegründet sind, dies alles muss jedoch spätestens mit Blick auf den Grund-, Haupt- oder Gesamtschulsektor, erst recht jedoch bezogen auf den sonderpädagogischen Bereich der Erziehungshilfe und der Lernbehindertenpädagogik in Frage gestellt werden.

Interessanterweise gibt es jedoch zunehmend auch Sonderschulen der Fachrichtungen Erziehungs- und Lernhilfe, die sich das Trainingsraum-Programm zu eigen machen und dies auch (teilweise) öffentlich auf der bereits genannten Internetseite bekennen, quasi als wollten oder müssten sie jetzt für diesen Ansatz werben (oder sich öffentlich für dessen Applikation rechtfertigen?). Die allgemeine Krise der gegenwärtigen Schulpädagogik und die große Erschöpfung speziell im Bereich der Hauptschul- und Sonderpädagogik werden scheinbar durch ein neues Identifikationsangebot überwunden: *Im Grunde wissen wir nicht mehr weiter, aber wie so viele andere Schulen auch, haben wir jetzt einen Trainingsraum.*

B. Hoffschulte[183] schrieb etwa ihre Zweite Staatsarbeit über den „Trainingsraum für verantwortliches Denken und Handeln" an einer Schule für Lernbehinderte, kündigt im Titel auch eine „Evaluation" an, die jedoch reichlich affirmativ und methodenkonform ausfällt und auf Umsetzungsschwierigkeiten und Grenzen der Methode gar nicht zu sprechen kommt, weil es sie in diesem gedanklichen Horizont auch nicht gibt oder nicht geben darf. Entsprechend selbstbewusst wird diese Staatsarbeit ins Netz gestellt. Trainingsraumanhänger zeichnen sich offenbar dadurch aus, dass ihnen keine Zweifel über die Richtigkeit ihres pädagogischen Tuns kommen, dass sie ihre pädagogischen Bemühungen auch nicht in erziehungsgeschichtliche oder bildungstheoretische Zusammenhänge einzuordnen suchen. Es dürfte auch schwer werden, dies auf eine heute anerkannte und akzeptierte Weise zu tun.

Die komplexe pädagogische Realität wird auf ein Disziplinproblem reduziert. Mögliche Zweifel an der eigenen Richtung werden vielleicht auch dadurch beseitigt, dass darauf verwiesen wird, wer sonst alles diesen Weg beschritten hat. Hunderte von Schulen, vom Gymnasium bis hin zur Sonderschule, *outen* sich bereits im *World Wide Web*. Die öffentlich zur Schau gestellte Zugehörigkeit zur Trainingsraum*gemeinde* stärkt den Rücken. Über die inhaltliche Angemessenheit, besonders dann, wenn wir über die Beschulung der offenbar immer größer werdenden Gruppe von Kindern und Jugendlichen mit Lern- und Verhaltens-

---

[183] Hoffschulte, B.: Trainingsraum für verantwortliches Denken und Handeln. Evaluation und Möglichkeiten der Fortführung an der WRS (SfL) in Marl. Hausarbeit, Zweites Staatsexamen. April 2003

problemen oder Verweigerungstendenzen reden, sagt das freilich noch nichts aus.

Die Trainingsraumphilosophie baut zunächst einmal ein recht defizitäres und negatives Bild der jungen Menschen auf und zieht dieses Konstrukt dann als Begründung für die nachfolgenden und zwingend notwendig erscheinenden Interventionen heran. Die Schüler, „so beklagen Lehrer und Schulpsychologen gemeinsam, verfügen im Allgemeinen über wenig Lebenskompetenz und über eine nur geringe Eigenverantwortlichkeit für ihr Verhalten. Sie sind es gewohnt, die Verantwortung auf andere zu schieben, sich bei der Frage, wer angefangen hat, herauszureden und eigenes Verhalten oft mit dem anderer zu entschuldigen [...] Sie machen sich nicht bewusst [...] Sie haben es nicht gelernt [...] usw.[184]

Doch lassen sich solche defizitären Beobachtungen und Schlussfolgerungen, die auf einen bestimmten Prozentsatz von Schülerinnen und Schülern oder Teilbereiche ihres Verhaltens vielleicht zutreffen mögen, aber tatsächlich so verallgemeinern? Mir sind in den vergangenen zwanzig Jahren auf dem Gebiet der Hochbegabtenpädagogik, der integrativen Grund- und Hauptschulpädagogik, der interkulturellen Freizeitpädagogik, selbst in der Integrations- und Sonderpädagogik, das heißt der Erziehungshilfe- und Lernbehindertenpädagogik, neben all den *Schwierigen,* unzählige junge Menschen begegnet, die durchaus in der Lage waren, sich selbst zu reflektierten und Verantwortung für ihr Handeln zu übernehmen, wenigstens im Ansatz und immer abhängig von ihrem Lebensalter und ihrer jeweiligen Lebenserfahrung, und an der hier eingeforderten Reflexionstätigkeit und Selbstverantwortlichkeit lässt sich ja im Rahmen der allgemeinen pädagogischen Prozesse arbeiten.

Das von Bründel & Simon propagierte Programm zeigt nun in erster Linie eine Fixierung auf Regeln und Regelverstöße. Die Trainingsraummethode lenkt die Wahrnehmung entsprechend auf das Einhalten von Regeln und auf das konsequente Ahnden von Regelverstößen. In dem Moment, wo sich Lehrkräfte „gestört fühlen oder bemerken, dass andere Schüler sich gestört fühlen,

---

[184] Bründel & Simon, Die Trainingsraum-Methode, S. 14

rufen sie den störenden Schüler auf und fragen: `Was machst du?´ Jetzt soll der Schüler sein Verhalten benennen, z.B. sagen: `Ich habe mit meinem Nachbarn gesprochen.´ Dann fragt ihn der Lehrer, gegen welche Regel er verstoßen hat. Diese muss der Schüler dann benennen und kann dabei auf das in der Klasse hängende Plakat schauen. Wenn er die Regel benannt hat, fragt ihn der Lehrer danach, was geschieht, wenn er gegen eine der Regeln verstößt. Der Schüler weiß, dass er sich dann entscheiden kann, ob er in der Klasse bleiben oder gleich in den Trainingsraum gehen möchte...".[185] Die Lehrkraft durchläuft, noch einmal zusammenfassend dargestellt, den folgenden Frageprozess: „Was machst du? Wie lautet die Regel? Was geschieht, wenn du gegen die Regel verstößt? Wofür entscheidest du dich? Wenn du wieder störst, was passiert dann?"[186]

In alldem orientiert sich das Trainingsraumprogramm an einigermaßen überholt wirkenden Unterrichtskonzepten. Einmal abgesehen von dem rigiden und mechanischen Ton, in dem diese verbalen Interventionen erfolgen, stellt sich vor allem die Frage, wie es sein kann, dass hier das Rad der pädagogischen Entwicklung, unser jahrhundertelanges Ringen um Freiheit und Selbstgestaltungsmöglichkeiten in der Schule, so unverblümt wieder zurückgedreht wird? Immerhin hat es seit der Reformpädagogik und dann erneut seit den 1970er Jahren vielfältige Diskussionen um schülerorientierte, lebensweltorientierte didaktische Modelle gegeben, Diskussionen um Emanzipation und Autonomie der Lernenden, um Möglichkeiten der Mitgestaltung von Unterricht, um die aktive Beteiligung der jungen Menschen bei der Umsetzung von Projekten, Unterrichtsvorhaben und Lernzielen usw. Tempi passati?

Doch Bründel & Simon scheinen allein einen lehrerzentrierten, leistungsorientierten Unterricht vor Augen zu haben. Es „dominiert das Pensum, die Leistung, die geschafft werden muss, und als Konsequenz der Lernmaximierung Disziplin und Kontrol-

---

[185] Bründel & Simon, Die Trainingsraum-Methode, S. 42
[186] ebd.

le."[187] Die visualisierten Verhaltensregeln, auf einem der vielen für die Klassenwände vorgesehenen Plakate lauten denn auch: „Ich bin leise und höre zu!"[188], womit wir wieder bei der Instruktions- und Belehrungspädagogik angekommen wären, bei der die Lehrkraft spricht, einen Sachinhalt präsentiert und das Kind oder der Jugendliche passiv und still dasitzt und das Wissen nach dem Trichtermodell in sich aufnimmt.

Abgesehen davon, dass dieses Lernmodell in seiner Wirksamkeit auch durch hirnbiologische Untersuchungen[189] schon längst widerlegt worden ist, werden in der mit dem Trainingsraum gekoppelten Pädagogik die Lernenden erneut in eine passiv zuhörende Rolle gedrängt, die ihnen größtenteils aktives, entdeckendes und selbstgesteuertes Lernen verwehrt. Dasselbe gilt für die drei folgenden „visualisierten Regeln": „Ich bleibe auf meinem Platz sitzen! Ich schaue nach vorn und arbeite mit! Wenn ich etwas zu sagen habe, melde ich mich!"[190] Keine Rede mehr von Gruppen- oder Partnerarbeit, von Lauf- und Bewegungsspielen, von handlungsorientierten Projekten, wo Schülerinnen und Schüler sich auch einmal im Klassenraum *bewegen* dürfen und natürliche, spontane Lebendigkeit in didaktische Bahnen gelenkt wird.

Weiterhin kommt es hier zu einer Delegation des oftmals strukturell bedingten Störpotenzials allein an das Kind. Folgendes „Klassenplakat" soll aufgehängt werden: Es trägt die Überschrift „Unterrichtsstörungen im Klassenraum".[191] Darauf ist zu lesen: „Wenn du im Unterricht gegen Klassenregeln verstößt, werden dir Fragen gestellt: Was tust du gerade? etc. [...] Möchtest du im Trainingsraum über dein Verhalten nachdenken oder möchtest du dein Störverhalten aufgeben und in der Klasse bleiben? Deine Entscheidung! Und falls du doch wieder störst, was passiert dann? Wenn du nach diesen Fragen noch einmal störst, hast du

---

[187] Wehr, H.: Reflexionen zur Humanisierung der Schule. Ins Internet gestellter Text, 1998, S. 5
[188] Bründel & Simon, Die Trainingsraum-Methode, S. 81
[189] Spitzer, M.: Lernen. Gehirnforschung und die Schule des Lebens. Heidelberg 2002
[190] Bründel & Simon, Die Trainingsraum-Methode, S. 42
[191] Bründel & Simon, Die Trainingsraum-Methode, S. 45

dich durch diese Störung entschieden, in den Trainingsraum zu gehen...". Liberty dies by inches, die Freiheit stirbt zentimeterweise.

Dass den jungen Menschen in einem pädagogisch betreuten Rahmen außerhalb der Klasse eine Auszeit angeboten wird, um vielleicht zur Ruhe zu kommen, über ihr Verhalten usw. nachzudenken, ist ja an sich ein durchaus begrüßenswerter Ansatz. Nur unter welcher Prämisse geschieht dies? Es wird offenbar immerzu und stillschweigend vorausgesetzt, dass es das Kind oder der Jugendliche ist, das oder der sich ändern muss und soll. Dabei reagiert das Kind „immer gemäß seiner inneren Struktur, die Folge seiner lebensgeschichtlichen Auseinandersetzung ist. Aus subjektiver Sicht des Kindes sind diese Reaktionen immer richtig und funktional angemessen und systemerhaltend. Pädagogisch zu belehren und überzeugen zu wollen ist daher sinnlos, stattdessen ist gefordert, sich in die Systemdynamik des Kindes hineinzudenken und den Sinn des Verhaltens, seine Bedeutung und seine Funktion zu suchen".[192]

Ich hospitierte etwa in einer sechsten Klasse an einer Gesamtschule. Es war in Zusammenhang mit einem Verfahren zur Feststellung des sonderpädagogischen Förderbedarfs. Auf dem Stundenplan stand gerade Geschichte und es ging um die Punischen Kriege. Die Schüler sollten abwechselnd ein, zwei Sätze aus dem Geschichtsbuch vorlesen, reihum, und der Lehrer vertiefte die Sachzusammenhänge im Gespräch. Er schrieb einen Tafeltext an, den die Schüler in ihr Heft notieren sollten. Ohne dem Kollegen zu nahe treten zu wollen, so schrieb er diesen Text doch in einer sehr kleinen und überdies wenig leserlichen Handschrift an die Tafel. Dennoch bemühten sich alle Schüler, ohne im Geringsten zu murren, diesen Text zügig in ihr Heft zu übertragen.

Zum Abschluss der Stunde galt es, eine Aufgabe aus dem Geschichtsbuch schriftlich im Heft zu bearbeiten. Da war nun der Schüler, um dessen Beobachtung es ging und von dem mir der Lehrer sagte, er spreche und denke so weitschweifig und oftmals

---

[192] Garz, H.-G.: Sorgenkind Schule für Erziehungshilfe – Pädagogische und psychologische Perspektiven zum Umgang mit schwierigen Kindern. In: Zeitschrift für Heilpädagogik, 55. Jg., H. 1, 2004, 17 – 23, hier: S. 18

hätten seine Stellungnahmen nicht mehr viel mit dem Thema zu tun, sodass er ihn einfach gar nicht mehr drannehmen würde, wenn er sich melde.

Was geschah nun? Der Junge rutschte immerfort auf seinem Stuhl hin und her, schob den linken Unterschenkel unters Gesäß, dann den rechten. Dann wieder knabberte er an seinen Fingernägeln, blickte nervös um sich, und als er sich gar nicht mehr kontrollieren konnte, und unbedingt etwas mitteilen wollte, sprach er einfach in die Klasse hinein. (Natürlich nahm der Kollege den Jungen auch einige Male dran, auch als er sich gar nicht meldete, allein um mir Material für meine Beobachtungen zu geben. Der Elfjährige war dann offenbar so überrascht, dass er zwar etwas unbeholfen, jedoch durchaus bemüht, begann, einige Gedanken zu der gestellten Frage zu entwickeln.)

Was wären denn die eigentlich zu stellenden Fragen? Anstelle der von Bründel & Simon gebetsmühlenartig wiederholten Fragen im sogenannten Frageprozess („Was tust du? Gegen welche Regel verstößt du? Wie entscheidest du dich?" usw.) müssten doch im Grunde die folgenden Fragen gestellt werden, vorausgesetzt, eine Lehrkraft übernimmt *einen Teil* der Verantwortung für das in bestimmten Bereichen unfruchtbare und unproduktive Unterrichtsgeschehen, was ja nicht bedeutet, dass sie die komplette Verantwortung für dessen Gelingen bzw. Misslingen übernehmen muss: *War der Unterricht dem Kind angemessen? Bot ich ihm auch ausreichend Gelegenheit, sich in den Unterricht einzubringen? Entsprach der Unterricht seinem Lerntyp, seinen besonderen Lernvoraussetzungen? Hatte der Jugendliche Mitgestaltungsmöglichkeiten?*

Wären nicht vielmehr die folgenden Lehrer-Fragen an ein als störend wahrgenommenes Kind oder einen als störend wahrgenommenen Jugendlichen zu adressieren: *Was treibt dich, immer wieder kleine Gegenstände durch die Klasse zu werfen? Was geht in dir vor? Was willst du uns mitteilen? Gibt es aus deiner Sicht etwas, was jetzt dringend geklärt werden müsste? Gibt es eventuell Dinge, die für dich schwierig zu verstehen waren? Gibt es Aspekte an dem Thema, die für dich persönlich interessanter wären als das, was wir jetzt hier gerade durchnehmen? Was könnten wir hier gemeinsam tun oder versuchen, damit auch du hier aktiv lernen und vernünftig mitmachen kannst? Welche Vorschläge hast du selbst, wie der Unterricht sein könnte, dass auch du hier produktiv einsteigst? Was würde denn dich interessieren? Wenn wir deine Lerninteressen und Anliegen berücksichtigen, siehst du dann im Gegenzug die Möglichkeit, auf das ständige Reinsprechen in die Klasse, das Umherwerfen von Gegenständen usw. zu verzichten?*

Lägen auf einer solchen, die Autonomie und die Verantwortungsbereitschaft des Lernenden ansprechenden Ebene nicht die eigentlich interessanten Fragen? Die „Authentizität des Lehrenden besteht (dann) in seiner Ehrlichkeit, Lebendigkeit und Direktheit, dem Schüler zu kritisch-aufgeklärtem Denken zu verhelfen und er selbst zu sein".[193] Und vor allem gilt: „Ungehorsam von Seiten des Schülers darf nicht stigmatisiert werden, wenn er in der Selbsttreue des Schülers zum eigenen Dasein seine Ursache hat".[194] Das bedeutet natürlich nicht, dass hier Lehrkräfte irgendetwas an jugendlichen Verhaltensweisen zu *ertragen* oder zu *erdulden* hätten. Der Weg, miteinander ins Gespräch zu kommen, ist nur ein anderer.

Müsste nicht wenigstens darüber nachgedacht werden, zumindest in Anteilen, anders zu unterrichten? Solche Fragen schließen natürlich eine Veränderungsbereitschaft von Lehrkräften ein, ein Hinterfragen der eigenen Antriebe, Motivationen und handlungsleitenden Themen. Wieso sind für eine Lehrkraft etwa die Themen Kontrolle, Disziplin, Ordnung, Macht so wesentlich? Wieso erscheinen sie ihr so fundamental wichtig und zentral in ihrem pädagogischen Denken und Handeln? Gibt es dafür autobiographische oder berufsbiographische Gründe?

Mit welchen aktuellen Emotionen und psychosozialen Konflikten bezüglich meiner Arbeitssituation sind meine Entscheidungen für ein so starres Disziplinarsystem möglicherweise verknüpft? Ist mir nicht schon längst viel Lebendigkeit und Kreativi-

---

[193] Wehr, Reflexionen zur Humanisierung der Schule, S. 13
[194] ebd., mit Bezug auf E. Fromm 1963, GA IX, 367 ff.

tät abhanden gekommen, wenn ich mich für eine solche *Menschenpresse* wie den Trainingsraum entscheide? usw.

Auch wäre ja möglich, zu mehr gruppen- und handlungsorientierten Methoden überzugehen und insgesamt mehr Abwechslung in den Unterricht zu bringen, den Unterricht stärker als prozesshaftes Geschehen zu betrachten, unter Einbeziehung der konkreten Vorschläge und Mitgestaltungspotenziale der Lernenden.

Und wer dann trotz redlicher Bemühungen der Lehrkraft um Hinwendung zum sich bemerkbar machenden Kind oder Jugendlichen, um akzeptierendes und wertschätzendes Ernstnehmen und Beachten seiner besonderen Lebenslage, um einen gemeinsamen Verstehensprozess, um ein hinreichendes Einbeziehen des Heranwachsenden in das Planen, Durchführen und Auswerten von Lernsituationen, wenn ein Schüler trotz all dieser intensiven pädagogischen Bemühungen immer noch laut schreit, prügelt, jede Mitarbeit verweigert, Gegenstände umherwirft o.ä., was unter den genannten Voraussetzungen nur selten vorkommen dürfte, mit dem lässt sich sicher in Ruhe sprechen, vor oder nach einer Unterrichtsstunde, bei einer offeneren, mehr auf Selbsttätigkeit beruhenden Unterrichtsgestaltung auch integriert in den Unterricht selbst, wenn nötig auch in Form eines Eltern- oder Familiengesprächs, wie es seit eh und je der Fall gewesen ist, auch vor der Trainingsraumära.

Für den Fall, dass alle Stricke reißen und ein Jugendlicher auch die Angebote einer Lehrkraft, sich mitgestaltend und konstruktiv in den Unterricht einzubringen, phasenweise nur durch Destruktivität beantwortet, was bei angemessener pädagogischer Beziehungsgestaltung und didaktischer Variabilität, solange wir uns noch im Regelschulkontext bewegen, jedoch eher selten vorkommt, für diesen Fall gab es seit eh und je die im Schulrecht festgelegten Ordnungsmaßnahmen, ein gestaffeltes System von Unterrichtsausschlüssen, gekoppelt an Klassenkonferenzen, die der pädagogischen Beratung mit dem Schüler, seinen Eltern und den beteiligten Lehrkräften dienen.

Wir waren also schon vor der Einführung des Trainingsraum-Programms *handlungsfähig*, das heißt in der Lage, uns zu schützen, eine Grenze zu ziehen und konsequent zu sein, in Extremfällen. Und wir sollten in extrem schwierigen Fällen auch nicht zögern, von grenzsetzenden Maßnahmen Gebrauch zu machen. Oftmals sind heute Lehrkräfte die ersten Personen im Leben eines Heranwachsenden, die diesem eine definitive Grenze setzen und eine angekündigte Konsequenz auch wirklich umsetzen.

In der theoretischen Begründung des Trainingsraum-Modells werden von Bründel & Simon[195] nun diverse Anleihen gemacht, etwa beim Konstruktivismus. „Realität ist ein subjektives Konstrukt" oder „Die Umwelt, so wie wir sie wahrnehmen, ist unsere Erfindung (v. Foerster)". Oder: „Es gibt keine objektiven Störungen, sie sind immer Deutungen von Personen".[196] Doch werden solche den ansonsten spröde, blutleer und mechanisch wirkenden Text etwas auflockernde und dekorierende Leitsätze auch nur im Ansatz mit Blick auf das zu propagierende Konzept umgesetzt?

Mitnichten, denn die Lehrkräfte in der Trainingsraumschulwelt hinterfragen ja ihre Konstruktionen einer bestimmten pädagogischen Realität, ihre jeweiligen Konstruktionen, was eine Störung, was ein Regelverstoß ist, was eine Verhaltensnorm ist, in keinster Weise. Das starre institutionelle Gipsbett des Trainingsraumes, in das die jungen Menschen, die sich zu Störungen verleiten lassen, hineingezwungen werden, ist zwar tatsächlich nur eine Konstruktion, man blicke darauf nur einmal aus großer Höhe, etwa von einem anderen Planeten herab zu den eigentümlichen mit Bildung befassten Organisationsformen, die auf der Erde ersonnen werden, doch diese Tatsache wird offenbar verdrängt oder verleugnet. Stattdessen wird die Konstruktion „Trainingsraum" als eine unverrückbare Realität mit natürlicher Existenzberechtigung zementiert.

Zwang? Nein, in den Trainingsraum geht man freiwillig, weil man sich dazu entschieden hat. Wirklich? Können sich Kinder mit ADHS, mit vermutlich hirnbiologisch bedingten Verhaltensweisen wie Hyperaktivität, Aufmerksamkeits- und Konzentrationsschwierigkeiten o.ä. wirklich vollständig eigenverantwortlich steuern? Können sie sich folglich von ihrem Verhaltensspektrum

---

[195] Bründel & Simon, Die Trainingsraum-Methode, S. 19
[196] Bründel & Simon zitieren hier Miller, R.: Den Schulalltag meistern. Bd. I: Gesund bleiben in der Schule. Seelze 2000, S. 37 ff.

her frei entscheiden? Können sie wirklich zwischen Alternativen wählen? „Eigenverantwortlich zu denken heißt auch, zu wissen, was man will, antizipatorisch zu denken und die Konsequenzen der Entscheidung zu berücksichtigen".[197] Doch können sich Kinder und Jugendliche mit familiären Risikohintergründen, emotionalen Entbehrungen, Traumatisierungen oder Missbrauchserfahrungen wirklich eigenverantwortlich steuern? Können sie sich entscheiden? Sind sie in der Lage zu wählen?

Kann denn ein Kind mit einer Alkoholembryopathie, um nur ausschnitthaft auf die vielen besonderen Schicksale im Bereich der Lernbehinderten-, Erziehungshilfe- und Integrationspädagogik hinzuweisen, wirklich antizipierend denken? Steht das Unterrichtsverhalten solcher Kinder nicht vielmehr unter dem ständigen Einfluss der pränatalen oder frühkindlichen Schädigungen, Traumatisierungen usw. die sie erlitten haben, möglicherweise gar im Sinne einer posttraumatischen Belastungsstörung? Ist der Trainingsraumansatz daher wirklich übertragbar auf die Sonder- und Integrationspädagogik?

Nun lässt sich Balke oder Bründel & Simon diese Frage im Prinzip nicht direkt stellen, weil sie ihr Konzept nicht explizit für den sonder- und integrationspädagogischen Bereich veröffentlicht haben. Indem sie aber Disziplinschwierigkeiten ausmerzen wollen, nähern sie sich natürlich dem Bereich der Erziehungshilfe- und Verhaltensauffälligenpädagogik in großen Schritten an. Auch weisen die Autorinnen an keiner Stelle darauf hin, dass der Trainingsraum sich eben *nicht* für die sonder- und integrationspädagogische Arbeit eignet.

Im Gegenteil: Es wird den Sonderschulen ja nicht gerade abgeraten, das Trainingsraumprogramm zu verwenden, wenn man zugleich stolz die Namen der Sonderschulen und Hauptschulen mit Trainingsraum im Internet präsentiert. Die Autorinnen schreiben daher für *alle* und richten sich an *alle* Schulformen, Altersstufen und Schultypen. Und dass natürlich die personell sehr knapp ausgestatteten Lernbehindertenschulen, die ohnehin unter den anwachsenden Verhaltensschwierigkeiten einer äußerst heteroge-

---

[197] Bründel & Simon, Die Trainingsraum-Methode, S. 44

nen Schülerschaft leiden, händeringend nach dem rettenden Strohhalm greifen, wen sollte das wundern? Ein Konzept wie der Trainingsraum verheißt schnelle Hilfe und die Aussicht auf Ruhe, Disziplin, Ordnung in Anbetracht des in diesen pädagogischen Grenzwelten zur Normalität gewordenen Chaos, der chronischen und strukturell bedingten Arbeitsüberlastung vieler Kolleginnen und Kollegen.

Die hier als wesentlich geltenden Grundannahmen der Eigenverantwortlichkeit und der Selbststeuerungsfähigkeit können jedoch in der sonder- und integrationspädagogischen Welt nicht immer im vollen Umfang vorausgesetzt werden und sie können daher dort nicht oder nur in kleinen Ansätzen gelten. Doch mit welcher Berechtigung etabliert man dann einen Trainingsraum an einer großen Sonderschule, an der Kinder und Jugendliche aus den oben genannten Risikogruppen gar mit zum Teil geistigbehinderten oder psychisch kranken Heranwachsenden gleichzeitig unterrichtet werden?

Nehmen wir einen hyperaktiven Jungen, der immerzu rennen muss, um dadurch seinem Gehirn Reize zuzuführen und einen Gleichgewichtszustand in seinem Gehirn zu erzeugen, und der seit einiger Zeit kein Ritalin mehr bekommt, weil die Eltern es einmal ohne ausprobieren möchten, denn der Junge verlor damals zuviel Körpergewicht, als er Ritalin einnahm. Was nützt es, wenn ich ihn frage: *Was tust du?*, und wenn ich ihm dann unterstelle: *Du hast dich für den Trainingsraum entschieden?* „Wenn der Schüler allerdings das zweite Mal stört, werden ihm keine Fragen mehr gestellt, denn nun kann der Lehrer davon ausgehen, dass der Schüler sich durch sein Handeln entschieden hat, in den Trainingsraum zu gehen, denn er wusste ja, was passieren würde, wenn er wieder stört".[198] Wusste er es wirklich?

Es muss mit einer Begünstigung von Schulverweigerung und Schulschwänzen durch das Trainingsraumprogramm gerechnet werden. Werden für eskapistische Verhaltensweisen, Schulverweigerung und Schulschwänzen anfällige Schülerinnen und Schüler durch ein solches institutionelles Machtspiel, das die Defizite

---

[198] Bründel & Simon, Die Trainingsraum-Methode, S. 44

und Schwierigkeiten immer nur bei ihnen selber sucht, nicht endgültig auf die Straße getrieben? Viele Beobachtungen aus der Praxis sprechen dafür. Die Trainingsraumeuphorie entpuppt sich am Ende als Milchmädchenrechnung.

Die Konstrukteure der Trainingsraummethode unterliegen einer für aufgeklärte Pädagogen ungewöhnlichen Sichtverengung, einem regelrechten Tunnelblick. Man muss diese Publikation von Bründel & Simon einmal wirklich genau und gründlich durchgehen. Es finden sich immer wieder Textstellen, die so klingen, als ginge es hier doch noch um die Erweiterung des Horizonts, etwa im Kapitel „Ein anderes Verständnis von Störungen. Den Blickwinkel verändern".[199] Es beginnt damit, dass „die Wahrnehmung von Störungen subjektiv und sowohl interindividuell als auch intraindividuell sehr unterschiedlich" sei[200], was ja schon eine relevante Erkenntnis wäre.

„Es unterscheiden sich nicht nur Lehrerinnen und Lehrer untereinander, was ihre Störungsempfindlichkeit anbetrifft, sondern diese hängt auch von der jeweiligen Stimmung, der Tagesform, der Müdigkeit und der Gelassenheit der einzelnen Lehrer ab".[201] Das ist alles unbestritten. Wahrnehmungsprozesse und interne Überzeugungssysteme, Bewertungssysteme, handlungsleitende Systeme auf Seiten einer Lehrkraft werden also schon im Diskurs der Autorinnen mitbedacht, allerdings nur peripher, und mit wenig Ausdauer oder Konsequenz, denn das Thema wird gleich wieder fallengelassen und bleibt ohne jede Auswirkung für die Ebenen der Problemanalyse und der konkreten Intervention.

Liest man im folgenden einen Zwischentitel wie „Hinwendung zu einer offenen Ursachenannahme"[202] könnte man erneut einen tiefergehenden Reflexionszusammenhang vermuten, eine Hoffnung, die jedoch schnell enttäuscht wird, geht es doch immer nur um den *Störer* und sein *Störverhalten*, nie jedoch um den gesamten pädagogischen, lebensweltlichen, institutionellen oder gesellschaftlichen Kontext, in dem das Verhalten und Erleben eines

---

[199] Bründel & Simon, Die Trainingsraum-Methode, S. 28
[200] ebd.
[201] ebd.
[202] Bründel & Simon, Die Trainingsraum-Methode, S. 29

Kindes, eines Jugendlichen steht. Die theoretischen Annahmen zum Thema *Stören* sind denn auch mehr als vage. „Der Schüler stört, weil ihn etwas zum Störer macht" lautet ein sehr weises, durch Bründel & Simon aufgenommenes und ins Zentrum gestellte Zitat von R. Miller.[203] Dem störenden Schüler werden „nachvollziehbare Gründe" zugebilligt. „Er stört, weil er etwas bezwecken bzw. erreichen will."[204] „Störungen, sind offene oder verdeckte Botschaften [...] die entschlüsselt werden müssen".[205] Dieser Zusammenhang ist seit den, schon historisch zu nennenden, individualpsychologisch fundierten Arbeiten von R. Dreikurs[206] bekannt.

Doch sind wir heute, vierzig Jahre nach Erscheinen der Texte von Dreikurs einige Schritte weiter im Verständnis des Verhaltens von Schülerinnen und Schülern. Verhalten ist stets abhängig von der Person und der Situation. Es steht in äußerst komplexen Bezügen und ist auch nicht auf reine Signalfunktion oder Zielansteuerung reduzierbar. Ohne die theoretischen Leistungen von Dreikurs schmälern zu wollen, so sind die heutigen Erklärungsmodelle und Interventionsweisen um einiges diffiziler geworden, auch aufgrund der enormen Heterogenität und Vielfalt an Verhaltensproblemen, den qualitativ unterschiedlichen Entstehungsgeschichten, dem äußerst komplizierten Zusammenspiel von verursachenden und verstärkenden Faktoren.

In der folgenden Passage gehen die Autorinnen aber noch einmal auf Dreikurs zurück, ohne ihn jedoch explizit zu benennen. „Im Idealfall", so heißt es bei Bründel & Simon[207], „müssten Lehrerinnen und Lehrer nun gemeinsam mit dem störenden Schüler herausfinden, welche Intention seinem Verhalten zugrunde lag und mit ihm einen Weg zur Vermeidung der Störung suchen, sodass dieser sich verstanden fühlt und bereit ist, sein Verhalten zu kontrollieren und nicht störende Verhaltensweisen zu zeigen."

---

[203] Miller, R.: Den Schulalltag meistern. Bd. I: Gesund bleiben in der Schule. Seelze 2000
[204] Bründel & Simon, Die Trainingsraum-Methode, S. 29
[205] ebd.
[206] Dreikurs, R. (1967): Psychologie im Klassenzimmer. Stuttgart 1975
[207] Bründel & Simon, Die Trainingsraum-Methode, S. 29

Von Dutzenden möglichen Beweggründen, Motiven und Bedingungen für Verhalten wird hier nur ein einziger Aspekt herausgenommen, für zentral und allumfassend gültig erklärt. Aber selbst das von Bründel & Simon anvisierte Projekt der gemeinsamen Verhaltensanalyse bleibt reine Theorie, denn „dies ist jedoch im Unterricht nicht möglich, denn dazu müssten die Lehrerinnen und Lehrer ihren Unterricht unterbrechen, und andere Schülerinnen und Schüler würden nicht zu ihrem Recht kommen".[208]

Unterricht wird von Bründel & Simon allein als fachliche Unterweisung definiert. Die didaktische Bearbeitung von Beziehungs- und Konfliktthemen bleibt außen vor. An dieser Stelle wird nun endgültig deutlich, um welch eingeengtes Modell von Unterricht es sich hier handeln muss. Die Reflexion von Verhaltens- und Erlebnisweisen oder die Klärung von kommunikativen Problemen ist ja längst akzeptierter Bestandteil der allermeisten modernen Unterrichtskonzeptionen, doch „abfragbare Fakten sind leichter zu kontrollieren, als in Gesprächen gewonnene lebensrelevante Erkenntnisse".[209] In einem Unterricht, der Schülerinnen und Schüler zum Mitplanen und Mitgestalten einlädt, sind regelmäßige Reflexionen sozialer, kommunikativer und affektiver Art längst Alltag, etwa inspiriert durch das Modell der „Themenzentrierten Interaktion" von R. Cohn, das eine Integration von thematischer Arbeit, individuellen Anliegen und Gruppenanliegen vorsieht. Was ist das für ein Unterricht, der nun partout überhaupt nicht mehr für solche Klärungsprozesse unterbrochen werden darf? Selbst auf dem höchsten fachlichen Niveau arbeiten immer noch Menschen miteinander. Und wo Menschen zusammen lernen oder arbeiten, entstehen kommunikative, soziale, emotionale Prozesse, darin natürlich auch Konflikte, die beachtet und bearbeitet werden wollen. Dies kann, wie das TZI-Modell ja zeigt, durchaus in einer Weise geschehen, dass die eigentlichen Sachanliegen keinesfalls zu kurz kommen. Im Gegenteil: Die Hinwendung zur Sache erfolgt in der Regel viel intensiver, wenn die individuellen Anliegen, bestimmte konflikthafte Aspekte aus dem

---

[208] ebd.
[209] Wehr, Reflexionen zur Humanisierung der Schule, S. 4

Beziehungsgeschehen der Gruppe u.a. nach dem Prinzip „Störungen haben Vorrang" geklärt werden.[210]

Auf diese Weise können sich doch erst soziale Kompetenzen wie Zuhören, Nachfragen, Empathie, Teamfähigkeit usw. ausbilden. Und wieso kommen andere Schülerinnen und Schüler nicht zu ihrem Recht, wenn sich die Lehrkraft den menschlichen Anliegen eines Einzelnen zuwendet und versucht, die Lerninteressen oder Daseinsprobleme dieses Kindes oder Jugendlichen herauszufinden oder bestimmte Beziehungskonflikte zwischen einzelnen Kindern oder Jugendlichen in der Lerngruppe zu bearbeiten? Gibt es hier etwa miterlebend, innerlich nachvollziehend, sich einfühlend, nichts zu lernen, auch für die anderen? (Natürlich setzt dies voraus, dass es nicht um ein kleinliches Scharmützel zwischen Lehrkraft und Schülerin oder Schüler geht, in dem sich beide aggressiv beharken.)

Das von den schulischen Ordnungen abweichende Verhalten könnte doch immerhin auch als Erkenntnisquelle betrachtet werden, oder als Anlass, etwas an der Organisation des Ganzen, das Lehrerverhalten und die Unterrichtsgestaltung eingeschlossen, zu verändern. Außerdem wären ja im Rahmen offenerer, prozesshafter Unterrichtsstrukturen auch parallele Bearbeitungen denkbar. Während einzelne Schülergruppen zumindest für eine gewisse Zeit in eigener Regie sich themenbezogen etwas erarbeiten, hat die Lehrkraft die Möglichkeit zum klärenden, beratenden oder intervenierenden Gespräch mit einzelnen. Die Befürworter der Trainingsraummethode müssten sich, bei allem Verständnis für den Wunsch nach Ruhe und Ordnung in den Lernsituationen, einmal selbstkritisch fragen, welche inneren Erlebnisqualitäten in ihnen wach werden, wenn sie pädagogische Schlüsselwörter wie Offenheit, Prozess, Kreativität, Vielfalt, Heterogenität oder Lebendigkeit hören? Was geschieht in diesem Moment intern?

Wodurch wird nun Lehrerfreude frustriert: durch Schüler und ihr spontanes, mitunter quer schießendes Verhalten oder durch rigide Unterrichtskonzepte? Das Trainingsraum-Programm signa-

---

[210] Cohn, R.C. (1980): Von der Psychoanalyse zur Themenzentrierten Interaktion. Stuttgart 1991, 10. Aufl. - Löhmer, C. & R. Standhardt (Hrsg.): TZI. Pädagogisch-therapeutische Gruppenarbeit nach Ruth C. Cohn. Stuttgart 1993

lisiert nichts anderes als das Ende der Schulpädagogik, versteht man diese in erster Linie doch als Vermittlungsunternehmen zwischen Sache/ Inhalt und Kind. Weil die Sache in unserer gesellschaftlichen Gegenwart nun durch die Lehrkraft nicht mehr ohne weiteres rübergebracht werden kann und zusätzlich ein kollektiver Stoßseufzer wegen zu geringer Schulleistungen durchs Land gegangen ist, wird nun im großen Stil ein Disziplinierungsinstrumentarium installiert, eine regelrechte Disziplinierungskampagne in Gang gebracht, um die Kinder und Jugendlichen gegenüber der Sachvermittlung wieder neu *gefügig* zu machen.

Doch kommen Kinder so zu relevanten Erkenntnissen über Sachzusammenhänge? Müssten unserer Bemühungen nicht eher auf die kreative, spielerische, entdeckende, handelnde, „tastend versuchende" (Freinet) Lernaktivität der jungen Menschen abzielen, in denen sie selbst etwas über die Dampfmaschine, ein Gedicht oder das Hebelgesetz herausfinden und auch herausfinden *wollen*? Die unterrichtliche Sache muss sich ja auch ohnehin im Kind entfalten und wir geben Impulse, zeigen Wege und Richtungen auf. Wäre es nicht besser, den pädagogischen Blick grundsätzlich auf subjektiv relevante und signifikante Lernprozesse, auf Spiel, Experiment und Entdeckung zu richten? So manches Disziplinproblem würde sich dann vielleicht von selber lösen.

Aus der Sicht von Bründel & Simon gehen Lehrerinnen und Lehrer „meistens fröhlich und gut gestimmt morgens in die Klasse." „Sie haben sich gut vorbereitet und freuen sich auf den Unterricht. Aber was passiert sehr oft? Sie kommen geknickt, enttäuscht, frustriert aus dem Klassenzimmer heraus und hadern mit sich und den Schülern. Wieder gab es so viele Unterrichtsstörungen, dass sie ihr (offenbar rein fachlich definiertes, J.B.) Unterrichtsziel nicht annähernd erreichen konnten. Sie mussten permanent für Ruhe und Ordnung sorgen, Schüler ermahnen, tadeln und disziplinieren".[211] Doch sind diese Schwierigkeiten nicht zu einem großen Teil selbst gemacht? Muss nicht enttäuscht werden, wer mit so engen und starren, an einem unrealistischen Schülerbild orientierten Unterrichtsvorstellungen eine Klasse betritt?

---

[211] Bründel & Simon, Die Trainingsraum-Methode, S. 13

Natürlich ist ein solches Lehrerleben, wenn es denn so läuft, hart. Es ist quasi aussichtslos: „Die psychische Belastung von Lehrerinnen und Lehrern ist deshalb so groß, weil sie sich in einem ständigen Kampf mit störenden Schülerinnen und Schülern befinden, weil sie tagtäglich mit Maßnahmen gegen Störungen ankämpfen, von denen sie im Grunde wissen, dass sie keine großen Wirkungen zeigen. Sie greifen jedoch aus Ohnmacht und Resignation zu immer denselben Verhaltensweisen und erleben dabei häufig eigenes Versagen, Unbehagen und Ratlosigkeit".[212] Die Nutzlosigkeit der Maßnahmen (mal Humor, mal Wegsehen, mal Strafen) führe langfristig zu den „bekannten Ermüdungserscheinungen, zu psychovegetativen und psychosomatischen Beschwerden, zum Burnout und letztlich, im Vergleich zu anderen Berufen, zu der hohen Zahl der Frühpensionierungen von Lehrerinnen und Lehrern".[213]

Ein düsteres Szenario, wahrlich. Natürlich haben Lehrkräfte auch nicht alles selbst in der Hand. Selbst wenn ich mich weitgehend optimal auf eine Lerngruppe einstelle, bleibt, je nach Schultyp, Projektart, Gruppenzusammensetzung usw. ein gewisses Potenzial an zunächst unüberwindbaren Schwierigkeiten bestehen. Doch ist die Trainingsraummethode nicht ein Bumerang, der auf mich selbst zurückfällt? „Der Lehrer wird im Sinne seiner gesellschaftlichen Funktionalisierung (nun erst recht, J.B.) auf seine Aufsichtsführung, seine Selektions- und Vermittlungsrolle festgelegt (besser: reduziert, J.B.). Er wird eher zum Stundenhalter und Lehrerbürokraten als zum Berater, Helfer, Moderator oder Sozial-Therapeuten. Seine genuin pädagogisch-kommunikativen Intentionen treten in den Hintergrund. Viele Lehrer werden wegen des Konfliktes zwischen den eigenen Intentionen und Bedürfnissen und der offiziellen Rollenfestlegung orientierungslos und gleichgültig [...] Deshalb greifen sie häufig auf einfach strukturierte Alltagstheorien (wie den Trainingsraumansatz, J.B.) und Vorurteile zurück, um im komplexen Unterrichtsgeschehen handlungsfähig zu bleiben."[214]

---

[212] ebd.
[213] Bründel & Simon, Die Trainingsraum-Methode, S. 12
[214] Wehr, Reflexionen zur Humanisierung der Schule, S. 4

Der Trainingsraum und seine apparativen Mechanismen verheißen nun Rettung. Die, in dieser Disziplinierungsmaschinerie liegende und auf Fremdsteuerung basierende, Macht wird kaschiert. Etwas seltsam erscheint da die Abhandlung des Themas „Druck erzeugt Gegendruck".[215] Die Autorinnen raten widersprüchlicherweise von der scharfen oder harten Reaktion auf Störungen ab, weil Druck eben Gegendruck erzeuge und „Kontrolle zu Gegenkontrolle" führe, zum anderen wird jedoch äußerst rigide und hartnäckig darauf bestanden, dass ein Schüler den Klassenraum verlässt, weil er „sich" für den Trainingsraum „entschieden" hat.

Ein wenig seltsam mutet auch der nachfolgende Absatz an: „Die Erkenntnis daraus lautet, dass Konflikte immer dann entstehen, wenn einer den anderen zwingt, etwas zu tun, was dieser nicht will oder ihn daran hindert, etwas zu tun, was dieser tun möchte. Pädagoginnen und Pädagogen sollten sich von der Überzeugung verabschieden, das Verhalten ihrer Schülerinnen und Schüler gegen deren Willen dauerhaft beeinflussen zu können [...] Gegen den Willen eines Schülers können Lehrer nur mit Druck und dann auch nur kurzfristig etwas erreichen. Dauerhafte und stabile Einstellungs- und Verhaltensänderungen sind nicht über Fremdbestimmung zu erzielen".[216] Aber müssen wir nicht gelegentlich, in schwierigen Fällen, wo Schaden von Personen oder Sachen abgewendet werden muss, auch gegen den Willen der Heranwachsenden etwas entscheiden? Müssen wir nicht manchmal einen *anderen* Standpunkt behaupten und die erwachsene Vernunft gegen die temporär vorherrschende jugendliche Unvernunft setzen?

Und was geschieht im Trainingsraumprogramm? Wird hier nicht etwa auch Druck erzeugt? Wird hier nicht in erster Linie über Fremdsteuerung und die Unterwerfung des Schülersubjekts gearbeitet? Statt die individuelle Lernbasis des Lernenden besser zu analysieren, ihn in seinen spezifischen Potenzialen zu fördern und ihn zum Mitgestalten des Unterrichts und zum selbstverant-

---

[215] Bründel & Simon, Die Trainingsraum-Methode, S. 13
[216] ebd.

wortlichen Mittun im Klassenzimmer einzuladen und aufzufordern, wird dieser als Störer aus dem Unterricht verwiesen.

Zu denken ist hier ja auch an viele hochintelligente, hochmotivierte Lerner, die sich ebenfalls *querköpfig* verhalten können, wenn man schulischerseits ihre Lernbedürfnisse nur lange genug frustriert hat.

Der Druck wird überdies in Richtung Elternhaus verlagert. Wurde der Schüler dreimal in den Trainingsraum geschickt, bedeutet dies, dass er nach Hause gehen oder fahren muss oder dass ihn seine Eltern oder die Erziehungsberechtigen abholen müssen. In jedem Fall wird jetzt ein Gespräch an der Schule stattfinden, ohne dass es keine Rückkehr in den Unterricht geben wird. Für ein Gymnasium oder eine Realschule erscheint dies alles noch halbwegs nachvollziehbar. Doch ist dies ein akzeptabler Weg für die äußerst problemlastigen Verhältnisse an Sonderschulen im Bereich der Lernbehinderten- oder Erziehungshilfepädagogik, auch an vielen Grund- und Hauptschulen?

Dass gerade am Rande des Bildungssystems von Eltern auf Vorladungen in die Schule mit zum Teil rabiaten kindbezogenen Maßnahmen reagiert wird wie Prügel, Hausarrest usw. ist bekannt und treibt die gesamten Vorgänge nur weiter in Richtung auf noch mehr Verstörung der Heranwachsenden. Kinder und Jugendliche die dann den Hosenriemen, den Stock oder die Hand des Vaters oder wochenlangen Stubenarrest fürchten und während dieser Zeit vielleicht nur noch in Computerspiele abtauchen, sind auf der einen Seite vielleicht etwas ängstlicher geworden und reißen sich von daher im Verhalten stärker zusammen, aber werden aus ihnen auch bessere Lerner?

Und was bedeutet all dies für die Beziehungsqualität zwischen Lehrkraft und Kind oder Jugendlichem? Die hier auf Seiten der Heranwachsenden entstehende Spannung wird möglicherweise nur nach innen verlagert. Auf dem Schulweg oder am Busbahnhof bricht sie vielleicht wiederum nach außen, indem etwa jemand anders attackiert oder zusammengeschlagen wird. Die Anhänger des Trainingsraummodells geben vor, keinen Druck und keine Macht auszuüben, dabei basiert die ganze Vorgehensweise doch vor allem auf der subtilen Ausübung von Kontrolle, Druck und negativer, ausgrenzender und das selbstständige Denken des Subjekts korrumpierender Macht. „Es wird angestrebt, das Schülerbewusstein für Regeln, Regeleinhaltung und Regelverletzung zu stärken und sie zu verantwortlichem Handeln zu motivieren".[217] Wer muss hier nicht unweigerlich an ein radikales und bis ins kleinste Detail ausgefeiltes Konditionierungsprogramm denken?

Das Ziel ist Verhaltensanpassung und Ablenken von den komplexen Zusammenhängen unterrichtlicher und institutioneller wie gesellschaftlicher Wirklichkeiten, in denen die Bildungsbiographien von jungen Menschen stehen. „Das Ziel des Trainingsraumes heißt Förderung und Hilfe".[218] Wirklich? Balke[219] empfiehlt gar für den Fall, dass sich ein Schüler weigert, in den Trainingsraum zu gehen, was im Sonderschulbereich oder bei Jugendlichen mit ausgeprägtem Verweigerungsverhalten zumeist der Normalfall sein dürfte, einen anderen oder mehrere andere Kollegen oder die Schulleitung herbeizurufen oder gar die Polizei zur Hilfe zu holen.

Bründel & Simon[220] distanzieren sich zwar von einer solch rabiaten Vorgehensweise, doch erscheint ihr eigener Weg kaum offener oder variabler. Auf die Frage: „Was mache ich, wenn der Schüler nicht geht, sondern sich weigert, nach der zweiten Störung in den Trainingsraum zu gehen?" antworten die Autorinnen: „Dann bitten Sie ihn erneut in ruhigem, aber festem Ton zu gehen. Folgt er Ihrer Anweisung nicht, fragen Sie ihn, was passiert, wenn er sich weigert. Der Schüler weiß, dass er sich damit entscheidet, nach Hause zu gehen und am nächsten Tag mit seinen Eltern zu einem Gespräch zur Schule zu kommen. Fragen Sie ihn, ob er das möchte. Meistens lenken die Schüler an diesem Punkt ein."[221]

Im Erziehungshilfe- und Lernbehindertenbereich sind solche Praktiken als riskant und wenig zielgruppengerecht anzusehen.

---

[217] Bründel & Simon, Die Trainingsraum-Methode, S. 31
[218] ebd.
[219] Balke, Die Spielregeln im Klassenzimmer, S. 102
[220] Bründel & Simon, Die Trainingsraum-Methode, S. 15
[221] Bründel & Simon, Die Trainingsraum-Methode, S. 47

Ein gehöriges Machtgerangel, wie selbst aus der Nähe miterlebt, ist vorprogrammiert. Die Schüler büchsen aus, rennen im Gebäude umher, verstecken sich irgendwo auf dem Schulgelände oder verschwinden in der Stadt. Aufgebrachte Mütter stehend wutschnaubend im Trainingsraum. Väter krempeln die Hemdsärmel hoch.

Der Sprachgebrauch innerhalb des Trainingsraumdiskurses trägt überdies bürokratisierende, teilweise totalitäre Züge. Nachdenklich machen Begrifflichkeiten wie „Anweisung" oder „Zuweisung". Es gibt „Zuweisungsformulare"[222], auf denen die „1. Störung", die „2. Störung" und „weiteres auffälliges Verhalten" notiert, mit Datum, Stunde und genauer Uhrzeit versehen und von der jeweiligen Lehrkraft unterschrieben werden, in der Praxis einer Sonderschule, die den Trainingsraum prototypisch und zunächst noch ohne den von Balke bzw. Bründel & Simon gelieferten theoretischen Überbau als „Strafraum" konzeptualisierte, auch als „Passierschein" angetroffen.

In welchen historischen Kontexten gab es bisher in Deutschland „Passierscheine"? Etwa bei Überquerungen der deutsch-deutschen Grenze, in Zusammenhang mit militärischen Sperrbezirken, Besatzungszonen, Grenzkontrollen, die ohne diese amtlich unterzeichneten Papiere nicht *passiert* werden konnten. Sind das Begrifflichkeiten, die sich für die Pädagogik anbieten? Handelt es sich um sprachliche Flegeleien einer traditionsvergessenen, geschichtsblinden Gegenwart? Der Baukasten der Trainingsraum-Konstrukteure verleitet einen Teil der Schulen offenbar zu solch eigenmächtigen Abwandlungen und sprachlichen Entgleisungen, dies weil der ganzen Sache der pädagogisch-ethische Maßstab fehlt.

Es wird an dieser Stelle deutlich, was vermutlich einen Teil der im Erziehungssystem arbeitenden Menschen antreibt: Der Wunsch nach Macht und Kontrolle, nach Unterwerfung der Kinder und Jugendlichen, letztlich um das immer weiter um sich greifende Chaos beherrschbar zu machen. Wäre es nicht besser, *mit* diesem *Chaos* zu leben, es positiv umzudeuten und umzuges-

---

[222] Bründel & Simon, Die Trainingsraum-Methode, S. 109 und S. 189

talten, statt den Versuch zu machen, es auf bürokratische Weise zu beherrschen?

Solche Verhaltensstrategien mögen auf eine subtile Art und Weise quasi in den Menschen kollektiv verankert und tradiert worden sein (Wobei es hier zum Teil erhebliche nationale Unterschiede zu geben scheint. Man vergleiche die deutsche Mentalität einmal mit der irischen, der italienischen oder der tschechischen Mentalität).

Ich vermute an dieser Stelle jedoch auch viel Frustration, Gereiztheit, ja Verbitterung von Lehrkräften, Dinge, die entstanden sind, weil die Kinder und Jugendlichen die eigenen unterrichtlichen Angebote nicht annehmen wollten oder konnten, weil das eigene im didaktischen Koffer befindliche Handwerkszeug als nicht (mehr) passend erlebt worden ist, was natürlich Kränkungen auf der ganzen *Front* (um ein wenig im militärischen Sprachjargon der Passierschein-Aussteller zu verbleiben) verursacht und dann zu solchen *Gegenschlägen* führt.

Viele der heutigen Kinder und Jugendlichen signalisieren den Lehrkräften: *Ihr seid nicht in der Lage, uns zum Lernen zu bringen, weil ihr nicht versteht, nach welchem Muster wir innerlich funktionieren.* Das trifft. Die Antwort der Trainingsraumanhänger ist nun: *Wir lassen uns von euch nicht mehr irritieren. Wir nehmen euch an eine äußerst kurze Leine und dann lernt ihr schon von selbst.* Doch wäre es nicht günstiger, diese Irritation erst einmal richtig wahrzunehmen, anzunehmen, zu akzeptieren, ohne gleich Selbstzweifel zu entwickeln, diese Irritation dann auf ihren tieferen Sinn zu befragen, ihr erkenntnisförderndes und schöpferisches Potenzial zu nutzen? Steht hinter dem sich hier manifestierenden Kontrollbedürfnis am Ende auch Angst, die Angst, die Kontrolle über das Lerngeschehen und über die Lerngruppe vollständig zu verlieren? Verbirgt sich hier nicht auch die Angst, sich selbst verändern zu müssen? Dies könnte bedeuten, dass Lehrkräfte und andere Pädagogen ein intensives Coaching erfahren müssten, um ihre Ängste zu bearbeiten, beweglicher und variabler im Wahrnehmen und Denken wie im pädagogischen Handeln zu werden. Doch noch einmal zurück zur Diskussion des Trainingsraumprogramms.

„Damit das Programm reibungslos und effektiv durchgeführt werden kann, sind eine Reihe von Formularen notwendig".[223] Auf was verweisen Begrifflichkeiten wie „Zuweisung", „Einweisung" oder „Passierschein"? Was sind die tieferliegenden Motive, die eine solche „Bürokratisierung"[224] der Pädagogik antreiben, das akribische Sammeln und Archivieren von Formularen, Protokollbögen in speziellen Dossiers, das Anlegen von Statistiken, wer wann von wem warum in den Trainingsraum eingewiesen wurde und wie dieser junge Mensch auf seine Ausweisung aus der Klasse und auf seine Einweisung reagiert hat? Erneut rücken die machttheoretischen Analysen von Michel Foucault in den Blick. Als ich in diesen äußerst detaillierten Beschreibungen einer konkreten Trainingsraumbürokratie las, wurde ich den Eindruck nicht los, dass man sich hier auch an den vergeblichen Ausweichbewegungen der endlich schachmatt gesetzten *Störer*, die wie das hoffnungslose Zucken und Schlagen eines Fisches im Käscher wirkten, delektierte, dies, weil man endlich wieder am längeren Hebel saß und sich erneut handlungsfähig fühlte.

Die Verfechter des „Trainingsraums für eigenverantwortliches Denken und Handeln"[225] legen offenbar wenig Wert auf die Klärung der oben genannten sprachlichen Schwierigkeiten und bürokratisch-totalitären Praktiken. Handelt es sich daher um ein rigides Anpassungs- und Kontrollsystem im humanistischen Gewande? Ist das Programm wirklich „durch und durch von einer positiven, humanistischen Denkweise durchdrungen" wie Bründel & Simon[226], kaum nachvollziehbar, für sich in Anspruch nehmen wollen? Es findet sich einfach nichts in dem Buch, woran dies festgemacht werden könnte.

Auf welche, nicht näher angegebene, pädagogische Tradition wird sich hier also bezogen? Welche pädagogischen Leitbilder, welche erziehungsgeschichtlichen und erziehungsphilosophischen Gründe (oder Abgründe) lassen sich denn zur Legitimation einer solch rigiden Praxis bemühen? Das einerseits durch Freiheit,

---

[223] Bründel & Simon, Die Trainingsraum-Methode, S. 108
[224] ebd.
[225] Bründel & Simon, Die Trainingsraum-Methode, S. 189
[226] Bründel & Simon, Die Trainingsraum-Methode, S. 134

Selbstbestimmung, Emanzipation, Autonomie (vgl. Rousseau) und andererseits durch Selbstverantwortung, Selbstdisziplin und Selbstbeschränkung (vgl. Kant) gekennzeichnete Bildungsideal, wie es durch die Aufklärung inspiriert wurde und wie es sich im Zeitalter der Klassik in den verschiedensten Entwürfen von Schiller bis Fichte konkretisierte, kann es im Falle des Trainingsraum-Programms wohl kaum sein.

Statt Freiheit gibt es im Zuge der hier vorherrschenden apparativen Ratio immerhin *Freundlichkeit*. Doch was ist diese Freundlichkeit wirklich wert und wie ist sie gemeint? „Dies alles sollte in freundlicher Atmosphäre geschehen, sodass die Weichen für ein offenes Gespräch gestellt werden. Der Schüler soll sich von Anfang an wohlfühlen und nicht das Gefühl haben, dass ihn im Trainingsraum Vorwürfe oder Sanktionen erwarten".[227]

Wie stimmig, authentisch, aufrichtig ist das? Es ist die mechanistische Freundlichkeit der *schönen neuen Schulwelt*, in der die Subjekte schrittweise entmündigt und dem administrativen Apparat einverleibt werden. Die gesamte Argumentation, der gesamte Freundlichkeits-Diskurs gerät daher zur Farce. Der Ausschluss aus der Klasse erfolgt schließlich beinhart, und ist daher fast immer *kränkend*, genauso wie der Ausschluss aus der Schule nach der dritten oder fünften Trainingsraumeinweisung, je nach dem, worauf sich ein Kollegium geeinigt hat.

Unterschichtspezifische Strafpraktiken werden durch ein solches Programm bewusst in Kauf genommen. Genauso beinhart sind nämlich die möglichen Sanktionen in ihren Praktiken wenig wählerischer Eltern, sofern wir über die Schulformen am Rande des Bildungssystems (Erziehungshilfeschulen, Lernbehindertenschulen, Hauptschulen usw.) und die entsprechenden sozialen Milieus reden. Eltern, die wiederholt ihren (oftmals unsicheren oder bedrohten) Arbeitsplatz verlassen müssen, um während der Öffnungszeiten des Trainingsraumes zur Schule zu fahren? Wird die aufgesetzt erscheinende Freundlichkeit der Trainingsraumlehrkräfte bis in die Wohnung einer im sozialen Brennpunkt le-

---

[227] Bründel & Simon, Die Trainingsraum-Methode, S. 50

benden Familie ausstrahlen und die Eltern des *Störers* plötzlich einfühlsam mit ihrem Sohn sprechen lassen? Wohl kaum.

Es gibt aber auch den umgekehrten Fall, wo die Eltern sich ohne jede kritische Distanz hinter das eigene Kind stellen. Gemeinsam wird Front gegen die disziplinierende Lehrkraft gemacht. Nicht selten kommt es dann zu einer ziemlichen Verhärtung auf Elternseite, was erst einmal gar keine positive Entwicklung möglich erscheinen lässt. Statt als Lehrkraft jetzt auf einen allzu konfrontativen Kurs zu gehen, halte ich es hier für günstiger, offenere und variablere Wege einzuschlagen, um dann auch tatsächlich etwas an der Lage zu verändern. Vielleicht lässt sich erst einmal mit einem eher informellen Gespräch beginnen. Wichtig ist auch, mit irgendeiner positiven Aussage über das Kind einzusteigen und erst danach vorsichtig zu den Schwierigkeiten im Verhalten des Heranwachsenden überzuleiten.

Lassen sich die Anweisungen, Zuweisungen und Ausschlüsse, die überdies auch etikettierende und stigmatisierende Wirkungen für ein einzelnes Kind oder einen einzelnen Jugendlichen haben können, durch die vordergründige und demonstrative *Freundlichkeit* der Trainingsraumlehrkraft kompensieren und ausgleichen? Haben Schülerinnen und Schüler ihr Recht auf Unterricht verwirkt? Ich saß in einer das Trainingsraum-Programm betreffenden Konferenz an einer Sonderschule und hörte Sätze wie: „Diese Schülerinnen und Schüler haben in dem Moment ihr Recht auf Unterricht verwirkt."

Was sind die vermeintlichen Störungen? „Summt und trommelt mit einem Stift auf den Tisch" oder: „Ruft ein unflätiges Wort laut in die Klasse".[228] Im Bereich der Lern- und Erziehungshilfe wäre das ja noch das Geringste. Aber das Recht auf Unterricht verwirkt? Und das in der Sonderpädagogik? Trat diese nicht einmal mit dem Anspruch an, das Recht auf Bildung für alle, also auch für die Verhaltensauffälligen, zu verwirklichen und sich entsprechend etwas einfallen zu lassen, auf der praktisch-didaktischen Ebene und auf dem Gebiet der pädagogischen Beziehungsgestaltung?

---

[228] Bründel & Simon, Die Trainingsraum-Methode, S. 51

Wohlgemerkt, ich argumentiere hier nicht gegen vorübergehende oder partielle Unterrichtsausschlüsse. Die Heranwachsenden dürfen es ruhig zu spüren bekommen, wenn sie es zu weit getrieben haben, wenn sie unsere Nervenkraft überstrapaziert haben. Ich kann ihnen dann aufrichtig und wahrhaftig sagen, dass ich sie unter den gegebenen Bedingungen nicht mehr unterrichten kann und werde. Aber ihr Recht auf Unterricht haben sie deshalb keineswegs verwirkt. Unter anderen strukturellen und personellen Bedingungen (kleinere Lerngruppen, mehr Lehrpersonal, mehr Arbeitsräume, Gruppenräume, bessere Ausstattung mit Lernmaterialien, menschenfreundlichere Architektur u.a.) wäre es vielleicht gegangen. Unter den gegebenen Bedingungen geht es aber nicht oder nicht mehr. In Elterngesprächen, auch in den Gesprächen mit Schülern, weise ich stets auf solche Rahmenbedingungen für Verhalten und Unterrichten hin. Die jugendlichen Lerner, auch wenn sie mir Schwierigkeiten machen, sollen sich nicht persönlich abgelehnt fühlen. Sie sollen jedoch nachvollziehen, dass ihr Lehrer jemand ist, der nicht alles erduldet und erträgt, sondern jemand ist, der handlungsfähig ist, der zwar Manches versucht, toleriert usw., in extremen Fällen jedoch eine entschiedene Grenze setzt, und zwar im direkten unmittelbaren Kontakt, von Mensch zu Mensch, ohne den Umweg über einen bürokratischen Disziplinierungsapparat wie den Trainingsraum. Der Rückgriff auf die schulrechtlich verankerten Ordnungsmaßnahmen muss mir allerdings jederzeit frei stehen, allein um meine Machtposition zu legitimieren, auch wenn ich bisher äußerst selten auf diese Maßnahmen zurückgegriffen habe. Zur Stärkung der Machtposition von Lehrkräften sind sie unverzichtbar.

Im Trainingsraum bearbeitet die Schülerin oder der Schüler nun einen „Rückkehrplan" und bespricht diesen abschließend mit der Lehrkraft, die sich im Trainingsraum befindet. Auf dem Rückkehrplan, wie er an einer Sonderschule Verwendung findet, sind die folgenden Fragen aufgelistet: „Was habe ich gemacht? Welche Regeln habe ich verletzt? (Im Original von Bründel & Simon steht: `Welche Regel habe ich gebrochen?´) Woran wurde im Unterricht gearbeitet? Welche Folgen hatte mein Stören für die anderen? Will ich die Regeln einhalten? Was kann ich besser machen?" Nun, meine Kritik an der hier erneut deutlich werdenden gedanklichen Engführung, bei der das einzelne Individuum als alleiniger Produzent von Störungen haftbar gemacht wird, statt die störungsproduzierenden strukturellen Bedingungen und kontextuellen Prozesse in ihrer Gesamtheit in den Blick zu nehmen, habe ich ja bereits deutlich gemacht.

„Dennis kann sich noch nicht auf sein Störverhalten einlassen", ist im Protokollbuch eines Trainingsraums zu lesen. Der Schüler verhielt sich offenbar verstockt, saß vielleicht schmollend da und weigerte sich, an einem Rückkehrplan zu arbeiten. „Sich auf sein eigenes Störverhalten einlassen?" Welch verwegene Formulierung! Ist es nicht eher so, dass der Junge seine Handlungsautonomie, seinen Eigensinn, seine eigene Wahrnehmung verteidigt? Er wehrt sich gegen die Fremddefinition als Störer. Weil er in diesem Spiel über so wenig Macht verfügt, geht er in die Verstocktheit, ins Schweigen, in die Verweigerung. Eine Sackgasse. Wie sollen Lehrer und Schüler wieder herausfinden? Keiner kann und will sein Gesicht verlieren. Allein, die rigide Trainingsraum-Methode führt zu solchen Engpässen. Lehrkräfte benötigen ein Coaching, um freier, spielerischer, souveräner und flexibler mit herausfordernden Kindern und Jugendlichen sowie mit komplexen Lehr-Lern-Situationen umzugehen.

Auf dem Rückkehrplan verpflichtet sich der Schüler oder die Schülerin auch, den versäumten Unterrichtsstoff nachzuholen und sich nach Hausaufgaben zu erkundigen.[229] Die alten überholten Unterrichtskonzepte, deren Erfolg sich allein am *Durchnehmen von Stoff* bemisst, treten wiederum deutlich in Erscheinung (völlig gleichgültig, ob dieser intern beim Lernenden angekommen, verankert und mit eigenen subjektiven Motivationen verknüpft worden ist). Nach Fertigstellung des Planes geht der Schüler wieder zurück zu seiner Klasse. Dort klopft er an und wartet draußen, „bis die Lehrperson Zeit hat".

Das alles setzt schon soviel Selbststeuerung und Selbstreflexion auf Seiten eines Schülers voraus, verhaltensrelevante Elemente, die bei Kindern oder Jugendlichen mit Verhaltensproblemen,

---

[229] Bründel & Simon, Die Trainingsraum-Methode, S. 110

Lernschwierigkeiten, Traumatisierungen, seelischen Verletzungen oder ADHS ja erst sehr langfristige Lernziele darstellen. Lehrperson und Schülerin oder Schüler treffen dann anhand des Rückkehrplanes eine Vereinbarung. Aber hat der aus dem *Karzer* zur Klasse zurückkehrende Schüler wirklich etwas zu verhandeln und zu vereinbaren? Die meisten Schülerinnen und Schüler, die ich in der Schulpraxis beobachtete, schrieben unterwürfig (und in dem Moment glauben sie vielleicht wirklich daran), dass sie bereit wären sich zu bessern, ab sofort still zu sitzen, nicht mehr unaufgefordert zu sprechen usw., um nun ja wieder in die Klasse aufgenommen zu werden und dem Stigma des Draußen-Seins zu entrinnen. Wieder zurück im Klassenraum, kommt es schon bald zu den gewohnten Verhaltensmustern, wie sich anhand der Protokolle und „Passierscheine" an jener Sonderschule belegen ließe. Göppel[230] wendet denn auch zu Recht gegen diese Rückkehrverhandlungen ein, dass sie keine wirklichen Verhandlungen seien, sondern dass durch solche Vorgehensweisen die Kinder und Jugendlichen zu „Bittstellern herabgewürdigt" werden.

Bei Störungen im Trainingsraum erfolgt schließlich die Rückgabe des Kindes an die Eltern. Die Lehrkräfte fühlen sich nicht mehr zuständig. Es kommt zum Ausschluss aus der Schule. Der Schüler erhält einen Benachrichtigungsbrief für die Eltern durch die Trainingsraumlehrkraft und meldet sich anschließend im Sekretariat. Dort werden die Eltern telefonisch über den Ausschluss informiert. Anschließend geht die Schülerin oder der Schüler nach Hause oder wird von den Eltern abgeholt. Die Rückkehr erfolgt nur mit den Erziehungsberechtigten über den Trainingsraum während der Trainingsraumzeiten. Dies bedeutet für berufstätige Eltern eine erhebliche Belastung, dies durch Zeitstress, möglicherweise unangenehme Nachfragen der Arbeitgeber oder Vorgesetzten, Stigmatisierungen der Familien, Sanktionen bei häufigem Morgens-zur-Schule-Müssen der Eltern. Wieso besteht keine Bereitschaft, mit Eltern auch nachmittags oder in der Mit-

---

[230] Göppel, R.: „Arizona" – ein Programm zur Förderung der „Eigenverantwortung" oder ein Disziplinierungsinstrument? Betrachtungen aus der Perspektive der psychoanalytischen Pädagogik. In: Institut für Weiterbildung der PH Heidelberg. Informationsschrift Nr. 26, Sommersemester 2002, S. 52

tagspause einen Gesprächstermin zu vereinbaren, um sie nicht in ihrem Berufsleben zu kompromittieren und in die Enge zu treiben? Ein Machtspiel, das nichts als Unfrieden sät und neue Spannungen produziert, die auf Umwegen wieder zu den Lehrkräften und in Form neuer Konflikte in das Klassengeschehen zurückkommen werden. Ein unproduktiver Kreislauf.

Die getroffene Vereinbarung wird auf dem Rückkehrplan festgehalten und von beiden unterschrieben. Die Lehrperson kopiert den Plan. Das Original verbleibt im Trainingsraumordner in der Klasse, die Kopie wird im Trainingsraum abgegeben und dort archiviert. Komplexe Wirklichkeiten werden auf diese Weise in kleine handhabbare und vor allem kontrollierbare Einheiten operationalisiert. Endlich wird die Lage in den schulischen Institutionen wieder beherrschbar.

Ist die Lehrperson mit dem Rückkehrplan nicht einverstanden, muss die Schülerin oder der Schüler diesen im Trainingsraum erneut überarbeiten. Dass auch die Lehrkraft, die an den jeweiligen Ausschlüssen und Zuweisungen eines Schülers beteiligt ist, etwas ändern könnte (sprechen wir einmal vom Regelschulbereich, wo ja allenfalls mittlere Verhaltensprobleme auftreten dürften), etwa an ihren Einstellungen, an den eingesetzten Methoden, an den Unterrichtsinhalten, an der Art, wie sie die Lernenden anspricht und einzubeziehen versucht usw., wird an keiner Stelle des von Bründel & Simon verfassten Textes in Betracht gezogen. Auch die Analyse von Gruppenprozessen und Konflikten der Schüler untereinander, eine Ebene, die ja oftmals subtil das Unterrichtsgeschehen durchzieht, bleibt außen vor.

Es ist nur folgerichtig, wenn Göppel[231] in seiner kritischen Diskussion des Trainingsraummodells vom „Recht des Schülers auf Eigensinn und auf Widerstand gegen schulische Zumutungen" spricht. Allerdings können wir diesen Einwand in Anbetracht schwerer Traumatisierungen oder Fragmentierungsprozesse in der Persönlichkeit nicht oder nur eingeschränkt gelten lassen, es sei denn, wir bezeichnen es als generell unmöglich, solche hochverstörten Heranwachsenden (die Tagebuchaufzeichnungen am Ende

---

[231] Bründel & Simon, Die Trainingsraum-Methode, S. 44 ff.

der drei Bände geben hier einige plastische Beispiele) überhaupt in einem schulisch geprägten Rahmen bilden zu wollen.

Bründel & Simon[232] diskutieren nun ihrerseits die Kritik Göppels an ihrem Programm unter der Fragestellung „Warum wirkt das Programm so polarisierend?" Wen wunderts, wo seine Urheber doch selbst so sehr polarisieren und komplexe Wirklichkeiten derart vereinfachen. Dabei ist schon seit den 1970er Jahren bekannt, wie komplex das Bedingungsgeflecht für einen „gestörten Unterricht" ist und sein kann.[233] In Rainer Winkels Buch finden sich im übrigen auch eine Vielzahl an Vorschlägen für den pädagogischen Umgang mit Schwierigkeiten *in* der Klasse.

Die Verfechter der Trainingsraummethode ignorieren auf breiter Front die vorhandenen wissenschaftlichen Theorien und Erkenntnisse. Sich gegen Göppels, auf Fürstenau zurückgehende Kritik wehrend, dass sich hinter dem „rigiden" und „formalistischen" Charakter des Programms nichts weiter als die „altbekannten" schulischen Macht- und Herrschaftsbedürfnisse zeigen würden, führen die Autorinnen[234] ins Feld: „Göppel knüpft unmittelbar an Fürstenau an, überträgt dessen Gedankengänge auf das vorliegende Programm und überspringt dabei fast vierzig Jahre der pädagogischen Forschung." Doch wie steht es diesbezüglich um die theoretisch mehr als vage und wenig fundierte Abhandlung von Bründel & Simon selbst? Welche Art von pädagogischer Forschung wird denn hier bemüht? Es werden ja überhaupt keine für das Umgehen mit vermeintlichen Unterrichtsstörungen relevanten wissenschaftlichen Theorien oder Forschungsergebnisse, etwa zu den vielfältigen Hintergründen von Schulverweigerung[235], Lern-, Verhaltens- und Kommunikationsproblemen u.a. berücksichtigt und genannt, geschweige denn diskutiert.

Bei der Trainingsraummethode findet sich keine Passung von Weg und Ziel. Bründel & Simon[236] schreiben: „Es geht darum, so

---

[232] Bründel & Simon, Die Trainingsraum-Methode, S. 134
[233] Winkel, R. (1976): Der gestörte Unterricht. Berlin 1996
[234] Bründel & Simon, Die Trainingsraum-Methode, S. 134
[235] vgl. Thimm, K.: Schulverdrossenheit und Schulverweigerung. Phänomene, Hintergründe und Ursachen. Wissenschaft + Technik Verlag, Berlin 1998
[236] Bründel & Simon, Die Trainingsraum-Methode, S. 135

Göppel, dem Schüler (und jetzt beginnt der Text von R. Göppel) ein `klareres Bewusstsein von sich selbst als handelndem und entscheidendem Subjekt zu vermitteln´ (Zitat Göppel Ende) – und genau dieses Ziel verfolgen wir mit unserem Programm." Nur das die Rechnung von Bründel & Simon nicht aufgeht. Das, wofür auch Göppel plädiert, nämlich das aktiv handelnde Subjekt und seine Befähigung zur selbstverantworteten Freiheit, wird ja durch das Trainingsraumprogramm systematisch verhindert und korrumpiert. Das sich selbst zur Geltung bringende Subjekt wird aufgrund seiner Verhaltensweisen und Problemlösungsmuster, auf die es ja deshalb zurückgreift, weil ihm in dem Moment nur diese und noch keine anderen zur Verfügung stehen, zum Störer abqualifiziert und diszipliniert. Das Kind oder der Jugendliche kann sich innerhalb dieses Programms und innerhalb eines Unterrichts, der sich in seiner Überholtheit und Überheblichkeit auf dieses hinsichtlich seiner erziehungsgeschichtlichen und erziehungsphilosophischen Grundlagen mehr als fragwürdige Trainingsraumprogramm abzustützen versucht, gar nicht als handelndes Subjekt behaupten.

Stattdessen werden dem jungen Menschen Entscheidungen unterstellt, die er bewusst und willentlich gar nicht getroffen hat. Er wollte vielleicht durchaus lernen und sich produktiv betätigen oder auf ein besonderes Bedürfnis, ein Interesse, einen Konflikt hinweisen, nur anders als unter den gegebenen und durch die Disziplinierungsinstrumente abgesicherten Lernverhältnissen, für die er nichts kann und die er nicht abändern kann.

Was beim Trainingsraumprogramm jedoch vor allem fehlt ist die Bezugnahme auf eine gemeinsame Lernkultur, auf die gemeinsame Verantwortung für das, was in der Klasse geschieht und idealerweise geschehen könnte. Übrig bleibt allein die „Grundidee von Eigenverantwortlichkeit".[237] „Lehrerinnen und Lehrer tragen Verantwortung nur für ihr eigenes Tun. Die Lehrerinnen und Lehrer sind für das Lehren verantwortlich und für das, was sie `aussenden´, nicht für das, was ankommt und was die

---

[237] Bründel & Simon, Die Trainingsraum-Methode, S. 153

Schüler daraus machen".[238] Einerseits stimmt das, andererseits stellt sich eben die Frage, ob die Lehrkräfte auch *das Richtige* aussenden und ob sie ihre Botschaften und Inhalte überhaupt auf eine den Lernenden *angemessene* Art und Weise aussenden.

Weiter heißt es: „Die Schülerinnen und Schüler sind für das Lernen verantwortlich. Lernen ist Selbstorganisation".[239] Ja, Lernen ist *auch* Selbstorganisation, aber nicht ausschließlich. Doch welche Strukturen und Bedingungen für Lernen finden die Kinder und Jugendlichen vor? Haben sie denn bei den von Bründel & Simon vorausgesetzten Unterrichtskonzepten („Ich sitze still an meinem Platz und höre zu", usw.) überhaupt die Gelegenheit, selbstgesteuert und damit selbstverantwortlich zu lernen und entsprechende Kompetenzen zu erwerben? Wird hier nicht etwas zuviel Verantwortung von institutioneller Seite abgegeben? Wird das Kind oder der Jugendliche nicht in die passive Rolle des Aufnehmenden gedrängt, wie bei der alten *Lernschule*, die schon die reformpädagogische Bewegung überwinden wollte?

Speziell im sonderpädagogischen oder integrationspädagogischen Bereich sind ohnehin besondere Hilfen oder Umstrukturierungen in den didaktischen Entscheidungen, in den Lernprozessen usw. notwendig, dass eben diese Selbstorganisation und subjektive Konstruktion von Wissen, die Aneignung von Fähigkeiten und Fertigkeiten gelingen kann.

Die den Kindern im Trainingsraum beizubringende Selbstreflexion ist in ihrer Formulierung überdies negativ und defizitär ausgerichtet: „Was habe ich gemacht?" (Die Kinder müssen jetzt ankreuzen, sie müssen quasi *Fehler bekennen*.) „Ich habe geärgert. Ich bin herumgelaufen. Ich habe Geräusche gemacht. Ich habe mich gestritten. Ich habe geredet oder in die Klasse gerufen. Ich habe mit dem Stuhl gekippelt." Oder: „Wessen Rechte habe ich verletzt?" (Die Kinder müssen jetzt ankreuzen) „Ich habe die Gruppe beim Lernen gestört. Ich habe den Lehrer beim Unterrichten gestört".[240] „Wie lautet die Regel? Was geschieht, wenn du

---

[238] ebd.
[239] ebd.
[240] Bründel & Simon, Die Trainingsraum-Methode, S. 83

gegen die Regel verstößt? Wofür entscheidest du dich? Wenn du wieder störst, was passiert dann?"[241]

Wäre es nicht sinnvoller, positive Verhaltensansätze hervorzuheben und zu verstärken, bei den Ressourcen und Lernbedürfnisse der jungen Menschen anzuknüpfen? Statt einer Förderung seines klaren Denkens kommt es zur geistigen Deformation. „Wenn du nach diesen Fragen noch einmal störst, hast du dich durch diese Störung entschieden, in den Trainingsraum zu gehen [...] Es ist deine Entscheidung, wo du sein möchtest".[242] Erstens muss doch gefragt werden, wer hier was entschieden hat? Die Lehrkraft hat eindeutig *für* das Kind oder den Jugendlichen entschieden. Dies indem sie den Schülerinnen und Schülern, im Verbund mit den anderen Kolleginnen und Kollegen, erst einmal das Trainingsraumprogramm, sicherlich ohne das Einverständnis der Schüler einholen zu wollen oder zu müssen, vorgesetzt bzw. übergestülpt hat.

Das einzelne Kind, sofern es überhaupt frei ist von Behinderungen, emotionalen Traumatisierungen oder hirnorganischen Besonderheiten und sich von daher auch wirklich voll selbstverantwortlich im Verhalten steuern kann, findet sämtliche Systemzwänge, inklusive des Trainingsraumprogramms bereits vor. Es wurde nicht gefragt. Daher hat es sich auch nicht bewusst entschieden, die Klasse zu verlassen, weil sein Verhalten nicht passt. Es wäre wahrscheinlich ehrlicher und aufrichtiger, dem Kind zu sagen, dass man selbst durch die institutionalisierte Machtübertragung autorisiert sei, es aus dem Unterricht herauszuschicken. Das Kind kann in dem Moment etwas über durchaus reale Machtverhältnisse und Anpassungszwänge in Institutionen und Organisationen lernen. Der wahre Pädagoge wird dem Kind oder Jugendlichen freilich helfen, diese Zusammenhänge zu erkennen und zu verstehen und es/ ihn befähigen und unterstützen, zugleich seine subjektiven Freiheitsräume aufrechtzuerhalten und zu schützen. Eine gute Pädagogik fördert eine klare Wahrnehmung auf Seiten des heranwachsenden Subjekts, und zwar eine nicht zu

---

[241] Bründel & Simon, Die Trainingsraum-Methode, S. 157
[242] Bründel & Simon, Die Trainingsraum-Methode, S. 159

korrumpierende Wahrnehmung innerer und äußerer Realitäten. Die durch das Trainingsraum-Programm vorgesehenen verbalen Interventionen, Frageritualen usw. verwischen und vernebeln den hier zu entwickelnden klaren Blick jedoch, ja sie zerstören die hier notwendige Klarheit in der Wahrnehmung der kindlichen und jugendlichen Subjekte.

Bründel & Simon[243] stellen ihrem Buch ein Zitat von Dwight D. Eisenhower voran, das quasi das Mantra der Trainingsraum-*Gemeinde* abgibt: „Leadership is the art of getting someone else to do something you want done because he wants to do it." Dieser reichlich merkwürdig und widersprüchlich klingende, eben klare Wahrnehmungen korrumpierende Satz, bringt schon die gesamte Misere dieses Ansatzes auf den Punkt.

Gibt es wirklich so wenig gesellschaftlichen Entscheidungsspielraum, wie die Autorinnen und ihre Adepten in der Praxis behaupten? Auf die Frage, ob „das denn überhaupt wirkliche Entscheidungen" seien, antworten Bründel & Simon[244]: „Der Spielraum der Entscheidungen ist eng, das stimmt. Aber bedenken Sie, dass auch in unserer Gesellschaft der persönliche Entscheidungsspielraum eng ist. In bestimmten Grenzen, die durch allgemein gesellschaftlich akzeptierte Regeln gesetzt werden, hat jeder Mensch die Wahl zu entscheiden, wie er sich verhalten will. Wir können uns immer nur für oder gegen etwas entscheiden und haben oft auch nur zwei Möglichkeiten."

Gibt es tatsächlich so wenig Alternativen, so geringe Verhaltensspielräume? Wer sich einmal mit Edward de Bonos Konzepten des „Lateralen Denkens", seiner „Chancensuche" oder mit den Modellen des „Change Management" beschäftigt hat, mag kaum an eine derart enge Sicht auf die gesellschaftliche Realität, ja auf das Leben selbst glauben. Gibt es wirklich so wenig Veränderungsmöglichkeiten? Welch trostlose Zukunftsperspektive wird hier durch die Anhänger der Trainingsraum-Konzeption entworfen? Adressaten solcher Instruktionen sind wohl verunsicherte und überforderte Pädagoginnen und Pädagogen, die auf die Rigi-

---

[243] Bründel & Simon, Die Trainingsraum-Methode, S. 11
[244] Bründel & Simon, Die Trainingsraum-Methode, S. 47

dität der systembedingten Zwänge wiederum rigide reagieren sollen und dann im pädagogischen Alltag nur noch von Konsequenz und Disziplin reden: „Sie werden erfahren, wie angenehm es ist, eine Struktur zu haben, in der sie auf Störungen reagieren. Sie brauchen nicht mehr zu schreien oder zu schimpfen, sondern nur noch respektvoll, aber auch bestimmt, den Schüler auf seine Störung anzusprechen."[245] Nun mag das vielleicht in Grundschul- oder Realschulklassen funktionieren. Im engeren Bereich der Erziehungshilfe wird ein solcher Ansatz scheitern, wie fast alles andere auch, weil sich die Kinder und Jugendlichen einem solchen Disziplinierungssystem einerseits entziehen und weil sie es andererseits aggressiv attackieren werden. Müssten wir daher nicht nach anderen Wegen suchen, ohne Schreien und Schimpfen einigermaßen erfolgreich zu unterrichten?

Durch die subtilen Machtinstrumente, die durch den Apparat des Trainingsraums konstruiert und institutionalisiert werden, sind die Schüler fortan immer auf der Verliererseite. Wer zu vehement mit der Lehrkraft diskutiert oder (vielleicht durchaus berechtigte) Forderungen an diese stellt, ist *draußen*. Das Kind oder der Jugendliche wird aus dem pädagogischen Geschehen herausgespalten. Dort aber, wo nach dem Trainingsraumprogramm gearbeitet wird, kann nur noch die Lehrerseite Druck machen. Bei wem sollen die Kinder und Jugendlichen ihre Rechte auf Mitgestaltung des Unterrichts, ihr Recht auf einen Unterricht, der ihren Lernvoraussetzungen entspricht, denn einklagen? Die Verlierer sind die Schüler, denen Verhaltensspielräume und Entwicklungsmöglichkeiten genommen werden, etwa in Form von Förderstunden, die ja zugunsten der Trainingsraumlehrerstunden, die ja irgendwoher kommen müssen, gestrichen werden.

Ein anderer Fall ist, dass wir dem Heranwachsenden bereits all´ diese Mitgestaltungsangebote gemacht und selber alle nur möglichen didaktischen Umstrukturierungen unternommen haben und dennoch von Schülerseite nur desorganisiertes, fragmentiertes, rebellisches Verhalten gezeigt wird. In solchen Fällen muss der Lehrer die Machtfrage klären, indem der Schüler in der Tat

---

[245] Bründel & Simon, Die Trainingsraum-Methode, S. 46

vorübergehend aus dem Unterricht ausgeschlossen wird. Oder der Schüler bekommt einen Sonderstundenplan mit weniger Stunden, um ihm die Bühne für seine destruktiven Auftritte zu verkleinern und ihn allein durch das Umsetzen der Maßnahme daran zu erinnern, dass Lehrkräfte über Macht verfügen. Basiert das Problemverhalten jedoch auf gravierenden psychischen Störungen, was ja immer detailliert zu prüfen ist, muss eine Art *klinischer* oder therapeutischer Unterricht entwickelt und bereitgestellt werden.

Die Grundlage des Trainingsraumprogramms, seine innere Struktur, das Ineinander von Ziel, Methode und Praktiken, die Etikettierung der Subjekte, die Personalisierung von Unterrichtsproblemen, die Operationalisierung, Archivierung usw. in den Praktiken, die ausgefeilten Mechanismen der Überwachung und Kontrolle, dies alles trägt totalitäre Züge. Das hier vorausgesetzte Menschenbild ist defizitär, dunkel und pessimistisch. In der Tradition eines Machiavelli oder Hobbes wird der Mensch implizit als ein von Leidenschaften getriebenes Wesen, die Gesellschaft als ein Feld von unversöhnlichen Machtkonflikten, der starke Staat inklusive seiner pädagogischen Institutionen als Garant von Frieden und Sicherheit angesehen. Doch lässt sich im Namen der Freiheit die Freiheit einschränken? Wäre es nicht sinnvoller, das Kind, den Jugendlichen als Suchende ernst zu nehmen und ihre „störenden Provokationen" einer „Entzifferung zugänglich zu machen", „ausgehend von der Erfahrung im Hier und Jetzt, die Lebens- und Zeiterfahrung des Schülers antizipierend und zum Ausgangspunkt der Lernprozesse zu machen?"[246]

Auch ist das Folgende zu bedenken: „Wenn der Beziehungsaspekt im pädagogischen Bereich vernachlässigt wird und Pädagogen sich als Respektpersonen auf Distanz halten, werden Erziehungserfolge unwahrscheinlich: Risikokinder und Risikojugendliche sind so nicht erreichbar."[247] Und noch mal Wehr: „Von der unbürokratischen, menschlichen Atmosphäre innerhalb organisatorischer Strukturen hängt ab, ob erzieherische Prozesse ge-

---

[246] Wehr, Reflexionen zur Humanisierung der Schule, S. 14
[247] Goetze, H. & S. van Bockern: Das Konzept `Reclaiming Youth at Risk´- ein innovativer Ansatz zur pädagogischen Begegnung mit Risikojugendlichen. Sonderpädagogik 32. Jg., 2002, H. 3/ 4, 165 – 172, hier: S. 170

schehen, die den Schülern die Chance geben, sich miteinander verwirklichen zu können."[248]

Im Zuge der Trainingsrauminstallierung entsteht, neben allem anderen, auch Druck auf Lehrkräfte, die ihren pädagogischen Eigensinn kultivieren und sich von einer solchen Strömung abgrenzen. Besonders fragwürdig ist in diesem Zusammenhang die Forderung der Trainingsraumbefürworter, dass das ganze Kollegium an der Maßnahme teilnimmt. Gewünscht ist ein „für alle Lehrerinnen und Lehrer verbindliches und festgelegtes Vorgehen bei Unterrichtsstörungen".[249] Der hier intendierte Prozess der *Gleichschaltung* versucht, die durchaus unterschiedlichen pädagogischen Auffassungen und didaktischen Herangehensweisen der Lehrkräfte, ihre pädagogischen Leitbilder und erziehungsgeschichtlichen Orientierungen, zu vereinheitlichen.

In der Praxis wird mitunter über mehrheitliche Konferenzbeschlüsse (insbesondere dort, wo aufgrund von Führungsdefiziten noch keine auf Konsens basierende Schul- und Diskussionskultur entwickelt werden konnte) auch enormer Druck auf einzelne, ihren pädagogischen Eigensinn verteidigende Lehrkräfte ausgeübt, entweder am Trainingsprogramm zu partizipieren oder sich versetzen zu lassen. Solche Ausgrenzungsstrategien werden zum Teil sehr subtil eingesetzt, indem schulintern etwa die Rede in Umlauf gesetzt wird, bei der sich gegenüber dem Trainingsraum verweigernden Lehrkraft *gehe es in der Klasse ja drunter und drüber*. Die natürliche oder durch die besonderen Lebensschwierigkeiten verursachte *Unruhe* der Kinder und Jugendlichen wird dem sich (in der Wahrnehmung der anderen) *eigenwillig* verhaltenden Kollegen angelastet. Auf diese Weise wird die pädagogische Arbeit der *Abweichler*, ihr anderer Weg, als sinnvolle oder alternative Möglichkeit entwertet.

Die inneren Zweifel an der Richtigkeit des eigenen Vorpreschens in Richtung Disziplinierungsmaschinerie lassen sich nun ungehindert abspalten. Im Prinzip wird auf der kollegialen Ebene derselbe Machtkampf geführt wie zwischen denjenigen Lehrkräf-

---

[248] Wehr, Reflexionen zur Humanisierung der Schule, S. 7
[249] Bründel & Simon, Die Trainingsraum-Methode, S. 193

ten, die das Trainingsraumprogramm mit Leidenschaft anwenden und ihren Schülern. Wer nicht kuscht, geht. Dies alles ist gekoppelt, wie selbst aus der Nähe miterlebt, mit einer extrem hohen Resistenz der Trainingsraumanhänger gegenüber Supervision, Reflexion, Selbstkritik und der fehlenden Bereitschaft, sich in andere Standpunkte und Perspektiven hineinzudenken sowie der Weigerung, Impulse in Richtung Prozesshaftigkeit, Lebendigkeit oder schöpferischer Veränderung aufzunehmen.

Eine interessante Frage für die Schul- und Unterrichtsforschung wäre etwa, in welchen Ländern sich das Trainingsraum-Programm, oder vergleichbare Methoden, durchsetzen (lassen) und aufgrund welcher gesellschaftlicher, historischer, kultureller, sozialer, politischer Bedingungen und Mentalitäten sie sich dort durchsetzen können oder eben nicht. Die Impulse zum Trainingsraum-Programm, wie es jetzt für den deutschsprachigen Raum publiziert worden ist, gingen von den USA aus, doch warum konnte eine solche Methode gerade in Deutschland auf derart fruchtbaren Boden fallen? Eine international vergleichende Studie diesbezüglich wäre sicherlich hochinteressant und aufschlussreich. Gibt es etwa vergleichbare Programme in Skandinavien, in Holland oder in Italien? Würden sie zur italienischen Lebensart des *arrangiarsi*, zur *Scuola dell´Autonomia*[250] passen?

Ist der Trainingsraum nur eine Modeerscheinung oder wird er eines Tages im großen Stil die kostengünstige, da personalsparende Unterrichtung konditionierter Lern*objekte* ermöglichen? Noch sitzen in den Klassen Subjekte, die sich glücklicherweise dann und wann verweigern, um etwas Tieferliegendes und menschlich sehr Relevantes einzufordern, nämlich das Herstellen von intensiven pädagogischen Beziehungen und das gemeinsame Sich-auf-den-Weg-Machen, in relevanten und variablen Lernprozessen, statt Lernen-Müssen in einem starren didaktischen Gerippe, das schon in sich zusammenfällt, sobald ein Radiergummi durch den Raum fliegt.

Doch versuchen wir abschließend eine mögliche Transformation der Trainingsraumidee ins Produktive, geht es doch nicht um

---

[250] Saccuzzo, S.: Dizionario della scuola dell´ autonomia. Catania 1999

schwarz oder weiß, entweder oder. Dass das Trainingsraumprogramm in reiner Form mit Blick auf Lern- und Verhaltensprobleme, Unterrichtsstörungen, kommunikative Konflikte zwischen Lehrpersonen und Schülerinnen und Schülern, Konflikte zwischen den Lernenden usw. nicht der Königsweg sein kann und auch die Lehrerkollegien eher spalten und zerreißen als einen wird, liegt wohl auf der Hand. Doch welche Elemente dieser Methode ließen sich vielleicht nutzbringend für Neuentwicklungen übernehmen, variieren, abwandeln oder mit etwas anderem kombinieren?

Angenommen, die didaktischen Variationen, die vielleicht helfen könnten, in der Klasse mit unerwarteten Verhaltensweisen und besonderen Lernausgangslagen von Schülern klarzukommen, angenommen diese didaktischen Variationen könnten von bestimmten Lehrkräften oder auf Grund besonders stark verfestigter Schwierigkeiten bezüglich bestimmter Schüler nicht geleistet werden und es müsste wirklich daran gedacht werden, Kinder und Jugendliche vorübergehend aus der Klasse herauszunehmen, wäre nicht auch die Einrichtung einer sozialpädagogischen oder therapeutischen Werkstatt oder Auffangstelle möglich, in der vielleicht die Schulsozialarbeiter präsent sind, in der auch eine Lehrkraft bereit steht, die sich mit Kommunikation, Entwicklung, individueller Potenzialförderung, Coaching und Veränderung auskennt und in der subjektiv relevante und förderliche Gespräche mit den Kindern und Jugendlichen geführt werden, die im Augenblick nicht im Unterricht zurechtkommen?

Möglich wäre auch ein situatives gestaltungs-, spiel- oder beschäftigungstherapeutisches, vielleicht auch bewegungsorientiertes Angebot für die Kinder, eine Art Teestube für die Jugendlichen. Es ginge dabei um eine Anlaufstelle, die parallel zum gesamten Schulvormittag geöffnet wäre, wie der Trainingsraum auch, eine Anlaufstelle, in die Schülerinnen und Schüler in Krisen auch freiwillig kommen könnten und die sie, nach erfolgter Stabilisierung wiederum in Richtung ihrer Klassenräume verlassen könnten. Dies alles ginge vonstatten, ohne die vielen Formulare und Passierscheine auszufüllen und zu archivieren und ohne neue Spannungen in den Familien zu erzeugen. Müsste eine demokratisch orientierte Schule nicht vielmehr um einen „Abbau von Herrschaft von Menschen über Menschen" bemüht sein, wie W. Klafki[251] in seinen schultheoretischen Studien schreibt? Mit Wehr[252], der sich am Werk von E. Fromm orientiert, plädiere ich daher für eine „Ermutigungs- und Wachstumspädagogik, statt für eine „Pathologie der Normalität" (Fromm), wie sie durch das Trainingsraumprogramm erzeugt wird. Dem klassischen Bildungsideal einer selbstverantworteten Freiheit wären wir dann jedenfalls näher.

Abschließend zu dieser Thematik: Es ist richtig und wichtig, dass nervlich strapazierte und erschöpfte Lehrkräfte wieder in ihre Handlungsfähigkeit und auch in eine Machtposition hineinkommen. Diese Machtposition ist aus meiner Sicht jedoch anders zu füllen und auszugestalten, als wie es das Trainingsraumprogramm vorsieht. Es kann in der Tat nicht darum gehen, dass Lehrkräfte, beispielsweise in den Klassen 8 und 9 an einer Gesamtschule Arbeitsaufträge an die Schüler vergeben und dann draußen auf dem Gang auf und abgehen, weil sie den Lärm im Klassenzimmer nicht mehr ertragen, diesen aber auch nicht mehr beeinflussen und abstellen können.

Bei allem Verständnis für die individuell gefundenen Auswege, so steht hier doch der Eindruck der Resignation im Vordergrund. Wir müssen sehen, dass es so weit erst gar nicht kommen kann. Bei aller Partnerschaftlichkeit des Erziehungsstils und bei aller geistigen Beweglichkeit was die verwendeten Lehr- und Lernmethoden sowie die behandelten Inhalte anbelangt, muss von Anfang an jede Lerngruppe doch unhinterfragbar verstehen und akzeptieren lernen, dass die Lehrkraft *Führungskraft* ist, dass sie Macht besitzt, diese jedoch positiv auflädt und dem an Freiheit orientierten Bildungsideal nutzbar macht.

Je mehr soziale Desintegration, Schulunlust, Lernschwierigkeit, Verhaltensproblematik und Perspektivelosigkeit nun in den Lerngruppen versammelt sind, sei es an Grund-, Haupt- und Gesamtschulen, sei es an Lernbehinderten- oder Erziehungshilfe-

---

[251] Klafki, Schultheorie, S. 58 ff.
[252] Wehr, Reflexionen zur Humanisierung der Schule, S. 21

schulen, desto eher steht diese positiv zu verstehende Machtposition der Lehrkraft als einer Führungskraft zur Disposition. In vielen (gravierenden) Fällen muss wirklich erst einmal unerbittlich gekämpft werden.

Es gibt in der Tat Jugendliche, nehmen wir den Schüler Acatey aus den Tagebuchaufzeichnungen an einer Schule für Erziehungshilfe, da beginnt jede positive Veränderung erst einmal mit dem Ziehen einer Grenze, die zunächst unwiderruflich klar und deutlich gesetzt werden muss. Das kann auch einen partiellen Ausschluss vom Unterricht und die Implementierung eines besonderen (reduzierten) Stundenplans bedeuten. Da, wo es funktioniert, partizipiert der Jugendliche am Unterricht (zum Beispiel in der Fußball-AG oder im Mofakurs), wo es nicht funktioniert (etwa, wenn alle Schüler gleichzeitig Klassenunterricht, ohne weitergehende Differenzierungen, haben), geht er raus. Auch das sind Variationen.

Der Unterschied zum Trainingsraumansatz ist jedoch, dass ich dem Schüler in aller Betroffenheit und Entschiedenheit sage: „Wir halten es nicht mehr aus, so wie es jetzt läuft... Ich kann es nicht zulassen, dass du Schüler, die an ihrem Tisch sitzen und versuchen zu arbeiten, von hinten mit dem Besenstiel in den Nacken schlägst, mit nassen Schwämmen bewirfst oder anspuckst... Und ich werde es nicht zulassen... Ich will auch nicht, dass du die anderen Schüler als ´Hurensöhne´ beleidigst oder mich als ´Missgeburt´ beschimpfst! Und deswegen bleibst du aus den Stunden jetzt erst einmal raus! Und wenn sich dein Verhalten bessert, kannst du schrittweise wieder in den Unterricht zurückkehren."

Das ist meines Erachtens wahrhaftiger als zu sagen: „Du hast dich entschieden..." Und damit es auf der Beziehungsebene zwischen Lehrer und Schüler nicht zu einem Bruch kommt und zugleich eine Förderung des kommunikativen und sozialen Verhaltens erfolgen kann, biete ich einem solchen Schüler zunächst eine Reihe von Einzelstunden, soweit es mein Stundenkontingent ermöglicht. Dies alles ist natürlich immer mit den Kollegen, dem Schulleiter, bei gravierenderen Maßnahmen auch mit dem Schulamt abzustimmen.

BEZIEHUNGSGESTALTUNG UND BEZIEHUNGSETHIK

Ein anderer wesentlicher Bezugspunkt, was die Gestaltung von pädagogischen Beziehungen im Erziehungshilfe- und Schulverweigererbereich betrifft, ist die inzwischen schon historisch zu nennende „Kölner Verhaltensauffälligenpädagogik" der 1980er Jahre, wie sie durch K.-J. Kluge begründet worden ist. Analog zur Humanistischen Psychologie und Pädagogik, wie sie insbesondere durch C. Rogers entwickelt wurde, stand im Zentrum dieser Theorie bzw. dieses Handlungsmodells die Selbstaktualisierungstendenz des heranwachsenden Individuums. Dieser Wunsch und Drang nach Selbstentfaltung soll nun durch die Bereitstellung förderlicher Beziehungen im pädagogischen, und wenn nötig auch im therapeutischen Kontext unterstützt werden.

Vor seinem weiten Erfahrungshintergrund in der Arbeit mit Menschen, benannte C. Rogers „Akzeptanz", „Empathie" und „Wertschätzung" als zentrale Variablen für eine human förderliche Beziehungsgestaltung. Diese durch die Humanistische Psychologie bereitgestellten ethischen Grundlagen und Handlungsmodelle wurden in den 1980er Jahren durch K.-J. Kluge im Sinne einer „Erziehungstherapie" für die Erziehungshilfepädagogik fruchtbar gemacht und etwa auf Heimerziehung, sozialpädagogische Projekte oder den Unterricht an Sonderschulen bezogen.[253] Insbesondere K. Fitting[254] erörterte den Rollenkonflikt, in den Lehrkräfte hineingeraten können, die versuchen, therapeutische Elemente mit in ihre pädagogischen und didaktischen Aufgaben

---

[253] Vgl. Fitting, K. & K.-J. Kluge: Aspekte erziehungstherapeutischen Unterrichts mit verhaltensgestörten Kindern und Jugendlichen. Hagen 1982. - Fitting, K. & K.-J. Kluge: Verhaltensauffällige. Ein Beitrag zur Verständigung zwischen menschlichen Pädagogen/ Lehrern/ Erziehern und orientierungssuchenden (sog. verhaltensauffälligen) Heranwachsenden. Düsseldorf 1985. - Fitting, K., Kluge, K.-J. & D. Steinberg: Sich auf seine Schüler einlassen. Zur Konfliktregelung und Kommunikationsverbesserung im erziehungstherapeutischen Unterricht. München 1981. - Kluge, K.-J. & U. Sievert (Hrsg.): Lernen als Dialog. „Werkstatt"-Berichte über Beziehungen zwischen Schülern, Lehrern und Erziehern unter erschwerten Bedingungen. Teil A und B, jeweils 2 Bände. München 1990
[254] Fitting, K.: Sonderschullehrer zwischen Pädagogik und Therapie. Eine Studie zur humanistisch orientierten Hochschulausbildung der Verhaltensauffälligenpädagogen. München 1983

hineinzunehmen, eine Problematik, die bis auf den heutigen Tag nicht abschließend geklärt werden konnte, möglicherweise jedoch in Richtung des Coachings als eines dritten Weges aufgelöst werden könnte.

R. Krawitz[255] plädiert in diesem Zusammenhang für Pädagogik (statt Therapie) und betont den Sinn „individualpädagogischen Sehens, Denkens und Handelns". Er wendet sich dabei nicht gegen Therapie, sondern an die Pädagogik. R. Krawitz geht davon aus, dass innerhalb der praktischen pädagogischen Arbeitsfelder, ganz besonders innerhalb der Schule, wesentliche Aufgaben bisher nicht angemessen erkannt, aufgenommen und bewältigt wurden. Viel zu oft, so Krawitz, werde Pädagogik auf Didaktik reduziert, und Therapie oder sonderpädagogische Spezialdisziplinen übernähmen dann eine kompensatorische Funktion für „ureigentliche pädagogische Aufgaben". Individualpädagogisches Sehen, Denken und Handeln orientiert sich nun am einzelnen Kind mit seinen Bedürfnissen und Möglichkeiten, aber auch seinen Begrenzungen und Behinderungen. Dazu ist ein Verständnis von Pädagogik notwendig, das die Bedeutung des Individuellen, des Subjektiven und des Besonderen als „Regelfall" menschlicher Existenz und die Vielfalt menschlicher Seins- und Gestaltungsmöglichkeiten als verbindliche Norm begreift. Hierdurch erübrigt sich die „Besonderung des *Besonderen*" gegenüber einer unterstellten „Norm des *Normalen*"[256], therapeutische Interventionen rücken in den Hintergrund.

K.-J. Kluge & R. Kehr[257] wollen nun auf der Basis ihrer „Kölner Beziehungsethik" „nachhaltige Lernergebnisse" erreichen. Dafür ist eine vertrauensvolle Beziehung" zwischen den Lernenden und den „Lernbegleitern" „unabdingbar", eine Beziehung, „die durch das gegenseitige Beachten und Beachtetwerden aufkommt und erhalten bleibt." Kluge & Kehr folgen dem Grund-

---

[255] Krawitz, R.: Pädagogik statt Therapie. Vom Sinn individualpädagogischen Sehens, Denkens und Handelns. Bad Heilbrunn 1996, 3. überarb. Aufl.
[256] vgl. Krawitz, R.: Beitrag zur Tagung: „Zukunft für Kinder, die aus dem Rahmen fallen. Ungewöhnliche Sichtweisen auf ungewöhnliche Kinder"; Tagung an der FH Köln, 25. - 27. Juni 2004
[257] Kluge, K.-J. & R. Kehr: Personalentwicklung. Leonberg 2003, S. 3 ff.

satz: „Ohne Beziehung kein Lernen!" Als Grundsätze der „Kölner Beziehungsethik" werden genannt: „Erstens: `Der Mensch ist von Natur aus einmalig, einzigartig und wertvoll.´ Zweitens: Jeder Mensch ist lernfähig. Drittens: Die Person vor der Methode. Viertens: Im Mittelpunkt des pädagogischen Denkens und Handelns steht das Wachstum der Person. Fünftens: `Wachsen am kritischen Ereignis.´ Schließlich sechstens: Es gibt kein Übermaß an Güte."

Diese erziehungsphilosophischen Grundsätze werden im folgenden durch die Autoren konkretisiert: „Das Leben jedes Menschen beinhaltet auch den Wunsch nach Erhalt und Behalt sozialer Kontakte und damit verbunden eine gegenseitige Abhängigkeit und das Sich-Entwickeln von Konflikten. Ob es sich um die Beziehung zu den Eltern, zur Familie [...] oder zum Lernbegleiter handelt, jeder ist und bleibt auf andere Menschen angewiesen. Aus dieser Sicht ergibt sich für uns die Notwendigkeit und Ethik, die Beziehungen vor und in Lernprozessen zu anderen Menschen so gestalten zu helfen, dass ein wertschätzender und beachtenswerter Umgang und die Akzeptanz der anderen Person in ihrer Existenz und Würde gewährleistet werden."

K.-J. Kluge & R. Kehr[258] sind ferner der Auffassung, „dass die Kölner Beziehungsethik gerade auf das Lernen große Auswirkungen zeigt", denn als „Grundvoraussetzung für eine förderliche Beziehung" zwischen dem Lernbegleiter und den Lernenden sehen sie die „gelebte Grundhaltung, dass jeder Mensch gleich viel wert und als Person zu achten sei." Hinzu kommt, dass der Lernbegleiter den Lernenden die „erwünschten Grundwerte der Beziehung", das heißt „Wertschätzung, Akzeptanz, Echtheit" (Variablen, wie sie ja innerhalb des klientenzentrierten Ansatzes von Carl Rogers fundamental sind) vorlebt, sodass sich die Lernenden frei entscheiden können, welche Verhaltensweisen sie für sich selbst wählen.

Dieser Offenheit, was das Ergebnis solch individueller Entscheidungsprozesse der Heranwachsenden anbelangt, sind natürlich in Zusammenhang mit ungesteuertem Verhalten, destruktiven

---

[258] Kluge & Kehr: Personalentwicklung, S. 14

Impulsen usw., wenn wir einmal an den Erziehungshilfebereich im engeren Sinne denken, zugleich Grenzen gesetzt. Dies im Sinne des Kategorischen Imperativs (Kant) immer dann, wenn die Entscheidungsfreiheit, das heißt die Freiheit überhaupt, die unbeschadete Existenz und die Würde eines anderen in Frage steht, egal ob ich das als Lehrkraft bin, ob das ein anderer Schüler oder ein ganz außenstehender Mensch ist, der in Mitleidenschaft gezogen wird.

Um eine vertrauensvolle Beziehung zwischen Lernenden und Lernbegleiter entstehen zu lassen, nimmt ein „feinfühliger Lernbegleiter" „nicht nur offensichtliche, sondern auch subtilere Signale der Lernenden wahr. Der Lernbegleiter ist für Signale (alle Äußerungen in Hinsicht auf den Aufbau einer Beziehung/ Bindung)" der Lernenden „emotional zugänglich und übersieht sie nicht."[259] Wichtig ist, dass der Lernbegleiter die „Aussagen bzw. Signale" der Lernenden „sach- und persongerecht" „entschlüsselt". Dies erfordert die „Aufmerksamkeit des Lernbegleiters." „Er nimmt die Signale" des Lernenden „ohne Verzerrungen wahr, das heißt, ohne diese nach den eigenen Wünschen, Stimmungen oder Phantasien auszulegen."

Die Lernbegleiterin oder der Lernbegleiter „reagiert nun angemessen auf die Signale" des Lernenden. Sie oder er „nimmt genau wahr, welche Bedürfnisse" der Lernende „mit seinen Signalen zum Ausdruck bringen will und reagiert adäquat." Das heißt, der Lernbegleiter „reagiert" nun „prompt auf die Signale" des Lernenden. Die Unmittelbarkeit der Reaktion auf Signale des Lernenden „ist von hoher Bedeutung, damit diese erkennen, dass die Reaktion als Folge ihrer eigenen Kommunikation zu bewerten sei." Die Lernenden „erleben, dass ihre Aussagen erwünschte Wirkungen im Verhalten anderer Personen zeigen und entwickeln daraufhin ein positiv-stabiles Selbstwertgefühl."[260]

Für K.-J. Kluge & R. Kehr „ergibt sich die Notwendigkeit", den Lernenden „das berechtigte Gefühl zu vermitteln, dass sie sich unserer Unterstützung sicher sein dürfen", damit sie sich

---

[259] Kluge & Kehr: Personalentwicklung, S. 15
[260] Kluge & Kehr: Personalentwicklung, S. 16

auch „vertrauensvoll und kooperativ an uns wenden".[261] „Auch für das Lösen von Konflikten ist eine vertrauensvolle Beziehung in der Lerngruppe von hoher Bedeutung". Wenn Lernende „die Erfahrung machen, dass sie sich auf den Lernbegleiter verlassen dürfen, entwickelten sie ein stabiles und positives Selbstkonzept. Somit brachten sie sich in die Lage, in Konfliktsituationen mit Belastungen und Enttäuschungen positiv und selbstregulierend umzugehen. Sie besitzen die Fähigkeit, Enttäuschung oder Wut gewaltlos zu äußern oder ihren Ursachen zuzuordnen und sich diesen Gefühlen nicht ausgeliefert zu sehen."

Dieses sind natürlich, wenn wir an den Erziehungshilfe- und Schulverweigererbereich denken, zunächst einmal Zielvorstellungen, die Schritt für Schritt angebahnt werden müssen, um sie dann allmählich einzulösen. Um nun eine vertrauensvolle Beziehung zu den Lernenden aufzubauen, muss sich nach Kluge & Kehr ein Lernbegleiter „die folgenden Fähigkeiten (hart) erarbeiten". Erstens handelt es sich dabei, in Analogie zum klientenzentrierten Ansatz im Sinne von C. Rogers, um „emotionale Stimulation (Echtsein)".[262] Der Lernbegleiter verhält sich den Lernenden gegenüber „offen und äußert sich selektiv authentisch über seine eigenen Gefühle und Ansichten." Er regt die Lernenden dazu an, „sich mit ihren eigenen Gefühlen in Kontakt zu bringen bzw. diese auszusprechen." K.-J. Kluge spricht in diesem Zusammenhang auch vom „Wachsen am kritischen Ereignis." Die Lernenden erhalten „die Möglichkeit, selektiv-authentisch ihre Gefühle auszudrücken und zu berichten, was sie zu diesem Zeitpunkt emotional und kognitiv beschäftigt – und was sie daraufhin für Konsequenzen entwickeln wollen."

Auch der Lernbegleiter teilt den Lernenden mit, „was ihn gerade emotional beschäftigt und wie er seine Stimmung erlebt." Dies setzt jedoch eine „Selbstklärung" auf Seiten des Lernbegleiters voraus. Neben der „Emotionalen Stimulation" enthält das Repertoire an Einstellungen und Verhaltensweisen des Lernbegleiters den „Ausdruck persönlicher Wertschätzung".[263] Damit ist

---

[261] ebd.
[262] Kluge & Kehr: Personalentwicklung, S. 17
[263] Kluge & Kehr: Personalentwicklung, S. 18

gemeint, dass der Lernbegleiter dem Lernenden gegenüber „Zuneigung, Anerkennung und Unterstützung" ausdrückt. Dieser Ausdruck von „Wärme", „Akzeptanz der Person" und „Interesse an der Person" geschieht explizit „verbal" und wird, wenn ich dies hier ergänzen darf, durch körpersprachliche Botschaften oder Signale unterstützt.

Es kann zwischenzeitlich notwendig sein, die Lernenden etwa zu fragen, „ob ihre Probleme, über die wir anfangs sprachen, geklärt seien oder ob erneut Bedarf an Klärungsgesprächen bestehe".[264] Weiter ist aus der Sicht der „Kölner Beziehungsethik" von fundamentaler Bedeutung die „Akzeptanz der Persönlichkeit" des Lernenden.[265] Dazu Kluge & Kehr: „Wir Lernbegleiter akzeptieren jeden Lernenden in dessen gesamter Persönlichkeit." Dem Lernenden „wird ermöglicht, seine Gefühle verbal zu äußern, ohne zu befürchten, dass der Lernbegleiter diese Aussagen abwertet oder verurteilt." Ergänzend wird auf das Lernen am Modell gesetzt. Den Lernenden werden die „erwünschten Verhaltensweisen konsequent vorgelebt, um sie zur Reflexion und gegebenenfalls auch zur Änderung ihrer Umgangsweisen mit ihren Mitmenschen anzuregen bzw. zu überzeugen".[266]

Vor dem Hintergrund der nun dargelegten Beziehungsethik spielt das „Beachtungspostulat"[267] eine hervorgehobene Rolle. Dieses lässt sich mit Kluge & Kehr auch übersetzen mit: „Ich werde beachtet, also bin ich." Die Autoren fahren fort: „Beachtet zu werden gehört zu den grundlegenden Erfahrungen jedes Menschen. Von daher wird das Bedürfnis, beachtet zu werden, als ein fundamentales, existentielles Grundbedürfnis definiert [...] `Durch Beachtung wird man ein Zugehöriger." Sowohl die Lernenden als auch die Lernbegleiter „müssen einander beachten (lernen), um sich der Lerngruppe zugehörig zu fühlen und tiefgreifendes Lernen anzubahnen." Auf diese Weise werden „Geborgenheit", „Zugehörigkeit", „Nähe" und „Zuneigung" in einer Lerngruppe erfahrbar. „Jeder Mensch ist auf die Beachtung von Außen ange-

---

[264] ebd.
[265] Kluge & Kehr: Personalentwicklung, S. 19
[266] Kluge & Kehr: Personalentwicklung, S. 20
[267] Kluge & Kehr: Personalentwicklung, S. 21

wiesen, weil jeder nur für kurze Zeit seiner eigenen Anerkennung gewiss bleibt."[268]

„Beachten" und „Beachtet-Werden" fließen nun in besonderem Maße in die pädagogische Beziehungsgestaltung ein. „Beachtung-Schenken" heißt Zuhören, Hinschauen oder zu sagen: „Ich mag dich", „Gut gemacht" oder „Ich verstehe dich".[269] Es besteht die „Notwendigkeit eines intensiven, zugewandten Zuhörens, um jeden Menschen auf seine individuelle Art zu verstehen, ohne vorschnell zu wissen zu glauben, was der andere mit seinen Worten (oder Verhaltensweisen, Ergänz. J.B.) ausdrücken will."

Und schließlich gehen Kluge & Kehr[270] davon aus, dass Lernende, „die beachtet werden" und die „sich der Lerngruppe zugehörig fühlen", auch „effektiver und nachhaltiger lernen und arbeiten als solche, die ständig auf der Suche nach Beachtung sind." Wenn also alle Lernenden Beachtung erfahren, verringert dies auch „die Anzahl von Störungen" in den pädagogischen Prozessen, „da niemand eine *Selbstinszenierung* benötigt, um Beachtung zu erfahren."

Was macht es dennoch so schwierig, eine solche pädagogische Grundhaltung konsequent einzulösen und durchzuhalten? So manches Unvermögen geht auf das Konto von mangelnder personeller Besetzung und daraus resultierender Arbeitsüberlastung, das Konfrontiertsein mit zu vielen konfliktbelasteten und erziehungshilfebedürftigen Kindern und Jugendlichen *gleichzeitig*, in oftmals viel zu großen Lern- und Arbeitsgruppen. Weitere erschwerende Faktoren sind räumliche Enge und zahlreiche institutionelle, organisationsbedingte Vorgaben.

Eine Lehrkraft würde ihren Schülerinnen und Schülern also durchaus mehr Handlungsspielraum und Mitgestaltungsmöglichkeiten geben und wäre auch bereit, hieraus resultierende Lebhaftigkeit zu tolerieren, sieht sich aber unter dem Druck, im Rahmen der Schule einen halbwegs *ruhigen* Unterrichtsablauf zu gewährleisten und greift daher am Ende doch zu repressiven Methoden, um eine phasenweise extrem lebhafte oder überschießende Lern-

---

[268] ebd.
[269] Kluge & Kehr: Personalentwicklung, S. 23
[270] Kluge & Kehr: Personalentwicklung, S. 24

gruppe *in Schach zu halten* und weicht daher, wenigstens partiell, von ihren eigentlichen pädagogischen Beziehungsgrundsätzen ab. Hieraus können wiederum interne Konflikte bei einer Lehrkraft entstehen, weil eine mehr oder weniger große Diskrepanz zwischen den eigentlichen pädagogischen Idealen und ihrem tatsächlichen Verhalten wahrgenommen wird.

Man wird die beziehungsgestaltende Grundhaltung daher einbetten müssen in eine Rahmenstruktur, die den Heranwachsenden, aber auch der Lehrkraft selbst Halt gibt. Dies bedeutet auch, dass regelmäßig auf der Einhaltung bestimmter Übereinkünfte und Vereinbarungen, die das Zusammenleben regeln, bestanden werden muss, die, gelegentlich auch mit Nachdruck und Konsequenz. Aber, was auch immer unternommen wird, die Person sollte „vor der Methode" stehen (K.-J. Kluge). Wer sich zu sehr auf die Ebene der Maßnahmen, Ordnungsmaßnahmen, Konsequenzen usw. begibt, und entscheidend ist hier, wie das Treffen solcher Maßnahmen von den Kindern und Jugendlichen emotional erlebt wird, bringt sich um die unverzichtbare Möglichkeit einer guten und förderlichen Beziehungsgestaltung mit dem jeweiligen Kind oder Jugendlichen. Aber auch das Ausbleiben angekündigter Konsequenzen kann sich sehr destruktiv auswirken, weil dann mitunter keine signifikante Verhaltensänderung auf Seiten des Schülers zustande kommt.

Es erscheint daher günstiger, im Vorfeld von disziplinierenden Maßnahmen auf eine wohlwollende Auseinandersetzung mit den Motiven, Beweggründen, Ideen, Handlungen eines Heranwachsenden hinzuarbeiten. So kann es zum „Wachsen am kritischen Ereignis" (K.-J. Kluge) kommen, weil nämlich der Pädagoge auf seinen Machtvorteil verzichtet, deutlich und unmissverständlich zu dem Jugendlichen steht, sein Problemverhalten zwar thematisiert, ihn als Person aber nicht ablehnt. Dass der Pädagoge den Jugendlichen nicht abstraft, ist für diesen der Beweis, dass das pädagogische Beziehungsangebot aufrichtig ist und so schnell nicht erschüttert werden kann. Auch wird sich auf einem solchen Wege (mit der Zeit) die Vertrauensbeziehung vertiefen lassen.

Es kommt der Tag, an dem ich als Pädagoge schließlich ernten kann. Das Vertrauen beim Kind oder Jugendlichen ist nun vorhanden und ich kann meinen Einfluss Schritt für Schritt geltend machen, im Sinne von dessen eigener Selbstentfaltung und wachsender Freiheit. Trotzdem wird es immer wieder Rückschritte und Rückfälle geben. Im Zweifelsfall gibt es „kein Übermaß an Güte" (K.-J. Kluge).

AUFBAU VON BINDEKRÄFTEN
Die seit den 1950er Jahren von J. Bowlby und seinen Mitarbeiterinnen (z.B. M. Ainsworth) entwickelte Bindungstheorie sowie einige neue, auf der Bindungstheorie basierende Forschungen vermögen nicht nur Anhaltspunkte bezüglich der Entstehungsgeschichte von Verhaltensproblemen oder Lebenskonflikten zu geben, zugleich werden auch Perspektiven zu einer adäquaten und förderlichen pädagogischen Beziehungsgestaltung eröffnet.

Kernaussagen der Bindungstheorie[271] sind, dass der Säugling im Laufe des ersten Lebensjahres auf der Grundlage eines biologisch angelegten Verhaltenssystems eine starke emotionale Bindung zu einer Hauptbezugsperson entwickelt, die er bei Schmerz oder Gefahr aufsucht. Das Bindungsverhalten drückt sich insbesondere im Suchen der Bindungsperson, Weinen, Nachlaufen, Festklammern an der Bindungsperson aus und wird durch Trennung von der Bindungsperson sowie durch äußere oder innere Bedrohung und Gefahr aktiviert. Ist die Hauptbindungsperson nicht erreichbar, so können auch andere Bezugspersonen an ihrer Stelle ersatzweise aufgesucht werden.

Hauptfunktion der Bindungsperson ist es, den Säugling in Situationen von Bedrohung zu schützen und ihm Sicherheit zu geben. Für das unselbständige menschliche Neugeborene und Kleinkind ist die Schutzfunktion durch eine Bezugsperson von lebenserhaltender Bedeutung. Die Pflegeperson bietet als zuverlässige Bindungsperson in Gefahrensituationen einen *sicheren Hafen*. Dort hin kann sich der Säugling im Falle einer Bedrohung retten und Schutz und Hilfe erwarten. (Wer nun bereits die Tagebucheintragungen bezüglich des Erziehungshilfeschülers Aca-

---

[271] vgl. Brisch, K.H.: Bindungsstörungen - Von der Bindungstheorie zur Therapie. Stuttgart 1999

tay[272] gelesen hat, kann vielleicht ermessen, was in einem Kind geschieht, das diesen sicheren Hafen gar nicht hat, weil es weder vom Vater noch von der Mutter emotional angenommen worden ist.)

Das Bindungssystem, das sich im ersten Lebensjahr entwickelt, bleibt während des gesamten Lebens aktiv. Auch Erwachsene suchen in ängstigenden Situationen die Nähe zu anderen Personen auf, von denen sie sich Hilfe und Unterstützung erwarten. Werden diese Bedürfnisse befriedigt, kommt das Bindungssystem zur Ruhe. Es kann nun als Ergänzung zum Bindungssystem das System der Erkundung aktiviert werden. Ein Säugling, der sich sicher und geborgen fühlt, kann zum Beispiel von der Mutter als *sicherem Hafen* aus die Umwelt erforschen.

R. Schleiffer[273] diskutiert etwa „desorganisierte Bindung" als „gemeinsamen Risikofaktor für Dissozialität und Lernbehinderung." Das Wissen über mögliche Besonderheiten oder Abweichungen in der Bindungsorganisation bei Heranwachsenden mit Lern- und/ oder Verhaltensproblemen zeigt den Pädagogen den Punkt, an dem sie mit ihren Bemühungen ansetzen können oder müssen und schützt sie zugleich vor einer Fehldeutung ihres (möglichen) eigenen Scheiterns:

„Schließlich geraten Pädagogen leicht hilflos, wenn erziehungsschwierige und lernbehinderte Kinder die ihnen angesonnenen Bildungsangebote nur höchst selektiv annehmen [...] Das Wissen über das diesem störenden Verhalten zugrundeliegende Sicherheitsbedürfnis vermag auch die Kränkungsgefahr zu verringern. Erst einmal muss es darum gehen, diesen Kindern das Vertrauen zu geben, dass ihre Bindungsbedürfnisse ausreichend sicher befriedigt werden können, und sie zu ermutigen, sich dem Risiko der Exploration auszusetzen. Selbstreferentiell vertrauens-

---

[272] Alle Schülernamen wurden geändert.
[273] Schleiffer, R.: Desorganisierte Bindung als gemeinsamer Risikofaktor für Dissozialität und Lernbehinderung. In: Rolus-Borgward, S., Tänzer, U., Wittrock, M. (Hrsg.): Beeinträchtigung des Lernens und/ oder Verhaltens. Unterschiedliche Ausdrucksformen für ein gemeinsames Problem. Oldenburg 2000, 95 - 105

bildende Maßnahmen sind angezeigt, bevor fremdreferentiell über Sachen geredet werden kann."[274]

H. Julius[275] hat die Bindungsmuster von Kindern mit Verhaltensproblemen mit dem Separation Anxiety Test (SAT) in der deutschen Version von Jacobson & Ziegenhain untersucht. Nach dieser Studie waren sieben Prozent der Schüler sicher gebunden, das heißt sie haben erfahren, „dass die Äußerung negativer Gefühlszustände zu feinfühligem und responsivem Verhalten der Bezugspersonen führt". Sie sind entsprechend auch in der Lage, „eigene Gefühle zu äußern". Die „Bindungsfiguren" und die diesbezüglichen „internalisierten Arbeitsmodelle", Schemata oder Repräsentationen, erscheinen als „feinfühlig, zuverlässig, verfügbar und unterstützend".

21 Prozent der Heranwachsenden erwiesen sich als „unsicher-vermeidend" gebunden. Die „Bindungsfiguren" sind „aufgrund entsprechender Erfahrungen als zurückweisend und nicht unterstützend repräsentiert". „Um weitere Zurückweisung zu vermeiden, verhalten sich diese Kinder eher beziehungsvermeidend und suchen in belastenden Situationen keine Nähe, Trost und Unterstützung bei ihren Bindungsfiguren." Stattdessen zeigen sie ein erhöhtes Explorationsverhalten und erreichen dadurch eine Verschiebung von den belastenden Emotionen weg.

9 Prozent der Kinder erwiesen sich als „unsicher-ambivalent" gebunden. Die Bindungspersonen wurden hier bezüglich ihrer Responsivität und Verfügbarkeit als unberechenbar erlebt und entsprechend internalisiert und intern repräsentiert. Aufgrund von Verunsicherung suchen diese Kinder nun ständig die Nähe ihrer Bezugspersonen. Bei 63 Prozent der Heranwachsenden zeigte sich ein „desorganisiert-desorientiertes" Bindungsmuster. Dieses

---

[274] Schleiffer, Desorganisierte Bindung..., S. 104
[275] Julius, H.: Die Bindungsorganisation von Kindern, die an Erziehungshilfeschulen unterrichtet werden. Sonderpädagogik 31. Jg., 2001, H. 2, 74 – 93, hier: S. 86 ff. - Julius, H.: Bindungstheoretisch abgeleitete, schulische Interventionen für verhaltensgestörte Kinder. In: Heilpädagogische Forschung, Bd. XXVII, 2001, 175 – 188, hier: S. 176

ist gekennzeichnet durch einen „Zusammenbruch von Verhaltensstrategien".[276]

Interessant mit Blick auf die praktische Umsetzung pädagogisch-therapeutischer Arbeitsweisen sind nun die von Julius entwickelten Vorschläge. Im Mittelpunkt der Interventionen sieht er die Beziehung zwischen Lehrkraft und Kind, die als „Bindungsbeziehung"[277] definiert wird, was ja durchaus mit alldem kompatibel wäre, was ich in den vorhergehenden Kapiteln an Elementen zur pädagogischen Beziehungsgestaltung vorgestellt habe. Dabei gilt es, „die Beziehungskonzepte der Schüler über neue Beziehungserfahrungen, die mit den alten Erfahrungen vernachlässigender und misshandelnder Art inkompatibel sind, zu verändern".[278]

Dass das Thema der Beziehungsgestaltung im Erziehungshilfebereich, das immer ein zentral wichtiges gewesen ist, nun stärker theoriegeleitet entfaltet wird, ist zweifellos nur zu begrüßen und dient der Weiterentwicklung unseres Fachgebietes. Dass es „bisher kaum konkrete pädagogische Vorschläge zur Gestaltung dieser Beziehungen" gegeben habe, lässt jedoch einige Bemühungen außer Acht, die in der Tat in den 1980er Jahren stattgefunden haben. Zwar verweist Julius auf eine Publikation von K.-J. Kluge aus dem Jahre 1975[279], doch bleibt im Prinzip die ganze Serie „erziehungstherapeutischer" Forschungen, Entwürfe, Reflexionen und Dokumentationen außen vor, wie sie K.-J. Kluge und seine Mitarbeiter speziell in der ersten Hälfte der 1980er Jahre erstellt haben.[280]

Der Dreh- und Angelpunkt, der rote Faden der genannten Arbeiten ist ja gerade die Gestaltung von „Bindungsbeziehungen" im Erziehungshilfesektor. Diese Texte orientieren sich gelegent-

---

[276] ebd.
[277] Julius, H.: Bindungstheoretisch abgeleitete..., S. 175
[278] Julius, H.: Die Prävalenz von Gewalt-, Verlust- und Vernachlässigungserfahrungen bei Kindern, die an Schulen für Erziehungshilfe unterrichtet werden. In: Heilpädagogische Forschung, Bd. XXVII, 2001, 88 – 97, hier: S. 36
[279] Kluge, K.-J.: Kölner Verhaltensauffälligenpädagogik. Neuburgweiler 1975
[280] Man beachte in diesem Zusammenhang die im Münchener K. G. Saur Verlag in der Edition „Minerva Publikation" erschienene Schriftenreihe „Berichte zur Erziehungstherapie und Eingliederungshilfe".

lich auch an der Bindungstheorie von Bowlby, vor allem versuchen sie jedoch die Erkenntnisse aus der klientenzentrierten Therapie und der Humanistischen Psychologie für die Verhaltensauffälligenpädagogik fruchtbar zu machen und in die pädagogischen Handlungsfelder wie Sonderschule, Heim oder Jugendarbeit zu transferieren, immer unter dem zentralen Aspekt der sonderpädagogischen *Beziehungsgestaltung*. Auch wird man vielerlei Hinweise zu einer adäquaten und förderlichen Beziehungsgestaltung mit *schwierigen* Kindern und Jugendlichen in den Texten von A. Aichhorn oder B. Bettelheim finden.

Doch zurück zu den Forschungsergebnissen von H. Julius. Unsicher gebundene Kinder zeigen nun geringere Sozialkompetenzen, weniger empathische Reaktionen, weniger effektive Konfliktlösungsstrategien. Sie interpretieren soziale Konfliktsituationen eher feindselig. Auch zeigen sie mehr aggressives und feindseliges Verhalten gegenüber anderen.

Nehmen wir an dieser Stelle den vierzehnjährigen Schüler Max aus den Tagebuchaufzeichnungen, die sich jeweils am Ende der drei Bände der Didaktischen Variationen befinden. Der alkoholabhängige Vater hatte den Jungen körperlich misshandelt, geprügelt und parallel dazu die Schwester unseres Schülers sexuell missbraucht. Der ältere Bruder lebte bereits im Heim, die Mutter trennte sich von ihrem Mann usw. Max begegnete mir, als ich die Klasse neu übernahm, von Anfang an hochgradig feindselig. Er beschimpfte mich und randalierte, indem er Tische umkippte, mit Stühlen umherwarf, schon nach wenigen Minuten wieder aus der Klasse herauslief. Er verschwand für vierzig Minuten oder länger in der Stadt, kam irgendwann wieder oder auch nicht. Seiner Mutter erzählte er dann Geschichten, warum er habe aus der Schule fortlaufen müssen, etwa, dass er angegriffen oder bedroht worden sei.

Derart unsicher gebundene Kinder präsentieren schlechtere Konzentrationsleistungen und haben Probleme bei der Regulation emotionaler Zustände in kognitiven Anforderungssituationen.[281] Im Fall von Max ging das so weit, dass er im ersten halben Jahr,

---

[281] Julius, H.: Bindungstheoretisch abgeleitete ..., S. 177 f.

in dem ich ihn unterrichtete, kaum zu irgendeiner Lernaktivität in der Lage war. Lediglich Arbeitsblätter, die vielleicht dem Leistungsstand des dritten oder vierten Schuljahres entsprachen (wir befanden uns in der siebten Klasse), wurden gelegentlich von ihm bearbeitet, für annähernd fünf Minuten vielleicht. Sobald jedoch die geringste kognitive Anforderung bei einer Aufgabe entstand, brach er die jeweilige Lernaktivität sofort ab und ging in die Computerecke, wo er dann Sonnenblumenkerne kauend hockte, deren Schalen er anfangs einfach auf den Boden spuckte oder er ging zur Toilette, vermutlich um zu rauchen. Oftmals steckte er sich hinter einem Schrank, am Fenster stehend, eine Zigarette an, was ich natürlich aus vielerlei Gründen nicht tolerieren konnte.

Unter Hinweis auf die Arbeiten von Bowlby[282] und Main[283] kommt Julius[284] zu dem Ergebnis, dass sich die „unsicheren Bindungsmuster durch neue Bindungserfahrungen verändern" lassen. Es gibt so etwas wie eine nachträglich „erworbene sichere Bindung" (earned secures), was natürlich mit Blick auf alle praktischen pädagogischen Bemühungen hoffen lässt und auch wirklich Hoffnung auf positive Veränderungen gibt. Allerdings brauchen solche Prozesse sehr viel Zeit, oftmals Jahre. Der Wechsel der Lehrkraft oder der pädagogischen Bezugsperson kann hier sehr problematisch sein.

Sprechen wir über Interventionen, ist natürlich die Elternarbeit, hier in Form eines „Feinfühligkeitstrainings" für Mütter (sicher auch für Väter, J.B.), eine Eltern-Kind-Therapie oder Elternberatung[285] interessant und relevant. Die Realisierungsschwierigkeiten gerade im Erziehungshilfebereich liegen jedoch auf der Hand und werden auch von Julius antizipiert. Von besonderem Interesse ist daher die überaus sorgfältige Gestaltung der Bezie-

---

[282] Bowlby, J. & M.D. Salter Ainsworth: Frühe Bindung und kindliche Entwicklung. München 2001, 4. Aufl.
[283] Main, M.: Desorganisation im Bindungsverhalten. In: G. Spangler & P. Zimmermann (Hrsg.): Die Bindungstheorie: Grundlagen, Forschung und Anwendung. Stuttgart 1997, S. 120 - 140
[284] Julius, H.: Bindungstheoretisch abgeleitete ..., S.179
[285] ebd.

hungen zwischen Pädagogen und Kindern, nämlich aus bindungstheoretischer Sicht.

Es ist nun davon auszugehen, „dass Kinder ihre Beziehungserfahrungen auf neue Bezugspersonen übertragen".[286] Nach Bowlby wird jede neue Person, zu der eine Bindung hergestellt oder entwickelt wird, den vorhandenen internen Repräsentationen, den bereits vorhandenen inneren Modellen angepasst. Der größte Teil der Jugendlichen aus den Tagebuchaufzeichnungen am Ende dieser drei Bände, insbesondere Dominik, Max, Leon und Acatey, haben recht negative Erfahrungen mit ihren Vätern gemacht. Sie waren allesamt von ihren Vätern körperlich misshandelt, geprügelt, emotional vernachlässigt und schließlich verlassen worden.

Was die Kinder bereits früher erlebt haben, wird in der Gegenwart daher aufs Neue erwartet, das heißt vom männlichen Lehrer wird zunächst auch emotionale Ablehnung und Misshandlung erwartet, und im ungünstigsten Falle durch das hochaggressive und feindselige Auftreten der Jugendlichen bei den pädagogischen Bezugspersonen auch ausgelöst. Diese Vorgänge, in der psychoanalytischen Theorie schon seit hundert Jahren als „Übertragung" und „Gegenübertragung" bekannt, können nun in der Tat zu einer Verfestigung der unsicheren Bindungsmuster führen oder beitragen, wenn es den pädagogischen Bezugspersonen der misshandelten, traumatisierten oder vernachlässigten Kinder nicht gelingt, aus diesen Teufelskreisen auszubrechen.

Dies kann letztlich nur durch permanente Reflexion, ein ständiges gedankliches Durcharbeiten der pädagogischen Prozesse und Erfahrungen und durch eine kontinuierliche Arbeit an sich selbst, an den eigenen Sichtweisen oder Reaktionsweisen gelingen. Supervision, kollegiale Beratung und vielleicht auch individuelles Coaching wären hier sicher geeignete Wege, wobei natürlich sorgsam abgewogen werden muss, welche Themen oder Probleme noch innerhalb eines bestimmten Kollegiums bearbeitet werden können und welche besser außerhalb der Institution Schule mit einem neutralen und wohlwollenden Coach oder Supervisor besprochen werden.

---

[286] ebd.

Die Veränderung der unsicheren Bindungsmuster auf Seiten der Kinder und Jugendlichen gelingt jedenfalls am ehesten durch neue, stabilisierende Erfahrungen. Ziel der pädagogischen Bemühungen muss sein, „neue Bindungserlebnisse zu ermöglichen, damit sich das Kind von früheren Bindungsmustern lösen kann und ein internales Arbeitsmodell von anderen als responsiv und sorgend und von sich selbst als wertvoll und liebenswert aufbaut".[287] Die Beziehungsgestaltung bei unsicher-ambivalent gebundenen Kindern sollte an „Regelmäßigkeit, Konsistenz und Vorhersagbarkeit" orientiert sein.[288] Konkrete Vorschläge beziehen sich auf das Einrichten von „festen Ritualen" oder auf das Arbeiten mit „Übergangsobjekten" (Winnicott). Das heißt, so nun die von Julius gemachten Vorschläge, bei längerer Abwesenheit, die ja eine Beziehungsunterbrechung für das Kind darstellt, schreibt die Lehrkraft dem Kind vielleicht eine Postkarte, oder das Kind nimmt einen Gegenstand vom Lehrer, irgendetwas vom Lehrer, oder etwas, was für den Lehrer steht oder an diesen erinnert, mit nach Hause.

Solche Dinge sind im Kontext der Schule natürlich nicht immer ganz leicht zu bewerkstelligen. Schülern eine Postkarte zu schicken, wie ich es selbst einige Male getan habe, kann auch von Eltern als Eingriff in die familiäre Sphäre verstanden und somit missdeutet werden. Hinzu kommt, dass gerade das Schreiben, speziell das Schreiben von Briefen und Postkarten in bestimmten sozial schwächeren Milieus ganz und gar unüblich ist. Entsprechend kann das Eintreffen einer Postkarte von Seiten eines Pädagogen zu Irritationen und Fehlinterpretationen der Eltern führen. Zuviel Bindung des Kindes zur Lehrkraft kann unter Umständen auch Eifersuchtsgefühle und Aggressionen bei den Eltern oder sonstigen Bezugspersonen wecken.

Was nun das Thema „Gegenstände, die an die Lehrkraft erinnern" betrifft, so sind vielleicht ähnliche Vorsichtsmaßnahmen wie beim Schreiben von Briefen oder Postkarten zu beachten. Ich selber machte in diesem Zusammenhang eine interessante Erfah-

---

[287] Julius, Bindungstheoretisch abgeleitete ..., S. 180
[288] Julius, Bindungstheoretisch abgeleitete ..., S. 181 f.

rung, die ich hier gerne mitteilen möchte, nämlich dass das dunkelblaue, mit flauschigem Material gefüllte Kissen, das ich von zu Hause mit in die Schule (für Lernbehinderte) genommen und auf meinen Schreibtischstuhl gelegt hatte, für einige meiner elf- und zwölfjährigen Schüler so etwas wie ein „Übergangsobjekt" (Winnicott) zu sein schien. Zuerst sah es für mich nach einem Jungenstreich aus, als sie mir das Kissen immerzu heimlich wegnahmen und irgendwo in der Klasse versteckten. Doch später bemerkte ich, dass es insbesondere bei zweien der Schüler regelmäßig unter deren Pullover oder Jacke oder Schultisch verschwand. Einer der Schüler steckte es gar mehrfach in seine Schultasche und nahm es übers Wochenende mit nach Hause, was ich ohne weiteres zuließ. Allerdings stellte ich mich so, als wüsste ich nichts davon.

Unter dem Aspekt der pädagogischen Beziehungsgestaltung bei Dominanz des unsicher-ambivalenten Bindungsmusters plädiert Julius dafür, dem Verhalten zwar auch Grenzen zu setzen, zugleich jedoch „empathisch auf Ärger-Reaktionen" einzugehen und diesbezüglich dem Kind Interpretationen anzubieten. Auf diese Weise machen die Kinder neue Beziehungserfahrungen.[289] Der Ärger über bestimmte Verhaltensweisen des Kindes wird zwar verbalisiert, aber gleichzeitig wird dem Kind vermittelt, dass es weder misshandelt, noch zurückgewiesen wird. Anzeichen, dass ein unsicher-ambivalent gebundenes Kind eine Bindungsbeziehung zur Lehrkraft oder sonstigen pädagogischen Bezugsperson aufnimmt, liegen vor, wenn das Kind Abhängigkeitswünsche und Ärgerreaktionen zeigt. Ich machte selbst die Erfahrung, dass solche Kinder irgendwann darauf drängen, dass ich Süßigkeiten, Getränke oder ein Frühstück für sie mitbringe, dass ich sie in die Eisdiele einlade, dass sie sich nach meinem Privatleben und nach meinen eigenen Kindern erkundigen, dass sie fragen, wie alt diese seien, auf welche Schule sie gehen usw., dass sie stellenweise vielleicht die Phantasie hegen, sie wären selbst *meine* Kinder.

„Störende Verhaltensweisen", ich folge weiter der Argumentation von Julius, können nun „erst aus bindungstheoretischer Sicht in ihrer tiefergehenden Motivation verstanden werden. Aus lern-

---

[289] Julius, Bindungstheoretisch abgeleitete..., S.182

theoretischer Sicht stehen diese Verhaltensweisen in funktioneller Abhängigkeit von vorausgehenden und nachfolgenden Bedingungen. Eine klassische verhaltensmodifikatorische Intervention, die sich aus dieser Theorie ableitet, bestünde zum Beispiel darin, dass der Lehrer darauf verzichtet, mit Aufmerksamkeit auf die aggressiven Verhaltenssymptome zu reagieren. Eine solche Intervention steht im Gegensatz zu den vorgeschlagenen, bindungstheoretisch abgeleiteten Interventionen und wäre aus dieser Sicht kontraindiziert."[290] Und wie steht es in solchen Fällen erst einmal mit „Einweisungen" in einen „Trainingsraum"[291], was ja doch erst einmal einem Wegschicken des Kindes, ja einem regelrechten Beziehungsabbruch gleichkommen dürfte.

Und trotzdem wird es immer auch Situationen geben, wo ich aufgrund extremer Schülerverhaltensweisen einen vorübergehenden Schul- oder Unterrichtsausschluss, wie etwa in Zusammenhang mit Acatey oder Leon, durchsetzen und verantworten muss. Was unter bindungstheoretischer Perspektive vielleicht nachvollziehbar, notwendig und produktiv sein mag, ist unter dem Aspekt, dass ich mich in einer Lerngruppe auch als Führungskraft behaupten muss, nicht mehr in allen Fällen akzeptabel und durchführbar.

Ich kann mich etwa von Acatey nicht als „Bastard" oder „Missgeburt" vor der Lerngruppe beschimpfen lassen, wenn ich dabei bin, seinen destruktiven Verhaltensweisen wie Schlagen anderer Schüler mit einem Besenstiel, Bewerfen eines gerade schreibenden Schülers mit einem triefend nassen Tafelschwamm u.a. Einhalt zu gebieten. Dasselbe galt für den vierzehnjährigen Leon, der nach einer anfänglichen Phase großer Anhänglichkeit an den Lehrer, ein beinahe ängstliches Anklammern und Schutzsuchen, plötzlich den Spieß umdrehte und mich fortwährend im Beisein der anderen Schüler, aber auch im Zweiergespräch, beleidigte und verbal attackierte, wohl um dadurch Akzeptanz bei den

---

[290] ebd.
[291] Balke, S. (2001): Die Spielregeln im Klassenzimmer. Das Trainingsraum-Programm. Ein Programm zur Lösung von Disziplinproblemen in der Schule. Bielefeld 2003, 2. Aufl. - Bründel, H. & E. Simon: Die Trainingsraum-Methode. Weinheim 2003

anderen Schülern und eine Position in der Lerngruppe zu bekommen.

Der Jugendliche stellte sich recht mackerhaft vor mich, duzte mich, sprach mich mit „Eh, Typ" an, warf plötzlich den ihm gerade ausgehändigten Wochenplan in die Ecke, verweigerte jede Mitarbeit, stiftete einen Teil der anderen Schüler an, schon vor Beginn der Pause in die Stadt zu gehen, um dann mit großer Verspätung zurückzukehren. Als ich ihm sagte, ich würde darüber mit seinen Heimerziehern reden müssen, wurde er hochaggressiv, wütend und drohte mir: „Typ, ich fick´ dich auseinander!", was mich natürlich nicht davon abhielt, mit den Heimpädagogen zu telefonieren. Auch beriet ich mich mit dem Schulleiter und wir entschieden, Leons schulische Bühne von heute auf morgen erheblich zu verkleinern. Dies indem wir seinen Stundenplan kürzten und ihn auch weiträumig aus der dreißigminütigen Hofpause heraushielten, indem er erst nach der Pause zur Schule kommen durfte. Im Verlauf der Pause hatte Leon, gemeinsam mit anderen Schülern etwa auch ein Geschäft nach Art der „Döner Mafia" betreten und die Besitzerin bedroht. Als die couragierte Dame realisierte, welches Spiel die Jugendlichen spielten und sie diese freundlich, aber bestimmt bat, ihr Geschäft zu verlassen, war Leon auf sie zugetreten und hatte zu ihr gesagt, sie „bekomme gleich eins auf die Fresse."

Nun, Bindungsbeziehung hin oder her, hier gab es offenbar Dinge, die parallel dazu geklärt werden mussten. Zugleich brach ich ja die pädagogische Beziehung zu Leon nicht ab. Er konnte ja immer noch täglich für zwei Unterrichtsstunden zur Schule kommen. Ich stellte jedoch Bedingungen und setzte dabei einen überaus engen Rahmen. Wollte Leon in alle Unterrichtsstunden zurückkehren, musste er grundlegende Anforderungen erfüllen. Ich nannte dies für mich Erziehung und Konsequenz.

„Veränderungen, die darauf hinweisen, dass sich eine sichere Bindung zum Lehrer konstituiert, liegen vor, wenn sich die Explorationsseite des Bindungsverhaltenssystems beim Kind stärker ausbildet, indem das Kind z.B. verstärkt an Aktivitäten mit

Gleichaltrigen teilnimmt."[292] Ich halte es allerdings auch für möglich, dass die Peergruppe hier eine stabilisierende und kompensatorische Funktion wahrnimmt, wenn die Sicherheit in der Beziehung zum Lehrer noch nicht ausreichend da ist. Überhaupt scheint der Peergruppe eine besondere sozialisierende Rolle zuzukommen.[293]

Interventionen bei unsicher-vermeidend gebundenen Kindern, das heißt bei Kindern mit Angst vor erneuter Zurückweisung oder Misshandlung[294] lauten nach Julius wie folgt: Zunächst geht es darum, die Vermeidungshaltung des Kindes zu akzeptieren. Dem Kind wird auch Freiheit im Umgang mit Lernmaterial und -aktivitäten angeboten, im Rahmen eher offener Unterrichtsformen. Ich konzipierte etwa im Erziehungshilfebereich stets Unterrichtsformen, die Angebotscharakter besaßen und auch Wahlmöglichkeiten für die Jugendlichen bereitstellten.

Pädagogische Bezugspersonen, so Julius weiter, nehmen vorsichtig Beziehung mit dem Kind auf. Auch hier soll ein Gefühl der Sicherheit und Vorhersagbarkeit vermittelt werden. Es wird versucht an „dyadischen Lern- und/oder Spielsituationen des Kindes teilzunehmen oder solche zu initiieren", dies verbunden mit dem Ziel das „innere Bild einer sorgenden und feinfühligen Bezugsperson aufzubauen."

Speziell dem spielerischen Durcharbeiten von Versorgungssituationen wie Essen zubereiten, Füttern usw. kommt innerhalb solcher Sequenzen eine besondere Bedeutung zu. Es wäre an dieser Stelle sicherlich interessant und aufschlussreich, die kindertherapeutische und die spieltherapeutische Literatur[295] nach entsprechenden Anhaltspunkten, Erfahrungen und Konzepten durch-

---

[292] Julius, Bindungstheoretisch abgeleitete..., S.182
[293] vgl. Unger, N.: „Gemeinsam statt einsam". Peergruppenarbeit als Element einer fürsorglichen Gemeinschaft. In: vds (Hrsg.): Grenzen überwinden – Erfahrungen austauschen. Bericht zum sonderpädagogischen Kongress 2004 (Hamburg). Würzburg 2004, 285 - 290
[294] Julius, Bindungstheoretisch abgeleitete..., S.182 ff.
[295] vgl. etwa Goetze, H.: Der personenzentrierte Ansatz: Die pädagogisch-therapeutisch orientierten Spielstunden mit Klaus. In: Vernooij, M. & M. Wittrock (Hrsg.): Verhaltensgestört. Perspektiven, Diagnosen, Lösungen im pädagogischen Alltag. Paderborn, München usw. 2004, S. 109 -128

zusehen. Es ist aber auch interessant, unter dem Aspekt des Durcharbeitens von Versorgungssituationen *reale* Kontexte und Lernmöglichkeiten zu schaffen, indem etwa in der Lerngruppe ein gemeinsames Frühstück organisiert, zubereitet und eingenommen wird. Es muss ja auch bedacht werden, dass insbesondere Jugendliche mit einer Verhaltensproblematik nicht mehr *spielen* wollen. Das Protokoll eines Neuanfangs enthält auch einige aufschlussreiche Beobachtungen zum Thema *Essen in der Klasse*.

Entspannt verlaufen solche Situationen selten. Ein Teil der Schüler reagierte stets feindselig, etwa wenn ein anderer ein zweites Brötchen nahm. Oftmals wurde vom Schüler auch mehr für sich eingefordert, als dann tatsächlich gegessen werden konnte. Als Leon Schinken auf seinem Brot hatte, drohte ihm Patrick Prügel an, weil er sämtliches Schweinefleisch hassen würde. Acatey warf seinen Mitschülern den laufenden Brötchengrill um. Patrick schien in Gegenwart anderer gar nicht essen zu können. Als ich eine Runde Hanuta spendierte, packte er seines auf und warf es in den Müll. In der Eisdiele verzichtete er. Nach Monaten nahm er zum ersten Mal etwas von mir an. Es handelte sich dabei um einige wenige Spekulatiuskekse. Acatey und Fabian ließen sich von mir ein Eishörnchen kaufen, um es dann auf dem Bürgersteig vor der Eisdiele fallen zu lassen.

Daneben wird das gemeinsame Essen während einer Klassenfahrt ebenfalls vielfältige Beobachtungen ermöglichen. Während einer sechstägigen Fahrt mit einem sechsten Schuljahr der Schule für Lernbehinderte in ein Schullandheim machte ich die Erfahrung, dass es einigermaßen *gesättigte* Kinder gibt, die auch bereit sind, den Tisch einzudecken, für alle gemeinsam Brot, Käse, Tee usw. an der Essensausgabe nachzuholen, während andere Berge von Aufschnitt oder Wurst auf ihrem Teller auftürmen, alles gierig in sich hineinschlingen und nicht im geringsten darauf achten, ob die anderen auch etwas abbekommen. Diese Jungen und Mädchen sind zunächst von sich aus nicht bereit, Tische einzudecken oder Geschirr abzuräumen, noch wollen sie beim Abtrocknen in der Küche helfen. Zugleich sind sie immerzu darauf versessen, beim Verteilen des Essens möglichst viel für sich selbst anzuhäufen.

Ein zwölfjähriger Junge stapelte sich etwa fünf Wurstscheiben auf sein Brot und griff zugleich nach immer mehr. Wohl erkennend, dass es sich hier um die Kompensation eines emotionalen Ungesättigtseins oder um den Ausgleich seelischer Spannungen oder um Angstbewältigung ging, akzeptierte ich diese Verhaltensweise, indem ich dem Jungen, der mir im Speisesaal des Hörnumer Fünf-Städte-Heims schräg gegenüber saß, sagte: „Ich finde es in Ordnung, dass du jetzt einmal richtig reinhaust und dir so ein dickes Wurstbrot machst. Lass es dir nur schmecken. Seeluft macht hungrig. Aber ich möchte dich auch bitten, nachher einmal Wurst für die anderen in der Küche nachzuholen. (Was er in den ersten Tagen jedoch nicht tat. Erst gegen Ende der Klassenfahrt war er dazu bereit.)

Es entsteht nun zunächst eine eher emotionale „Bindungsbeziehung" zwischen pädagogischer Bezugsperson und Kind. Wenn jetzt zum Beispiel Aggressionen beim Kind auftreten, so Julius, sei dies ein gutes Zeichen, dass das Kind oder der Jugendliche Beziehung zur Lehrkraft oder zur Pädagogin bzw. zum Pädagogen aufnimmt. Es bedarf hierin einer doppelten Bewegung. Eine den traumatisierten oder vernachlässigten Kindern angemessene Beziehung oder Bindung aufzubauen und aufrechtzuerhalten bedeutet letztlich, eine Fernbeziehung in großer Nähe zu führen. Ich muss mich einerseits vom Kind oder Jugendlichen beeinflussen und anrühren lassen, sonst kann ich ihm nicht begegnen und nicht mit ihm in Kontakt kommen. Zugleich komme ich nicht umhin, mich den aus dieser *Bindungsbeziehung* resultierenden Einflüssen, die gelegentlich wie eine *Trance* sein können, wiederum zu entziehen, um gewichten, bestimmen, Klarheit und Distanz gewinnen zu können. Diese Balance muss immer wieder neu gefunden werden.

Müssten wir unter dem Aspekt des Herstellens einer Bindungsbeziehung nicht eine Poetik der Körpernähe entwickeln? Ich denke in diesem Zusammenhang etwa nach über die wärmespendende Wirkung von Flanellhemden. Sakkos und Jacketts signalisieren dem Kind oder Jugendlichen eher Distanz. Sie betonen die Lehrerrolle und symbolisieren Autorität, Abstand. Warmer, weicher Flanellstoff gibt mehr Nähe. Karierte Flanellhemden sind traditionelle Arbeiterhemden. Vielleicht wird hier schichtspezifisch etwas von den Heranwachsenden wiedererkannt.

Im Winter eignen sich für den Schulhof vielleicht Thermohemden, karierte, doppelt gefütterte und sehr flauschige Hemden. Sie scheinen dem Bedürfnis der Kinder und Jugendlichen nach Nähe, Wärme, kleinen Berührungen entgegen zu kommen. Auf diese Weise zog ich während der Hofaufsichten selbst Kinder und Jugendliche an, die ich gar nicht näher kannte. Sie begannen kleine Gespräche mit mir, berührten mich an Schulter, Rücken oder Bauch, brachten sich so in mein Gesichtsfeld und machten sich mir bekannt. Nun soll damit nicht gesagt werden, dass Pädagoginnen und Pädagogen in bestimmten schwierigen Arbeitsfeldern allesamt flauschig warme Flanellhemden tragen sollten oder müssten. Mich interessieren hier Wirkungen und Wechselwirkungen, auch zwischen Pädagogenkleidung und Schülerverhalten. Vielleicht werden diese Beziehungen und Zusammenhänge einmal von jemand eingehender erforscht. Was signalisiert einem Kind oder einem Jugendlichen eine schwarze Lederjacke? Wie ist die Wirkung eines Jacketts, eines T-Shirts, eines Sweat-Shirts, eines warmen Wollpullovers usw.?

Die Beziehung zwischen dem Kind und mir als pädagogischer Bezugsperson ist immer auch eine Frage des körperlichen Kontaktes. Eine kleine Berührung, eine gelungene Umarmung, ein Schulterklopfen, an der richtigen Stelle, in der passenden Dosierung, können daher sehr wirkungsvoll und markant und für die pädagogische Beziehungsgestaltung, deren Weiterentwicklung und Vertiefung, sehr hilfreich sein. Wenn sonst nichts mehr zu funktionieren schien, ging ich, zumindest bei den Jungen, sagen wir bis zu einem Alter von vielleicht zwölf oder dreizehn Jahren, häufig, wenn auch nicht in allen Fällen, auf die Ebene der unmittelbaren körperlichen Kommunikation. Diese lässt sich vielleicht am ehesten als ein ausgelassenes und zugleich vorsichtiges *Gerangel* vorstellen, das Elemente von Boxen, Tai Chi oder Aikido enthält, was jedenfalls von den allermeisten Jungen im Erziehungshilfe- und Lernbehindertenbereich als Kommunikationsform sehr geschätzt wurde.

Daraus darf natürlich auch keine *Diktatur der Nähe* werden. Ich muss immer abwägen, wen ich vor mir habe, und versuchen zu erspüren, wie ein Junge (für Mädchen gelten ohnehin andere Gesetze) auf einen solchen *Kontakt* reagiert und was er von sich aus daraus macht. Etwa ab dem Alter von dreizehn Jahren wird es schwieriger mit solch kleinen Berührungen. Bei schwer traumatisierten Jugendlichen, insbesondere wenn sie von ihren Vätern oder anderen Männern geprügelt oder sexuell misshandelt worden sind, ist natürlich äußerste Vorsicht geboten und zunächst ganz davon abzuraten, einen solchen Heranwachsenden körperlich zu berühren. Hier wäre es mitunter ein sehr langfristiges pädagogisch-therapeutisches Ziel für einen solchen Jugendlichen, eine auch noch so kleine Berührung von Seiten der Lehrkraft, beispielsweise zwei ausgestreckte Finger tippen an die Schulter des Schülers, überhaupt ohne nervliche Überreaktion, Wutanfälle, schroffe Abwehr usw. zu ertragen, zu tolerieren, das heißt *anzunehmen* und irgendwann vielleicht als angenehm zu empfinden. Auch auf dieser Ebene der (vorsichtigen) körperlichen Kommunikation arbeitete ich stets nach dem Prinzip der Variation. Der eine Schüler wünscht, verträgt viel, ein anderer wenig oder gar nichts. Nähe benötigt zum Ausgleich Distanz und umgekehrt.

Auch haben wir es ja vielfach mit körperlich distanzlosen Schülern zu tun. Sie greifen nach den Körpern der Pädagoginnen und Pädagogen, um ihr ungesättigtes Bedürfnis nach Gehaltenwerden, Nähe, Zuwendung zu stillen. Ich unterrichtete einen zehnjährigen Jungen an einer Schule für Erziehungshilfe, der sich immer wieder unterhalb meiner linken Brust in mein Hemd verbiss. Andere verhalten sich regelrecht anzüglich, indem sie auch das Lehrpersonal im Bereich erogener Zonen zu berühren suchen, womit sie ja bereits deutliche Signale senden, auf welchen Gebieten sie Konfliktpotenziale und emotionale Verwirrungen angesammelt haben. Wieder andere wollen der kleine Säugling sein, der vom Lehrer-Vater gehalten wird und drängen sich auf meinen Schoß, während ich an meinem Pult Aufzeichnungen mache.

Die aufgezeigten Zusammenhänge müssten einmal gründlich erforscht werden. Welche Art von körperlichen Berührungen sind in der Erziehungshilfe pädagogisch förderlich, wie wirken diese und was bewirken sie genau? Wie muss die Dosierung, die Intensität, wie müssen die zeitlichen Abstände sein? Wie viel Blickkontakt braucht ein traumatisiertes oder benachteiligtes Kind, um sich entwickeln und wachsen zu können? Intensiver Blickkontakt an der falschen Stelle kann bei bestimmten Jugendlichen auch zu hochfeindseligen Ausbrüchen und körperlichen Attacken führen, wie im Fall von Patrick oder Acatey (siehe die Tagebuchaufzeichnungen am Ende des Bandes) geschehen.

Wie viel persönliche Ansprache ist also hilfreich und angemessen? Wie genau sollte diese Ansprache erfolgen? Wie gestalten sich die geschlechtsspezifischen Unterschiede? Wie kann und darf eine männliche oder weibliche Lehrperson einen Lernenden des anderen Geschlechts körperlich berühren? Welche Risiken geht eine Lehrperson möglicherweise auf dieser Ebene ein?

Hat der Diskurs um sexuellen Missbrauch, körperliche Übergriffe usw. nicht auch eine ziemliche Verunsicherung auf dem Gebiet der körperlichen Berührungen im pädagogischen Feld hervorgerufen? Viele Pädagoginnen und Pädagogen stehen vielleicht auf dem Standpunkt, dass sie lieber gleich allen Berührungen mit Schülerinnen und Schülern aus dem Weg gehen, bevor sie sich irgendeinen *Verdacht* o.ä. aufladen. Sie würden die ihnen anvertrauten Kinder oder Jugendlichen nicht einmal mit den Fingerspitzen berühren, was einerseits in Anbetracht des gesamten Missbrauchsdiskurses nur verständlich ist, doch andererseits werden aufgrund solcher Restriktionen sehr wesentliche Ressourcen und Veränderungspotenziale nicht genutzt und verschenkt. Welche Auswege gibt es aus diesem Dilemma?

Ich sehe einen Zivildienstleistenden, der mich im Schwimmunterricht unterstützte, vor mir, wie er einer sehr *anstrengenden* Schülerin, um es vorsichtig zu sagen, über den nassen Schopf streichelt, weil sie es endlich geschafft hat, vier Bahnen am Stück zu schwimmen. Er streichelt ihr übers nasse Haar, belohnt sie wie der Tierpfleger im Zoo eine Seerobbe, spontan. Das Mädchen strahlt und schwimmt davon, um noch einmal vier Bahnen zu schaffen. Ich selber hätte mir diese Spontaneität bei diesem Mädchen nicht geleistet. Aus den verschiedensten Gründen schätzte ich es als hochproblematisch ein, sie auch nur mit den Fingerspitzen zu berühren. Sie war ohne Vater aufgewachsen und wusste folglich gar nichts darüber, wie ein Vater seine Kinder berührt. Sie war in diesem Punkt also sehr verhaltensunsicher. Hinzu kam, dass sie mit ihren dreizehn Jahren körperlich schon so reif war, dass sie aufgrund ihrer Phantasien viele Dinge unter sexuellem Vorzeichen interpretierte, auch wenn es dazu nicht den geringsten Anlass gab. Den Zivildienstleistenden vermochte sie vielleicht eher als älteren Bruder anzusehen. Soweit dieses Beispiel. Wir brauchen auf diesem Gebiet handfeste Forschung. Nur dass kann Pädagoginnen und Pädagogen in Zukunft Handlungssicherheit auf diesem komplizierten Gebiet geben.

PRODUKTIVES DENKEN UND HANDELN FÖRDERN

Das Herstellen von pädagogisch-therapeutisch bedeutsamen Bindungsbeziehungen, die erst einmal die Basis für weitergehende explorative Lernprozesse legen sollen, war bisher das Thema. Doch wie lässt sich bei den Kindern und Jugendlichen mit einer Verhaltens- oder Verweigerungsproblematik nun ein Einstieg in produktive Denk- und Lernprozesse finden? Durch welche Merkmale zeichnet sich nun eine pädagogische Beziehung aus, die produktives Denken und Handeln, Kreativität usw. zu fördern in der Lage ist, Konzepte, die ich durchaus im Zentrum der didaktischen Variationen ansiedeln würde. Gibt es theoretische und empirische Grundlagen, auf die wir uns in der Konstruktion eines pädagogischen Interaktionsverhaltens stützen können, das produktives Denken und Handeln und kreatives Lernen auf den verschiedenen Sachgebieten fördern kann? Während früherer Recherchen[296] stieß ich etwa auf eine Reihe von Ergebnissen bezüglich des Zusammenhangs zwischen Erziehungsstil und Kreativität. Möglicherweise lassen sich von hier aus einige Anhaltspunkte gewinnen, die auch neue Forschungen auf diesem Gebiet anstoßen können.

---

[296] Bröcher, J.: Kreative Intelligenz und Lernen. Eine Untersuchung zur Förderung schöpferischen Denkens und Handelns unter anderem in einem Universitären Sommercamp. München 1989; Neuauflage unter dem Titel: Hochintelligente kreativ begaben. Münster, Hamburg, London 2005

Ohne hier auf die forschungsmethodischen Schwierigkeiten, die auf diesem Gebiet zweifellos liegen, in aller Ausführlichkeit eingehen zu können, ich habe das ja in der Untersuchung „Kreative Intelligenz" bereits getan, so sehe ich hier doch eine besonders interessante Möglichkeit, zu Aussagen hinsichtlich der kreativitätsfördernden Beziehungsqualitäten zwischen Kindern und Erwachsenen zu gelangen, indem deren Verhalten in konkreten, aufgabenbezogenen Situationen beobachtet und ausgewertet wird. Die Mutter-Kind-Versuche von Rainer Krause[297], auch wenn sie schon einige Jahre zurückliegen, halte ich in dieser Hinsicht für äußerst aufschlussreich. Ich werde die Ergebnisse weiter unten daher genauer vorstellen.

Beginnen wir nun mit der Frage, welche Hinweise sich für einen kreativitätsfördernden Erziehungsstil, der in vielen Untersuchungen von einem rein intelligenzbezogenen Erziehungsstil abgegrenzt wird, ergeben, wenn wir zunächst einmal von den Selbsteinschätzungen von Eltern ausgehen?

Intelligenz wird dabei verstanden als logisches, schlussfolgerndes und konvergentes Denken, während Kreativität eher schöpferisch, assoziativ und divergent ausgerichtet ist. Mit Blick auf die Kinder und Jugendlichen mit Verhaltensproblemen und Schulverweigerung sind wir ja prinzipiell an *beidem* interessiert. Allerdings folge ich hier einmal der Hypothese, dass das produktiv-schöpferische Denken für den Umgang mit den zahlreichen Lebensproblemen, aber auch aufgrund der Stagnation in den herkömmlichen Lernprozessen von Kindern und Jugendlichen mit Verhaltensproblemen und Verweigerungsproblematik einen ganz besonderen Stellenwert besitzen könnte und daher hier vorrangig betrachtet werden soll.

Eltern kreativer Kinder zeigten sich ihren Kindern gegenüber weniger dominant und boten ihnen mehr Anregung.[298] Väter kreativer Jungen schätzten Neugier prinzipiell als wertvolle Eigenschaft ein. Die Mütter der Kreativen sahen sich selbst als eher

---

[297] Krause, R.: Produktives Denken bei Kindern. Untersuchungen über Kreativität. Weinheim & Basel 1977
[298] Weisberg, P. S. & K. J. Springer: Environmental factors in creative function - a study of gifted children. In: Archives of General Psychiatry, 1961, 5, 554 - 564

akzeptierend und gaben an, sich in ihren Rollen als Mütter wohl zu fühlen.[299] Mütter kreativer Kinder förderten stärker die Aufgeschlossenheit gegenüber Neuem, vielfältiges Interesse und Risikobereitschaft und hielten ihre Kinder weniger zu konformem Verhalten an. Der familiäre Erziehungsstil tolerierte in stärkerem Maße individuelle Unterschiede. Die Mütter der Hochkreativen sahen genau wie die Mütter der Hochintelligenten auch störende Verhaltensweisen in bezug auf gute Schulleistungen, sie ließen ihre Kinder aber eher gewähren.

Die Mütter der Hochkreativen wünschten sich für ihr Kind vor allem Freunde mit inneren Qualitäten wie Offenheit, breite Interessen u.a.[300] Die Eltern der Hochkreativen zeigten deutlich eine positive Einstellung gegenüber dem Lernen. Sie ermutigten forschendes Tun und unabhängiges Denken bei ihren Kindern. Sie hielten ungewöhnliche Ansichten aufrecht und tendierten dazu, die Anliegen von Minoritäten zu unterstützen.[301] Eltern hochkreativer Kinder zeigten sich eher geneigt, über ihre negativen Eigenschaften und die des Partners oder der Partnerin zu sprechen.[302] Aus diesem Ergebnis ziehen die Autoren vorsichtig den Schluss, dass diese Eltern prinzipiell offener für die eigenen Gefühle und die anderer seien. Auch Weisberg & Springer gelangten in ihrer Untersuchung zu dem Ergebnis, dass die Eltern hochkreativer Kinder einen relativ offenen Kommunikationsstil praktizieren und mit weniger Vorbehalt, auch in Gegenwart der Kinder, über ihre Probleme sprechen.

Als ein weiteres Ergebnis wird von Dreyer & Wells genannt, dass die Eltern der Hochkreativen weniger Übereinstimmung hinsichtlich häuslich-familiärer Werte zeigten. Die Mütter der hochkreativen Kinder interessierten sich wesentlich stärker für die Bewältigung des täglichen Lebens als die Mütter in der Vergleichsgruppe. Weiterhin betonten die Mütter der Hochkreativen

---

[299] Holland, J. L.: Creative and academic performance among talented adolescents. In: Journal of Educational Psychology, 1961, 52, 136 - 147
[300] Getzels, J. W. & P. W. Jackson: Creativity and intelligence. New York 1962
[301] Goertzel, V. H. & M. G. Goertzel: Cradles of eminence. Boston 1962
[302] Dreyer, A. S. & M. B. Wells: Parental values, parental control and creativity in young children. In: Journal of Marriage and the Family, Febr. 1966

in der Befragung insbesondere emotionale Sicherheit. Dreyer & Wells sehen in diesem Merkmal eine entscheidende Verbindung zum Aufbau von Vertrauen, Unabhängigkeit und Risikobereitschaft. Sowohl die befragten Mütter als auch die Väter der Hochkreativen fanden es weniger wichtig, in Gesellschaft zu sein als die Eltern der Vergleichsgruppe.

Die Eltern der Hochkreativen zeigten eine aktivere Einstellung im Umgang mit Problemen. Die Mütter kreativer Gymnasiasten verhielten sich weniger fürsorglich im Vergleich zu den Müttern einer weniger kreativen Kontrollgruppe.[303] Die Mütter kreativer Mädchen wiesen eine größere Breite an Interessen auf.[304] Beide Elternteile von kreativen Kindern beschrieben sich selbst als unabhängiger und neugieriger als die Eltern der Vergleichsgruppe. Die Väter der kreativen Kinder gaben an, in ihrer eigenen Kindheit sehr viel alleine unternommen zu haben. Sie berichteten über signifikant mehr „einsame Aktivitäten" als die Väter der Kontrollgruppe. Die Mütter der kreativen Mädchen legten mehr Wert auf die Gleichberechtigung der Kinder und zeigten sich weniger abschirmend gegenüber Einflüssen der Umgebung.[305]

Die Väter der Hochkreativen zeigten sich mit ihrem eigenen Erziehungsverhalten und mit ihrer Elternrolle zufrieden. Sie sahen sich selbst als streng und kontrollierend, und erwarteten, dass das Kind den von ihnen aufgestellten Verhaltensregeln folgt, ohne allerdings zu erwarten, dass das Kind das widerspruchslos hinnimmt. Das Kind darf auch seine Affekte, Verstimmungen usw. zeigen.[306] Die Väter der Hochkreativen zeigten sich selbstzufrieden, hatten also keinen internen psychischen Konflikt, dafür aber einen Konflikt zwischen sich und dem Kind. Wohl in der Annahme, dass ihre Anordnungen vernünftig seien, verlangten sie deren strikte Befolgung, allerdings ohne ihr Kind dabei zu demü-

---

[303] Domino, G.: Maternal personality correlates of son´s creativity. In: Journal of Consulting and clinical psychology, 1969, 33, 180 - 183
[304] Dewing, K. & R. Taft: Some characteristics of the parents of creative twelve-year-olds. In: Journal of Personality, 1973, 41, 71 - 85
[305] ebd.
[306] Krause, Produktives Denken bei Kindern...

tigen, indem sie auch noch verlangt hätten, dass das Kind die Befolgung gerne ausführen würde.

Schließen wir nun die Frage an, welche Anhaltspunkte sich für einen kreativitätshemmenden Erziehungsstil ergeben, wenn wir von den Selbsteinschätzungen von Eltern ausgehen. Als weniger kreative Vergleichsgruppen dienten bei den von mir ausgewerteten Untersuchungen in der Regel intelligente oder hochintelligente Kinder bzw. Jugendliche im Sinne einer konvergenten oder logischen Intelligenzausrichtung. Die Väter dieser Adoleszenten wünschten sich vor allem, dass ihre Söhne gute Lerner seien. Die Frage nach der Unabhängigkeit ihrer Söhne beschäftigte sie dagegen nicht.

Die Mütter tendierten dazu, sich als autoritär zu beschreiben und offene Kommunikation zu vermeiden. Innerhalb der Familie schienen sie eine Art Märtyrerrolle einzunehmen und Aggressionen zu unterdrücken. Sie legten großen Wert auf die Beschleunigung der geistigen Entwicklung der Kinder oder Jugendlichen.[307] Nichols[308] untersuchte die Erziehungseinstellungen von über tausend Müttern. Es zeigte sich, dass Mütter mit hohen Werten auf der Autoritätsskala weniger kreative und originelle Kinder hatten, jene Kinder aber in der Schule erfolgreicher waren als ihre hochintelligenten Altersgenossen mit weniger autoritären Müttern. Die Mütter der konvergent-intelligenten Kinder legten besonderen Wert auf Sekundärtugenden wie Sauberkeit, gutes Benehmen, Fleiß.

In der Untersuchung von Getzels & Jackson[309] wirkten die Eltern Hochintelligenter durchgehend besorgter, unsicherer und sehr kindzentriert. Beide machten sich Sorgen über den richtigen Weg, die Kinder groß zu ziehen. Sie stimulierten das Kind reichhaltig, zum Beispiel durch vielfältigen Lesestoff, etwa naturwissenschaftliche Zeitschriften, und übten offenen und/ oder versteckten Druck in Richtung auf das Erreichen guter Schulleistungen aus. Die Mütter beobachteten ihre Kinder intensiver. Die Mütter der

---

[307] Weisberg & Springer, Environmental factors in creative function...
[308] Nichols, R.C.: Parental attitudes of mothers of intelligent adolescents and creativity of their children. In: Child Development, 1964, 35, 1041 - 1049
[309] Getzels & Jackson, Creativity and Intelligence...

Hochintelligenten behaupteten, dass ihre Kinder nie einmal der Schule aus Unlust fernbleiben würden, obgleich sie die Schule sehr häufig kritisierten, vor allem, weil es zuwenig Drill und Disziplin gäbe. Sie wünschten für ihre Kinder Freunde vor allem mit guten Umgangsformen.[310]

Die Mütter weniger Kreativer zeigten eine stärkere Außen-/Gemeinschaftsorientierung („a place in the community"). Dieselben Mütter betonten, ihren Kindern weniger emotionale Sicherheit zu geben, dafür waren beide Elternteile stärker auf das Leben in Gemeinschaft und Gesellschaft ausgerichtet.[311] Die Mütter der weniger kreativen Kinder insistierten darauf, dass ihre Söhne ihnen ähnlicher seien als deren Vätern.[312] Die Väter der Niedrigkreativen äußerten ein ausgeprägtes Gefühl der Unstimmigkeit zwischen ihren Erziehungsnormen und ihrem Erziehungsverhalten dergestalt, dass sie ihr Kind für zu weich erzogen hielten.[313] Krause interpretiert diesen Befund in der Weise, dass die Väter der niedrig kreativen Kinder versuchten, den Konflikt mit dem Kind zu minimieren. Dafür erlebten sie einen ausgeprägten Konflikt, ein Gefühl der Unstimmigkeit zwischen ihren Sollvorstellungen über die richtige Erziehung und ihrem eigenen Verhalten.

Unternehmen wir einen Versuch, diese Vielfalt an Ergebnissen zusammenzufassen: Ein kreativitätsfördernder Erziehungs- und Interaktionsstil ist, nach den genannten Untersuchungen, gekennzeichnet durch: Offenheit in der Kommunikation, den freien Ausdruck von Gefühlen, auch von negativen Gefühlen; die Förderung der Unabhängigkeit der Kinder, eine ungezwungene Einstellung gegenüber dem schulischen Lernen, die Betonung innerer Werte, Zufriedenheit mit sich selbst und Kongruenz hinsichtlich der Elternrolle im Sinne der Übereinstimmung zwischen Erziehungsidealen und tatsächlichem Erziehungsverhalten. Schließlich ist ein Kreativität und produktives Denken und Handeln fördernder Erziehungs- oder Interaktionsstil charakterisiert durch das Bewusst-

---

[310] ebd.
[311] Dreyer & Wells, Parental values…
[312] Dewing & Taft, Some characteristics of the parents of creative twelve-year-olds…
[313] Krause, Produktives Denken bei Kindern…

sein, emotionale Sicherheit zu vermitteln sowie das Fehlen von übertriebener Besorgtheit und übermäßiger Kindzentriertheit.

Nun können wir solche Untersuchungsergebnisse nicht 1:1 auf die Pädagogik bei Verhaltensproblemen und Schulverweigerung übertragen, weil uns ja immer die Lernfrustration und die innere Gekränktheit und Verletztheit der Kinder und Jugendlichen dazwischen kommt. Und dennoch sind das vielleicht Orientierungen, die einen Handlungsrahmen für die pädagogische Intervention abzustecken vermögen.

Welche Anhaltspunkte ergeben sich nun, wenn wir nach kreativitätsfördernden Merkmalen des elterlichen Erziehungsstils fragen, wie diese Aspekte aus der Sicht der Kinder erlebt und wahrgenommen werden? Hochkreative Kinder erlebten von ihren Eltern mehr Zuneigung[314] und schilderten ihre Väter als weniger autoritär, zwangloser und autonomer in ihrem Verhalten. Ihre Mütter nahmen sie als weniger bestrafend und kontrollierend, weniger einengend und abweisend wahr.[315] Es zeigte sich eine positive Beziehung zwischen mütterlicher Unterstützung und Werten verbaler Kreativität.[316]

Silberberg[317] errechnete für die befragten Jungen einen signifikanten Wert bezüglich der Beziehung zwischen produktivem und flüssigem Denken und väterlicher Akzeptanz. Die Kreativen nahmen ihr Elternhaus vor allem in psychologischer Hinsicht negativer wahr. Sie ließen kritische Ansichten über ihre Eltern eher zu und neigten weniger zur Idealisierung ihres Elternhauses.[318] Krause leitet aus seinem Befund den Erziehungsgrundsatz ab, „dass die Eltern, Lehrer usw. Kritik ertragen können müssten

---

[314] Richardson, R.L.: Parent-child relationships and the divergent student, 1966, Diss. Abstr. 26, 9, 5342
[315] Datta, E. & M.B. Parloff: On the relevance of autonomy: parent-child relationships and early scientific creativity, 1967, Proc. 75 th Ann. Conv. APA, 149 - 150
[316] Finster, H.: Kreativität und Persönlichkeit. Universität Würzburg 1971
[317] Silberberg, R.A.: The relationship of children´s perception of parental behavior to the creativity of their children, 1971, Diss. Abstr. 31, 12 - A, 6412
[318] Krause, R.: Kreativität – Untersuchungen zu einem problematischen Konzept. München 1972

und sich vor allem nicht als Alleskönner und Alleswisser hochstilisieren dürften."

Scheinbar in völligem Gegensatz dazu steht das folgende Untersuchungsergebnis: Schüler sprachen in der Beschreibung ihrer an Kreativität interessierten Lehrer eher von fordernden Persönlichkeiten, an denen die autoritäre Grundstruktur überwog.[319] Diejenigen Jungen und Mädchen, die über distanziertes Elternverhalten berichteten, waren auch diejenigen, die als kreativer ermittelt wurden. Bei beiden Geschlechtern zeigte sich hoch kooperatives Elternverhalten mit erhöhter Kreativität gekoppelt.[320] Die kindseitige Perzeption eines kreativitätsfördernden Erziehungsstils in Richtung auf beide Elternteile wies folgende Merkmale auf: direkte Belohnung, geringe Strenge, hohe Erfolgserwartung, geringe konformistische Anpassungserwartung, hohe Anregung, geringe Forderungen hinsichtlich Selbstständigkeit und intellektueller Leistungen.[321] Originalität bei sprachlichem und zeichnerischem Material zeigte sich in positiver Beziehung zu mütterlicher Unterstützung.[322]

Von besonderem Interesse sind auch die Befunde im Hinblick auf soziale Kreativität: Divergente Produktivität in der Analyse und Lösung von Interaktions- und Frustrationssituationen zeigte sich von Erziehungsvariablen weitgehend unabhängig. Die Fähigkeit zum Perspektivewechsel stand besonders mit wahrgenommenen väterlichen Erziehungsstildimensionen in Zusammenhang. Kinder, die ihre Väter als hilfreich schildern, zeigten sich eher in der Lage, in Interaktionssituationen einen Perspektivewechsel vorzunehmen, das heißt, sich etwa in die Lage von anderen hinein versetzen zu können.

---

[319] Krause, R.: Kommunikationsstrukturen und Problemlösungsverhalten in bezug auf Unterrichtssituationen. In: Eckensberger & Eckensberger (Hrsg.): Bericht über den 28. Kongress der dt. Gesellschaft für Psychologie, Göttingen 1974, S. 58 - 66
[320] Wamser, S.: Der Einfluss des elterlichen Erziehungsverhaltens auf die Kreativität bei Neunjährigen. Diss., Graz 1974
[321] Lohmann, J.: Kreativität, Persönlichkeit, Erziehung. Eine empirische Analyse der Korrelate kreativen Verhaltens. Diss., Trier 1975
[322] Wanninger, G.R.: Kreativität bei Kindern im Leistungs- und Sozialbereich. Diss., Würzburg 1981

Kreativitätshemmendes Erwachsenenverhalten zeigt sich aus der Sicht der Kinder auf der Basis empirischer Untersuchungen wie folgt: Weniger Kreative nahmen auf der einen Seite mehr Zurückweisung wahr.[323] Andererseits wurden bei den Mädchen diejenigen, die über schützende und übertriebene Fürsorge berichteten, als weniger kreativ eingeschätzt.[324] Im Hinblick auf sachbezogene Kreativität kam es zu den folgenden Ergebnissen: Einfallsfülle und Wendigkeit bei wortgebundenem divergenten Denken standen in negativem Zusammenhang zu väterlicher Strenge.[325] Sorgfältige zeichnerische Gestaltung mit sprachschöpferischer Findigkeit wurde sowohl von mütterlicher wie väterlicher Strenge an der Entfaltung gehemmt. Sachbezogene Originalität stand in negativer Beziehung zu mütterlicher Strenge. Für das Zustandekommen sozialer Kreativität fand Wanninger, dass mangelnde Flexibilität in der Frustrationsverarbeitung tendenziell positiv mit mütterlicher Unterstützung und mütterlicher/ väterlicher Strenge in Beziehung stand. Ein kreativitätshemmendes Erziehungsklima lässt sich vor dem Hintergrund der Befunde von Wanninger wie folgt charakterisieren: Der mütterliche Kontakt zum Kind ist sowohl über Unterstützung und über Strenge „dicht", das heißt durch viele Eingriffe von Seiten der Mutter gekennzeichnet, bei gleichzeitiger verbotsorientierter Erziehung durch den Vater.

Fasst man die kreativitätsfördernden Merkmale im Elternverhalten, wie sie die Heranwachsenden wahrnehmen, zusammen, ergibt sich das folgende Bild: Die Eltern der kreativen Kinder werden beschrieben als mal mehr und mal weniger autoritär, zwanglos, autonom, wenig bestrafend, wenig kontrollierend, unterstützend, akzeptierend, fördernd, distanziert, kooperativ, wenig streng, kaum Konformität und Anpassung erwartend, emotional zugewandt, anregend, intellektuelle Leistungen weniger betonend. Es zeigt sich also eine tendenzielle Übereinstimmung mit den Analysen der eingangs referierten Ergebnisse von Elternaussagen.

---

[323] Richardson, Parent-child relationships and the divergent student...
[324] Wamser, Einfluss des elterlichen Erziehungsverhaltens auf die Kreativität...
[325] Wanninger, Kreativität bei Kindern..., S. 140

Doch wie lassen sich die referierten Ergebnisse insgesamt auf einen gemeinsamen Nenner bringen? Die folgenden Gesichtspunkte erscheinen wesentlich für einen kreativitätsfördernden Erziehungsstil, wie er in den oben genannten Untersuchungen von den Kindern und Jugendlichen wahrgenommen wurde: Das Fehlen von verbotsorientierter oder autoritärer Strenge, das Fehlen von Bestrafung, das Ausbleiben einer einengenden affektiven Zuwendung, die durch viele Eingriffe gekennzeichnet ist und sich als eine subtile psychologische Kontrolle auswirkt, das Praktizieren eines eher distanzierten aber kooperativen Beziehungsverhaltens, das Zeigen von Unterstützung im Sinne von Zuneigung und Anregung, Zwanglosigkeit und Autonomie im Verhalten, eine zwar hohe Erfolgserwartung, jedoch keine übermäßige Erfolgsorientierung[326] sowie eine geringe konformistische Anpassungserwartung.

Krause[327] synthetisiert die oben dargelegte Vielfalt an Befunden, im Anschluss an seine eigenen Literaturrecherchen, zu einem Cluster der „distanzierten Kooperation". Hiermit bezeichnet er dasjenige Interaktionsmuster, das für den kreativen Lernprozess von Heranwachsenden von entscheidender Bedeutung sei. Übertragen wir diese Ergebnisse wiederum auf den Erziehungshilfe- und Schulverweigererbereich, so müsste das Cluster der „distanzierten Kooperation" nun quasi mit dem Konzept der „Bindungsbeziehung" (Bowlby), die ja sukzessive in eine explorative Lehr-Lern-Beziehung transformiert werden soll, verknüpft werden.

R. Krause diskutiert insbesondere das Phänomen der Kontrolle im Erziehungsverhalten. Abgesehen von einer äußeren Verhaltenskontrolle im autoritären Sinne existiert eine nach außen sehr freundlich verpackte Form der Kontrolle, die sich einerseits als elterliches Wohlwollen bzw. affektive Zuwendung präsentiert, andererseits die Kinder zum Aufgeben autonomer Verhaltensweisen drängt.

Dieser Erziehungsstil erfordert nach Krause hohe Verständnisleistungen von Seiten eines Kindes, weil ja in einem solchen Be-

---

[326] Torrance, E.P. (1963): Education and creative potential. Minneapolis 1968
[327] Krause, Produktives Denken bei Kindern...

ziehungsverhältnis das Verhalten des Kindes über das Wohlbefinden, die Zufriedenheit und die Emotionen seiner Eltern gesteuert wird, indem diese etwa freudig, traurig, enttäuscht usw. auf das kindliche Verhalten reagieren. Die Aktivitäten des Kindes seien nicht per se von Interesse, sondern nur unter der Perspektive, was sie in den Eltern auslösen. Bartram[328] bezeichnet diesen, als wenig förderlich geltenden, Beziehungs- und Erziehungsstil auch als „reaktionsorientierte Unterstützung".

Abschließend soll hier auf die empirischen Untersuchungen von R. Krause[329] zum interaktiven Verhalten kreativer und weniger kreativer Kinder mit ihren Müttern Bezug genommen werden, weil diese von besonderer Prägnanz für kreatives und produktives Denken und Handeln zu sein scheinen sowie möglicherweise interessant für die im Erziehungshilfe- und Schulverweigerersektor notwendigen Beziehungskonstruktionen und didaktischen Variationen sein könnten. Krause provozierte auf experimenteller Basis konkrete Problemlösesituationen, in denen insbesondere schöpferische oder kreative Verhaltensweisen von Nutzen waren. Anhand dieser Versuche gelang es, eine Reihe von Denkabläufen im äußeren Verhalten sowie Wechselwirkungen mit kommunikativen oder affektiven Prozessen bzw. Faktoren in der Beziehung zwischen Mutter und Kind zu untersuchen.

Ausgehend von der Annahme, dass typische Formen von Problemlösungsverhalten bzw. kognitive Stile aus typischen Interaktionsmustern mit den primären Bezugspersonen (Eltern) entstehen[330], untersuchte Krause die problembezogene Interaktion von Müttern und ihren Kindern. Als konkrete Aufgabe wählte Krause das Zusammenbauen der „Schultzpumpe". Die etwa zwanzig Einzelteile dieser kleinen Maschine liegen zu Beginn des Experimentes in einer Schachtel durcheinander, ohne dass er-

---

[328] Bartram, M.: Zum Konzept der reiz- und reaktionsorientierten elterlichen Bekräftigung. Untersuchungen zum Zusammenhang der elterlichen Erziehungsstile mit der Kreativität, der Motivation und dem schulischen Lernen. Diss., Osnabrück 1976
[329] Krause, Produktives Denken bei Kindern..., S. 235 ff.
[330] Doise, W.: Soziale Interaktion und kognitive Entwicklung. In: Steiner, G. (Hrsg.): Die Psychologie des 20. Jahrhunderts. Band VIII, Piaget und die Folgen. Zürich 1978, 331 - 347

kennbar ist, was daraus werden könnte. Das Zusammensetzen der Schultzpumpe eignet sich nach Auffassung von Krause besonders gut für die Beobachtung interaktiven Verhaltens, da es eine Grundplatte gibt, auf der alle Teillösungen fixiert werden müssen.

Aus dem Umstand heraus, dass die Mütter selbst nicht wussten, was sich aus den Teilen ergeben würde, erwartete Krause zutreffenderweise eine erhöhte Motivation von Seiten der Mütter, in den Problemlöseprozess einzugreifen. Die Mutter-Kind-Paare erhielten folgende Versuchsinstruktion, zunächst für das Kind: „Sieh dort, in dieser Schachtel sind viele Metallteile. Wenn man sie zusammensetzt, gibt es etwas Sinnvolles. Du hast soviel Zeit zum Zusammensetzen, wie du willst." Anschließend zur Mutter: „Sie können Ihrem Kind helfen, wenn Sie es für nötig halten."

Der gesamte Prozess wurde auf Video aufgenommen. Zur Auswertung des Mutterverhaltens bzw. des Kindverhaltens dienten als Kategorien: Sprechen (Inhalt: sachbezogen oder personbezogen?), Handeln (allein oder in Kooperation?), Affekt (negativ oder positiv?), Evaluierung (sachbezogen oder personbezogen? negativ oder positiv?) sowie Direktivität (Ausmaß, Stärke?). Die Verhaltensbeobachtungen und Verhaltensauswertungen erbrachten die folgenden Ergebnisse:

Jungen handelten mehr allein als Mädchen. Die Kreativen handelten, unabhängig vom Geschlecht, mehr. Sie verhielten sich aktiver, wogegen die Niedrigkreativen die Handlungsinitiative eher der Mutter überließen. Die Mütter der Hochkreativen handelten mehr in Verbindung mit ihrem Kind. Sie griffen häufig in die Handlungen des Kindes ein; besonders intensiv bei den Mädchen. Bei den niedrigkreativen Jungen verhielten sich die Mütter besonders zurückhaltend. Wie aus dem begleitenden Fragebogen ersichtlich, schrieben die Mütter den niedrigkreativen Jungen besondere Handlungskompetenzen zu, während sie bei Mädchen eher dem Gefühl nachgingen, sie müssten helfen.

Aber auch bei den Mädchen erwiesen sich die Mütter der Kreativen handlungsfreudiger. Die Mütter der kreativen Kinder zeigten Neugier, kümmerten sich wenig um die Instruktion und ließen sich sehr schnell und intensiv vom Aufforderungscharakter der Aufgabe faszinieren. Handlungsbestimmend war nicht, wer von beiden Partnern Hilfe nötig brauchte und der Aufmunterung durch positive Affekte bedurfte, sondern die innere Dynamik des Problemlöseprozesses. Die Mütter der Kreativen zeigten sich direktiver in ihren verbalen Anordnungen und nonverbalen Eingriffen. Den Mädchen gegenüber verhielten sie sich durchgängig direktiver. Die Interaktionen zwischen den Müttern und ihren Töchtern erwiesen sich als dichter.

Dass die Direktivität der Mutter keinen schädigenden oder hemmenden Einfluss gewinnen konnte, dafür sorgten die kreativen Kinder. Sie verhielten sich nämlich selbst sehr direktiv. Sie reagierten fordernder, aktiver, sowohl in ihren Handlungen als auch in ihren Forderungen um Hilfe und der problembezogenen Kritik an ihren Müttern. Die Mädchen zeigten sich ihren Müttern gegenüber direktiver. Mutter und Tochter ließen die stärkere Tendenz erkennen, sich wechselseitig negativer zu evaluieren als Mutter und Sohn. Die Mütter der hochkreativen Kinder evaluierten mehr negativ als die Mütter der niedrigkreativen Kinder.

Auf welchen gemeinsamen Nenner lassen sich diese Einzelbeobachtungen nun bringen? Die von Krause durchgeführten Korrelationsstudien ergaben einen engen Zusammenhang zwischen den Variablen „Direktivität", „Handeln", „verbales Eingreifen" und „negative Evaluierung". Krause spricht von einem aktiven, eingreifenden und steuernden Verhaltensstil von Seiten der Mütter kreativer Kinder.

Dieses Ergebnis entspricht in keiner Weise den Ausgangshypothesen des Untersuchers. Erwartet wurde eher, dass direktives, eingreifendes und negativ evaluierendes Verhalten von Bezugspersonen die kreativen Denk- und Handlungsabläufe blockieren würde. Beziehen wir jedoch das Verhalten der kreativen Kinder mit in unsere Überlegungen ein, ergibt sich ein verändertes Bild. Denn auch die untersuchten und beobachteten kreativen Kinder verhielten sich direktiver und kooperierten eng mit ihren aktiven Müttern. Jungen handelten, ihren (damaligen?) Rollen entsprechend (das Experiment fand vor ca. 25 Jahren statt, J.B.), mehr allein. Mädchen zeigten sich wesentlich kooperativer als Jungen, Kreative kooperativer als Nichtkreative.

Der Kern der Sache scheint nach Krause im Wechselverhältnis der Verhaltensstile zu liegen. Das aktivere Verhalten der Mütter der Kreativen führte zu einer stärkeren Aktivierung des Verhaltens der Kinder und umgekehrt. Es bestätigte sich also nicht die Annahme, dass problembezogene Handlungen von Müttern die Verhaltensspielräume ihrer kreativen Kinder einengen, sondern es kam eher zu einer gegenseitigen Förderung, was sich im einzelnen in einer flüssigen, entspannten, aktiven Atmosphäre zwischen den beiden Interaktionspartnern zeigte. Zu Beginn verfolgten beide Partner häufig unabhängig voneinander eigene Teilkonzepte, was dadurch, dass so viele Maschinenteile noch nicht verarbeitet waren, möglich war. Mutter und Kind behinderten sich aber gegenseitig nicht und teilten sich wechselseitig ihre Ergebnisse mit. Schließlich übernahm einer der Partner die Regie, und der andere versuchte, die Handlungen des anderen nachzuvollziehen. Dieses Verhaltensmerkmal zeigte sich vor allem dann, wenn ein Partner sein eigenes Teilkonzept als unrichtig erkannte. Die Mütter der Kreativen wechselten dann in eine Assistenz- und Hilfeleistungsrolle. Die Rollenverteilung ergab sich also auf natürliche Weise aus der Handlungskompetenz und wechselte mehrfach.

Das Verhalten der Mütter der niedrigkreativen Kinder beschränkte sich auf ein eher wahl- und zielloses Zureichen und Zuschieben von Teilen und gewann dadurch einen drängenden Beigeschmack etwa im Sinne von: *Das alles hast du noch nicht verarbeitet.* Die Tendenz, alleine zu handeln, versteht Krause nicht ohne weiteres als Zeichen einer entwickelten Autonomie, denn extrem wenig Kooperation zeigten ja die niedrigkreativen Jungen. Krause beobachtete, dass die Niedrigkreativen das rollenspezifische Verhalten jeweils besonders ausgeprägt ausagierten, während die kreativen Kinder jeweils Verhaltenssegmente aus dem Rollenrepertoire des anderen Geschlechts übernahmen.[331] Entsprechend verhielten sich kreative Mädchen aktiver, kreative Jungen kooperativer und weniger auf ihre Autonomie versessen.

Ebenfalls im Gegensatz zu den anfänglichen Erwartungen zeigten die Mütter der kreativen Kinder weniger positive Affekte.

---

[331] vgl. auch Torrance, Education and creative potential...

Aus der Verlaufsanalyse der Videoaufnahmen wurde deutlich, dass die von den Müttern der niedrigkreativen Kinder gezeigten Affekte weniger die überdauernde, langfristige affektive Grundstimmung reflektierten, sondern eine bewusste Demonstration affektiver Zuwendung darstellten. Die ausgetauschten Affekte, wie Zulächeln o.ä., waren nicht erkennbar mit dem eigentlichen Problem verknüpft. Sears, Maccoby & Lewin[332] bezeichnen diese von Müttern niedrigkreativer Kinder gezeigte Einstellung als „affectionate demonstrativeness".

Hierbei handelt es sich, in der Interpretation von Krause, um ein Verhaltensmuster, das emotionale Abhängigkeit auf Seiten des Kindes erzeugt. Denn das Ausbleiben eines positiven Affektausdrucks würde vom Kind nach einer gewissen Zeit als Bestrafung im Sinne des „time out" interpretiert. Krause vermutet, dass das periodische Zeigen von positiven Affekten unabhängig vom Fortgang des Problemlösungsprozesses im Grunde die Funktion hat, eine „ungeklärte, ambivalente Grundstimmung in der Beziehung von Mutter und Kind durch affektbetonte Signale zu klären." Das könnte aber genau die Ebene sein, die wir bei Kindern und Jugendlichen mit Verhaltensproblemen und Lernverweigerung beachten müssen, wenn es uns darum geht, von der Bindungsbeziehung zur explorativen Beziehung zu gelangen und beides miteinander zu verschränken. Doch was ist hier der richtige Weg?

Die geringere Bereitschaft jener Mütter niedrigkreativer Kinder auf der Sachebene einzugreifen, könnte darauf hindeuten, dass sie die Einstellung praktizierten, die Beziehungsebene bedürfe einer fortlaufenden Klärung und Sicherung (Interessant ist natürlich, an dieser Stelle eine Querverbindung zur Aktivierung des Bindungssystems bzw. Explorationssystems im Sinne von Bowlby zu ziehen).

Das problemzentrierte direkte Umgehen kreativer Kinder mit ihren Müttern und umgekehrt entsteht dagegen auf der Grundlage einer emotional geklärten und gesicherten Beziehung, was im

---

[332] Sears, R.R., Maccoby, E.E. & H. Lewin: Patterns of child rearing. N.Y. 1957

Erziehungshilfe- und Schulverweigererbereich ja nur schrittweise aufgebaut werden kann.

Bei den Kreativen tauchten ebenfalls Affekte und Evaluierungen auf, diese wurden jedoch mit dem Problemlösungsvorgang synchron geäußert, wie z.B. Aha-Erlebnisse, Schimpfen über die Widerspenstigkeit des Materials, Freude an einer Idee usw.

Als Ergebnis dieser experimentellen Untersuchungen der Mutter-Kind-Interaktionen von Krause lässt sich festhalten: Auf der Grundlage einer gesicherten und offenen, jedoch weder einengenden noch emotional abhängig machenden, Beziehung zwischen Mutter und Kind führen erstens sachbezogene und zweitens wechselseitige kooperative, direktive, aktiv-handelnde sowie evaluierende Verhaltensweisen, dies im Verbund mit einer hohen Interaktionsdichte, zu mehr produktivem Denken und Handeln, zu einer erhöhten Problemlösekompetenz von Kindern.

Deutlich wurde in diesen Versuchen auch, dass Kinder nicht nur als Objekt von Erzieherverhalten gesehen werden dürfen, sondern vielmehr die Funktion eines handelnden und aktiven Subjektes in Interaktionen wahrnehmen, aufgrund derer sie ihre kreative Problemlösekompetenz entwickeln.[333] Dieser Zusammenhang ist ja auch von Seiten des pädagogischen Konstruktivismus in den Vordergrund gestellt worden.

Betrachten wir nun noch einmal alle referierten und diskutierten Forschungsergebnisse in einer Gesamtschau, lassen sich trotz teilweise widersprüchlicher oder uneinheitlicher Befunde doch die folgenden Hauptergebnisse mit Blick auf die Konstruktion eines pädagogischen Handlungskonzeptes herausfiltern: Distanzierte, also nicht affektiv einengende, Kooperation; hohe problembezogene Interaktionsdichte; Vermeiden von Konformitätsdruck, emotionales Zugewandtsein, Akzeptieren von Anderssein usw.

Grundsätzlich ist davon auszugehen, dass die Heranwachsenden fähig sind, ein sich stellendes oder ein gestelltes Problem selbstständig zu lösen. Dieses Vertrauen in die Fähigkeiten des Kindes oder Jugendlichen schließt jedoch nicht aus, den Lernpro-

---

[333] vgl. auch Doise, Soziale Interaktion und kognitive Entwicklung...

zess oder Denkprozess durch begleitende Fragen und Impulse zu unterstützen und zu fördern. Das heißt, die Pädagoginnen oder Pädagogen gehen erstens in Gedanken mit den Lernenden mit und zeichnen mental und imaginierend deren Versuche, Richtungswechsel, Abbrüche und Neuanfänge nach. Zweitens wird versucht, den Lernenden durch passende Impulse, Anregungen und Denkanstöße zu neuen Ansatzpunkten oder Perspektiven zu verhelfen.

Die experimentellen Untersuchungen von R. Krause müssten vielleicht in der Gegenwart wiederholt werden, um eine mögliche Veränderung hinsichtlich des Rollenverhaltens von Jungen und Mädchen, aber auch mit Blick auf die Rolle von Müttern und Vätern, von weiblichen und männlichen Bezugspersonen im pädagogischen Feld für die Gegenwart zu untersuchen.

Es wäre aufschlussreich, ähnliche Experimente einmal unmittelbar mit Kindern und Jugendlichen mit einer Verhaltensproblematik oder mit Verweigerungstendenzen durchzuführen, einmal unter Einbeziehung ihrer Eltern, zum anderen in der Interaktion mit ihren Lehrkräften oder sonstigen pädagogischen Bezugspersonen. Im Sinne eines vorläufigen Ergebnisses, natürlich handelt es sich um eine Hypothese, die noch weitergehend zu prüfen wäre, halte ich hier fest, dass die mit Blick auf den Erziehungshilfe- und Schul- und Lernverweigererbereich von den Pädagogen einzugehende und zu gestaltende Bindungsbeziehung, erstens nicht in einer übertriebenen, das Kind möglicherweise einengenden Emotionalität oder Gefühlsorientierung münden darf. Zweitens muss diese Bindungsbeziehung eine Art Versachlichung oder Objektivierung dadurch erfahren, dass Lehrkräfte oder Pädagoginnen sich aktiv stimulierend in laufende, sachbezogene Problemlösungsprozesse einbringen, ohne dabei die Handlungsautonomie des Lernenden einzuschränken. Das heißt, sobald es die Beziehungslage erlaubt, begeben sich die Pädagogen gemeinsam mit dem Kind oder Jugendlichen ins explorative System, um hier wiederum auf das Denkmodell von Bowlby zurückzukommen.

Nun wird es vielleicht gerade in Teilen des Erziehungshilfebereichs, wo die Bindungsdefizite vermutlich am ausgeprägtesten sind, von besonderer Bedeutung sein, die beiden Folien Bindungsbeziehung und explorationsfördernde Beziehung sorgfältig übereinander zu legen. Traumatisierte und bindungsunsichere Kinder müssen vielleicht jederzeit spüren, dass *es* auf der Bindungsebene *stimmt*. Durch kleine Signale, wie Blickkontakt, Berührungen an der Schulter, persönliche und warmherzige Ansprache, Reichen einer Tasse Tee o.ä. könnte dies zu bewerkstelligen sein und zugleich könnten rein sachbezogene Impulse von der Lehrkraft erfolgen, die inhaltliches Lernen und fachlich orientierte Problemlöseprozesse befördern.

Wir benötigen hier fundierte Forschung, um herauszufinden, an welcher Stelle und in welcher Weise wir die äußerst störanfälligen Lernprozesse im Erziehungshilfe- und Schulverweigerersektor stabilisieren und absichern können.

LERNEN UND LERNEN BEGLEITEN
„Lernen kann als Ich-Funktion beschrieben werden, als ein in das Ich aufnehmender, integrativer Prozess, der es ermöglicht, neue Elemente mit bereits vorhandenen inneren Strukturen und Objekten zu verknüpfen. Genau diese Fähigkeit zur Verinnerlichung, zur Introjektion und Integration neuer Elemente gelingt bei Verhaltensproblemen oder verfestigten Verweigerungstendenzen nicht oder nur eingeschränkt, insofern traumatisierende, vernachlässigende, deprivierende oder von schwerer Armut geprägte Sozialisationsbedingungen die Errichtung eines stabilen und entwicklungsfähigen Ichs beeinträchtigen und zur Etablierung starrer Abwehrformen eines Not-Ichs beitragen."[334]

Die Lernenden geben sich unangepasst und uneinsichtig, indem sie sich dem fremdbestimmten, für sie im Augenblick *sinnlosen* Unterrichtsinhalt, der offenbar ohne Bezug ist zu ihren Lernbedürfnissen, nicht zuwenden wollen oder können. Sie streifen eine aufgesetzte didaktische Hülle von sich ab, da diese nicht zu ihren existentiellen Anliegen passt. Oftmals findet eine verzweifelte Rebellion gegen stupides, abstraktes, wenig anschauliches, zusammenhangloses Buch- und Arbeitsblattlernen statt. Der

---

[334] Garz, H.-G.: Sorgenkind Schule für Erziehungshilfe – Pädagogische und psychologische Perspektiven zum Umgang mit schwierigen Kindern. In: Zeitschrift für Heilpädagogik, 55. Jg., H. 1, 2004, 17 – 23, hier: S. 20

Streit darüber ist einige hundert Jahre alt, doch sind die Kinder und Jugendlichen, die mit Verhaltensauffälligkeiten und Lernstörungen reagieren, eben immer noch nicht zu der vielerorts geforderten Anpassung in der Lage. Es gelingt ihnen kaum, ihren Körper still in den engen Raum zwischen Stuhllehne, Tischkante und Arbeitsblatt hineinzuzwingen und die Bewegungsimpulse, die negativen Affekte, die Spannungen in sich auszulöschen, um sich ganz der Sache, die oftmals *irgendwo da vorne* in der Klasse verhandelt wird, zuzuwenden.

Sicher, die Heranwachsenden, von denen hier die Rede ist, sind fast alle in irgendeiner Weise vorschulisch oder außerschulisch traumatisiert, konfliktbelastet, sozial benachteiligt oder mit besonderen hirnorganischen Ausgangsbedingungen versehen. Sie haben nicht die Mittel, konstruktiv, sachbezogen oder effektiv an ihre Probleme und Defizite heranzugehen. Befreiung aus diesen für die Kinder unerfreulichen Zwangslagen vollzieht sich daher allenfalls als Destruktion oberflächlich geordneter, routinierter und subjektfern legitimierter Lehr-Lern-Prozesse. Das Kind fängt an zu *stören* oder es hört auf, irgendetwas verstehen zu wollen.

Diese Strategien rauben den Lehrkräften natürlich Energie und Zeit. Aktuelle Untersuchungen zum Thema Schulverweigerung und Schulabsentismus[335] zeigen an, wie groß der Handlungsbedarf gerade im präventiv-pädagogischen Bereich ist, um Schlimmeres, das heißt das völlige Entgleisen von Bildungsbiographien und das Wegbrechen ganzer Schülergruppen zu den gesellschaftlichen Randzonen hin, zu verhindern. Wer nicht sehen will, was hinter den zunehmenden Verhaltensproblemen und Verweigerungsreaktionen im Raum Schule steckt und wer nicht bereit ist, seinen Unterricht umzustellen, der wird immer mehr den Spaß am

---

[335] z.B. Thimm, K.: Schulverdrossenheit und Schulverweigerung. Phänomene, Hintergründe und Ursachen. Alternativen in der Kooperation von Schule und Jugendhilfe. Berlin 1998. – Ders.: Schulverweigerung. Zur Begründung eines neuen Verhältnisses von Sozialpädagogik und Schule. Münster 2000. - Deutscher Verein für öffentliche und private Fürsorge/ Deutsche Bank Stiftung (Hrsg.): Praxisforschungsprojekt Coole Schule: Lust statt Frust am Lernen, für Schülerinnen und Schüler mit schulverweigernder Haltung. Konzeption, Implementation, wissenschaftliche Begleitung und Evaluation. Frankfurt/ Main 2002.

Beruf verlieren, was bei ungünstigem Verlauf sehr schnell vonstatten gehen kann.

Bedauerlich ist nicht nur der anwachsende Motivationsverlust der Lehrkräfte, sondern auch, dass die Schüler, die es am Ende zu weit getrieben haben mit ihrer Querköpfigkeit oder ihrem Unverständnis, auf der Strecke bleiben und erst recht in den Sog eines unberechenbaren Strudels geraten, der sie aus den letzten noch haltenden gesellschaftlichen Strukturen hinausschleudert. Echte Emanzipation von Heranwachsenden auf der einen Seite und Berufszufriedenheit von Lehrkräften auf der anderen Seite erreicht man dagegen nur über produktives Lernen und Lehren, in beweglichen und variablen Strukturen. Es gibt Chancen, auch mit aus der Bahn geratenen Schülerinnen und Schülern einen einigermaßen signifikanten Lernprozess zustande zu bekommen. Wir müssen jedoch besondere Wege einschlagen.

Lernen ist im Sinne von W. Klafki[336] oder M. Wagenschein[337] immer exemplarisches Lernen, das heißt an einer begrenzten Zahl von Kernproblemen werden von den Heranwachsenden aktiv und selbsttätig verallgemeinerbare Grunderkenntnisse, fundamentale Erkenntniskategorien und zentrale Erkenntnismethoden gewonnen.

Lernen geschieht dabei möglichst als selbstständiges und rekonstruktiv-entdeckendes Lernen. Die Auseinandersetzung mit dem konstruktivistischen Lernbegriff eröffnet der Didaktik in Zusammenhang mit Verhaltensproblemen und Verweigerungsreaktionen neuen Spielraum. Aktivität, Selbststeuerung, Selbstorganisation, Planung und Selbstbewertung durch die Kinder und Jugendlichen stehen hier im Vordergrund.[338] Lernen wird als „konstruktive Tätigkeit betrachtet, bei der ein schöpferisch tätiges Subjekt Wissen und Welt aktiv organisiert."[339]

---

[336] Klafki, Neue Studien...,1985, S. 91 ff.
[337] Wagenschein, M.: Verstehen lehren. Genetisch – Sokratisch – Exemplarisch. Weinheim 1991, 9. Aufl.
[338] Gerstenmaier, J. & H. Mandl: Wissenserwerb unter konstruktivistischer Perspektive. Zeitschrift für Pädagogik Nr. 6, 1995, 867 – 889, hier: S. 883
[339] Glasersfeld, E. von: Konstruktion der Wirklichkeit und des Begriffs der Objektivität. In (ders.): Einführung in den Konstruktivismus. München 1995, 2. Aufl., hier: S. 9 ff.

Nun erleben wir in den Klassen statt schöpferischer Tätigkeit oftmals das krasse Gegenteil davon. Schüler, die ziellos herumrennen, nicht an ihrem Platz sitzen wollen, die ständig wegen Kleinigkeiten in Konflikte und Streitereien geraten, die pausenlos reden oder schreien, die Ermahnungen und Belehrungen an sich abprallen lassen, die keine oder kaum Hausaufgaben machen, anderen den Kakao wegtrinken, mutwillig Mäppchen, Stifte und Jacken von anderen zerstören, selbst keine oder nur unzureichende Arbeitsmaterialien dabei haben, die Lehrkräfte beschimpfen oder beleidigen. Es gibt noch Steigerungen, wenn wir in den engeren Bereich der Erziehungshilfe hineingehen.

Die Stagnation im Lernen wird nun häufig zum Anlass und zur Rechtfertigung lehrerzentrierter Arbeitsweisen genommen, auch aus der Not der Situation heraus, für Ruhe und Disziplin zu sorgen, nach außen ein halbwegs intaktes Lerngeschehen präsentieren und demonstrieren zu können, als Lehrkraft nicht angreifbar zu sein oder zu werden. Dabei müsste ich mir und den Schülern vielleicht einfach mehr Zeit und Muße gönnen, Fragen zu entwickeln und allmählich Einstiege in produktives Lernen zu finden. Das Ziehen, Drücken, Pressen, Antreiben von außen führt ja oft genug nur zum Pseudolernen. Eine unterrichtliche Fassade wird errichtet. Die Übungsblätter, zu deren Bearbeitung ich die Schüler vielleicht mit Druck gebracht habe, liegen am Ende des Unterrichtstages irgendwo unter den Tischen oder in den Ecken. Sie wurden von den meisten nicht einmal abgeheftet, auch nicht weiter von den Schülern beachtet, weil sie subjektiv betrachtet, für das einzelne Kind oder den Jugendlichen einfach nichts bedeuten und völlig wertlos sind. Ich fege am Ende des Schultages alles vom Boden auf und frage mich nach dem Sinn solcher Aktivitäten.

Nach der konstruktivistischen Lerntheorie ist es für ein Subjekt unmöglich, das umgebende Milieu direkt abzubilden oder zu erkennen. Die vom Organismus entwickelte Erfahrungs- bzw. Lebenswelt, als einzige ihm zugängliche Wirklichkeit, basiert auf den Möglichkeiten und Grenzen seiner jeweiligen subjektiven Erfahrungsfähigkeit und bildet das umgebende Milieu keineswegs einfach ab.³⁴⁰ Das würde ja nahtlos an die im zweiten Band angesprochenen lebenswelttheoretischen Grundlagen anschließen. „Jede Konstruktion von Wirklichkeit bleibt ein Produkt des Subjekts, das sie erzeugt."³⁴¹ Daraus ergibt sich, erstens „dass eine Person nicht von außen zu einer bestimmten Reaktion veranlasst bzw. determiniert werden kann, sondern dass immer die interne Struktur der Person bestimmt, wie sie sich mit Anregungen, die aus dem umgebenden Milieu kommen, auseinandersetzt".³⁴²

Wir müssten daher noch viel stärker von den tatsächlich vorhandenen Lerninteressen, Vorstellungen und Gedanken, von den bereits vorhandenen internen Konzepten und Überzeugungen, den abgespeicherten kognitiven Repräsentationen der Kinder und Jugendlichen ausgehen und von hier aus subjektiv relevante Lernprozesse entwickeln und begleiten. Zweitens ergibt sich daraus, die „Erfahrungs- und Lebenswelten der Schüler aufzugreifen, zuzulassen, diesen Raum zu geben".³⁴³ Die Lebensweltorientierung der Pädagogik lässt sich damit auch vom Lernprozess selbst her begründen.

Es gibt daher auch kein *falsches* Wissen des Lernenden. Alles, was dieser weiß, kann vielmehr als Ausgangspunkt für einen Entwicklungsprozess dienen, in den dieses Vorwissen konstruktiv miteingebaut wird.³⁴⁴ Der Schwerpunkt in diesen Betrachtungen zum Lernen liegt auf Selbsttätigkeit und Selbststeuerung. Lernen ist ein „selbstbestimmter Prozess der aktiven Konstruktion, Rekonstruktion und Dekonstruktion von Wirklichkeiten, ein Prozess des Erfindens, Entdeckens und Enttarnens von Wirklichkeiten.³⁴⁵

Das bedeutet natürlich auch, dass ich vielen Dingen Raum geben muss, die nun einmal im Leben der Schüler dominant und

---

[340] Werning, R.: Konstruktivismus. Eine Anregung für die Pädagogik? Pädagogik 7-8, 1998, 39 – 41,
hier: S. 39
[341] Werning, Konstruktivismus...., S. 40
[342] ebd.
[343] ebd.
[344] Mädche, F.: Kann Lernen wirklich Freude machen? Der Dialog in der Erziehungskonzeption von Paolo Freire. München 1995, hier: S. 190
[345] Reich, K.: Systemisch-konstruktivistische Didaktik. Neuwied 2000, 3. Aufl., hier: S. 118 ff.

wichtig sind, auch wenn diese Themen mir persönlich vielleicht weniger gefallen oder diese Themen kaum etwas mit den schulischen Lerninhalten zu tun haben. Das schulische Lernen kann letztlich nur da beginnen, wo sich die Kinder und Jugendlichen mit einer Verhaltens- oder Verweigerungsproblematik von der inneren Motivation und den jeweiligen Daseinsthemen her befinden.

Unterrichtliche Lernphasen lassen sich ausgehend von der Berliner Schule (G. Otto) bis hin zu neueren Ausarbeitungen[346] folgendermaßen verstehen: Initiation als Aufmerksamwerden, Orientierung als Schaffen der individuellen Voraussetzungen des intendierten Lernens, Transformation als konkrete Aktivität des einzelnen Kindes, die sein Gehirn aktiviert, Reflexion als Bewusstmachung des Gelernten, Integration als Verknüpfung mit vorhandenen Wissensstrukturen. Bezüglich der Rolle, die ich als Lehrkraft einnehme, sehe ich meine Aufgabe in der Mitgestaltung von Lernumgebungen, als Unterstützer von Lernprozessen.[347] Die Schülerinnen und Schüler sind als „dialogische Partner einzubeziehen".[348] Lehren und Lernen lassen sich somit vor systemisch-konstruktivem Hintergrund als ein gemeinsamer Prozess der Produktion von Wissen verstehen. Lehrer und Schüler sind hier „Co-Produzenten".[349] Was dabei thematisch zustande kommt, ist immer als Kompromiss zwischen Lebenswelt und curricular intendierter Bildungswelt anzusehen.

Die „Aufgabe des Lehrers besteht hier weniger darin, schulische Wirksamkeiten und Bedeutsamkeiten gegen die Fehler der Schüler zu setzen, sondern darin, das eine an das andere anzukoppeln und so Veränderungsprozesse (=Lernen) zu unterstützen und zu beschleunigen".[350] Die Verantwortung für den Lernprozess

---

[346] Retterath, G.: Lernen als konstruktive Tätigkeit des Kindes planen. Grundschule, H. 4, 1996, 38 ff.
[347] Gerstenmaier & Mandl, Wissenserwerb unter konstruktivistischer Perspektive..., S. 883
[348] Reich, K.: Thesen zur konstruktivistischen Didaktik. Pädagogik 7-8, 1998, 43 – 46, hier: S. 45
[349] Palmowski, W.: Woran erkenne ich den systemisch-konstruktivistisch orientierten Lehrer? System Schule, 3. Jg., H. 4, 1999, 131 – 135, hier: S. 132
[350] Palmowski, Woran erkenne ich...?, S. 133

wird dabei beim Schüler belassen. Der Lehrer kann ihm letztlich nur behilflich sein, sich ein bestimmtes Verhalten oder Wissen anzueignen.[351]

Im Erziehungshilfe- und Lernbehindertenbereich wird dies alles auf eher eigentümliche, vielleicht bruchstückhafte, wenig kontinuierliche Weise erfolgen, was jedoch nicht als Rechtfertigung dafür dienen kann, den dort befindlichen Kindern und Jugendlichen ein so verstandenes Lernen zu verwehren. Es erscheint günstig, wenn Lehrkräfte oder Pädagogen sich als „anregende Wissensanbieter" betrachten, die den Lernenden unterschiedliche Wissensansätze präsentieren und ihnen dabei behilflich sind, individuelle Lösungsansätze zu entwickeln.[352] Die für den Erziehungshilfesektor typische Unabgeschlossenheit, Störanfälligkeit und Fragmenthaftigkeit von Lernprozessen muss vermutlich einfach *ausgehalten* werden. Ich komme mir hier als Unterrichtender oftmals vor wie jemand, der über einen Haufen rutschiger und rutschender Steine und Kiesel klettert und Bergkristall sucht, der hier und da tief unten aus dem Geröll hervorleuchtet. Allein, es gelingt mir nur äußerst selten, an einen solchen Kristall zu gelangen und ihn nach oben zu ziehen.

Egal ob wir mit hochbegabten Schulverweigerern oder mit lernfrustrierten Erziehungshilfeschülern zu tun haben, es geht in allen Fällen um das „Fördern und Anregen von autonomen Konstruktionsprozessen". Hierzu wird an den „bisherigen Wirklichkeits- und Wissenskonstruktionen, den persönlichen Fähigkeiten, Kompetenzen und vorhandenen individuellen Lösungsmöglichkeiten der Lernenden" angeknüpft. Die „Wirklichkeitskonstruktionen der Lernenden" werden mit „Unterschiedlichem, Unerwartetem, Neuem angemessen zu irritieren" gesucht, um diese zu „anderen Wissenskonstruktionen anzuregen".[353]

---

[351] Palmowski ‚Woran erkenne ich...?, S. 134
[352] Wyrwa, H.: Wenn die Schule erst mal laufen lernt, gibt es kein Halten mehr. System Schule. Zeitschrift für innovative Schulpraxis, 1. Jg., H. 1, 1997, 20 – 24, hier: S. 22
[353] Balgo, R.: Lehren und Lernen. Der Versuch einer (Re-)Konstruktion. Pädagogik 7-8, 1998, 58 – 62, hier: S. 61

Diese Grundauffassungen des pädagogischen Konstruktivismus erscheinen in jeder Weise kompatibel, nicht nur mit dem Prinzip der Lebensweltorientierung, sondern auch mit dem Ideal eines freien, sich selbst entwerfenden und die Lernprozesse mitgestaltenden Subjekts, wie es nicht nur für die gegenwärtige Kindheitsforschung, sondern auch für eine kritisch-konstruktive Erziehungswissenschaft, Bildungstheorie und Schultheorie richtungsweisend ist.[354]

Das konstruktivistische Plädoyer für Eigenaktivität, Selbsttätigkeit und Selbstorganisation im Lernen wird überdies auch durch die moderne Gehirnforschung[355] gestützt. Das Gehirn wird nicht mehr als bloßer Datenspeicher, sondern als aktiver Datenerzeuger, Wissens- und Bedeutungskonstrukteur betrachtet. Hierin spielt das Wohlbefinden des Subjekts eine zentrale Rolle, denn Wohlbefinden setzt bestimmte Botenstoffe frei, die für das Lernen benötigt werden. Was spricht aus der Sicht des lernenden Subjekts also dafür, dass sich Hinhören, Üben usw. tatsächlich lohnen? Es müssen entsprechende positive Erfahrungen abgerufen werden, die bereits gespeichert sind, damit Motivation fürs Lernen entstehen kann. Die reine Instruktionspädagogik steht daher auf verlorenem Posten, weil sie hirnbiologisch nicht funktioniert.[356]

Die Untersuchungen von M. Spitzer[357] zeigten überdies, „dass der emotionale Zustand, in dem neutrale Fakten gelernt werden, darüber entscheidet, in welchen Bereichen des Gehirns diese gespeichert werden." Lernt man zum Beispiel Wörter in positivem emotionalem Kontext, werden sie im Hippocampus gespeichert, bei negativen Emotionen dagegen im Mandelkern. Während der Hippocampus auf den kreativen Umgang mit dem gespeicherten Material ausgerichtet ist, ist der Mandelkern darauf ausgerichtet,

---

[354] Klafki, Neue Studien... ,1985. – Ders.: Schultheorie..., 2002.
[355] Scheich, H.: Lernen unter der Dopamindusche. In: Die Zeit, Nr. 39, 18.9.2003, S. 38
[356] Herrmann, U.: Lernen findet im Gehirn statt. Die Herausforderungen der Pädagogik durch die Hirnforschung. Südwestrundfunk SWR2 Aula, 29.2.2004, 8.30 – 9.00, Skript übers Internet zu beziehen.
[357] Spitzer, M.: Lernen. Gehirnforschung und die Schule des Lebens. Heidelberg 2002

„bei Abruf von assoziativ in ihm gespeichertem Material den Körper und den Geist auf Kampf und Flucht vorzubereiten. Wird der Mandelkern aktiv, steigen Puls und Blutdruck, und die Muskeln spannen sich an [...] Angst produziert daher einen kognitiven Stil, der das rasche Ausführen einfacher gelernter Routinen erleichtert und das lockere Assoziieren erschwert".[358]

Solche Forschungsergebnisse legen nahe, dem Chaos in den Erziehungs- und Lernbehindertenklassen nicht mit bloßem Druck oder einer subtilen Disziplinierungsmaschinerie (wie dem Trainingsraumprogramm) beikommen zu wollen, sondern eher auf Motivation und Interesse, eine positive Beziehungsgestaltung zwischen Lehrkraft und Schüler sowie auf eine spielerische, variable Vorgehensweise zu setzen, die bei den internen kognitiven Repräsentationen der Heranwachsenden beginnt, was auch immer in diesen enthalten ist.

Wichtig ist, dass Kinder und Jugendliche mit Verhaltensproblemen oder schulverweigernder Haltung, indirekt oder direkt sind diese ja zumeist auch gekoppelt an diverse Lernschwierigkeiten und Lernblockaden, Lernen wieder neu erleben und erfahren. Dazu müssen vor allem auch die inhaltlichen Interessen, Gedanken, Fragen usw. der Heranwachsenden erkundet werden, um die Lernmotivation zu erhöhen. Die Erstellung eines Fragekatalogs könnte dafür eine Hilfe sein. Die Schülerinnen und Schüler können zu jedem genannten Punkt ankreuzen, ob die jeweilige Aussage völlig, ein wenig oder gar nicht zutrifft. Die Anwendung solcher Fragebögen ist immer abhängig von der konkreten Situation vor Ort, in einer bestimmten Klasse oder Schule, in einem besonderen Projekt. Auf diese Weise lassen sich zunächst differenzierte Erkenntnisse zu den einzelnen Schülern ermitteln. Anschließend lassen sich Unterrichtseinheiten oder Projekte vorentwerfen, die unter Einbeziehung der Selbstgestaltungskräfte der Lernenden konkretisiert und variiert werden können.

---

[358] ebd.

Solche Checklisten wurden etwa durch K.-J. Kluge & S. Peters-Moallem[359] für den SkyLight-Sommercampus erstellt. Unter der Kategorie „Mich interessiert zur Zeit besonders" ist etwa zu lesen: „Theorien entwickeln und überprüfen, komplexe Zusammenhänge erforschen, über schwierige Dinge nachdenken, Rätsel lösen und im Kopf kombinieren, etwas mit meinen eigenen Händen handwerklich herstellen, Dinge reparieren, aus vorgefertigten Teilen etwas zusammenbauen, handwerkliche Präzisionsarbeit leisten, Dinge in die Tat umsetzen und anpacken, mit vollem Körpereinsatz dabei sein, chemische oder physikalische Experimente durchführen, Maschinen entwickeln und konstruieren usw.

Ähnliches kann nun geschehen bezüglich einer Exploration von *zukünftigen* Interessen – „Damit würde ich mich gerne einmal beschäftigen ...".[360] Es folgt quasi ein Überblick über sämtliche bekannten Sach- und Wissensgebiete, was ja für Kinder und Jugendliche einen ganz neuen Motivationsschub bedeuten kann, wenn sie plötzlich sehen, was sie alles bearbeiten können und wie vielfältig die Lernmöglichkeiten tatsächlich sind.

Neben dem Kennenlernen der Lerninteressen spielt die Exploration von vorhandenen Fähigkeiten und Kenntnissen - „Das kann und weiß ich schon ..."[361] eine zentrale Rolle: „Ich kann mich schnell in schwierige Sachverhalte hineindenken. Knifflige Denksportaufgaben fallen mir leicht. Ich kann gut mit Werkzeugen umgehen... bei der Arbeit kräftig zupacken. Wenn es etwas zu reparieren gibt, bekomme ich das öfter in den Griff. Körperliche Anstrengungen machen mir nichts aus" usw.

Ich habe selbst erlebt, wie Kinder und Jugendliche, die bereits zahlreiche frustrierende schulische Lernerfahrungen gemacht hatten, sich plötzlich intensiv mit dieser Art von Fragen auseinander setzten. Zunächst klärten sie ihre eigene Situation, indem sie verschiedene Ausprägungsgrade zu der jeweiligen Frage ankreuzten und so sich selbst und ihren Lernbegleitern Überblick

---

[359] Kluge, K.-J. & S. Peters-Moallem: „So und nicht anders bin ich zur Zeit." Ein Profiling-Bogen zur Vorbereitung auf meine SkyLight-Campus-Zeit. Viersen 2004 (Unveröffentlichtes Manuskript)
[360] ebd.
[361] ebd.

verschafften. Die Kinder und Jugendlichen scheuten diesen Aufwand nicht, weil sie wussten, dass ich ihre Aussagen intensiv auswerten und die im einzelnen gemachten Angaben beachten würde, um schließlich Vorschläge für neue Lernaktivitäten und Lernprojekte daraus zu entwickeln. Kommen gravierende Lernstörungen oder gar Lernbehinderungen mit ins Spiel, muss natürlich eine Kürzung und Vereinfachung des Fragekatalogs erfolgen. Auch werden dann zusätzlich Hilfen und Erklärungen notwendig.

Als nächstes geht es um die Untersuchung der Lern- und Arbeitsweisen – „So gehe ich in der Regel beim Lernen vor ..."[362]: „Lernen macht mir Spaß. Bei Lernschwierigkeiten lasse ich mich nicht schnell entmutigen. Aufgaben, bei denen ich Verantwortung übernehmen und selbstständig etwas erreichen kann, gefallen mir besonders. Es macht mir nichts aus, auch einmal länger als vorgesehen oder länger als andere zu arbeiten. Wenn mich eine Sache oder ein Vorhaben sehr interessiert, verbringe ich viel Zeit damit, ohne dass mich ein Erwachsener dazu auffordern oder anregen muss. Ich arbeite gerne in Gruppen, mit anderen zusammen. Ich arbeite gerne für mich alleine. Ich kann mich gut mit anderen abstimmen und einigen. Ich finde es toll, was man alles mit anderen erreichen kann. Knifflige Arbeiten, bei denen es auf Genauigkeit ankommt, liegen mir besonders. Es ist mir wichtig, auf ein klares Ziel hin zu leben und zu arbeiten" u.a.m.

WECHSELSEITIGE BEZOGENHEIT
In diesem Kapitel erfolgt zunächst eine Auseinandersetzung mit dem Gebiet der Kindheitsforschung. Mein persönlicher Zugang zum Thema der Kindheit liegt einerseits in meiner praktischen Tätigkeit als Pädagoge und Lehrer begründet, der seit nunmehr zwanzig Jahren mit Kindern und Jugendlichen arbeitet. Dies in internationalen und kreativitätsorientierten Sommerprogrammen für hochintelligente und hochmotivierte Kinder und Jugendliche, in Sommerworkshops für deutsche, französische und polnische Heranwachsende mit und ohne Behinderung, vor allem jedoch an Sonderschulen für Lern- und Erziehungshilfe und an etlichen

---

[362] ebd.

integrativen Grund- und Hauptschulen sowie punktuell, in Projektform, auch in integrativen Kindergärten.

Andererseits bin ich Vater zweier Kinder, zur Zeit im Alter von elf und fünfzehn Jahren. Ich hatte all die Jahre das große Glück und das Vergnügen, genauso auch die Verantwortung, die Belastung, die Sorgen und Nöte in schwereren Stunden, diese beiden Jungen von ihrer Geburt an durch die Jahre ihrer frühen, mittleren und ausklingenden Kindheit hinein ins Jugendalter zu begleiten und tue dies in der Gegenwart noch.

Ergänzend darf ich darauf hinweisen, dass ich parallel zu meiner praktischen Berufstätigkeit und Vaterschaft meine pädagogischen Erfahrungen vor wissenschaftlichem Hintergrund kontinuierlich reflektierte, auswertete, dokumentierte und zu didaktischen und forschungsmethodischen Ansätzen konzeptualisierte. In diesen Bemühungen spielten bildhafte und alltagsästhetische Medien und Verfahren eine besondere Rolle. Dies einmal in der Rekonstruktion kindlicher Lebenswelten. Zum andern aber auch mit Blick auf Möglichkeiten der didaktischen Bearbeitung und der pädagogischen Intervention.

Die wissenschaftliche Beschäftigung mit Kindern blickt nach Markefka & Nauck[363] auf eine etwa zweihundertjährige Tradition in Medizin, Pädagogik und Psychologie zurück. Diese Fächer verfügen über eigene Teildisziplinen mit spezialisierter Professionalisierung, etwa in der Kinderheilkunde, der Kinderpsychiatrie, in den lebensalters- und schulstufenbezogenen Teildisziplinen der Kleinkindpädagogik, der Grundschul- und Sekundarschulpädagogik, der Heil- und Sonderpädagogik, der pädagogischen Sozialisationsforschung, der Pädagogischen Psychologie, der Kinderpsychologie und der Entwicklungspsychologie.

Kindheitsforschung besitzt nach Markefka & Nauck sowohl einen Altersphasenbezug, einen Generationenbezug, einen institutionellen Bezug und einen sozialstrukturell-interaktionistischen Bezug.[364] Das von den Autoren herausgegebene Handbuch entfaltet ein breites Panorama an Ansätzen in der Kindheitsforschung,

---

[363] Markefka, M. & B. Nauck (Hrsg.): Handbuch der Kindheitsforschung. Neuwied 1993, S. IX
[364] Markefka & Nauck, Handbuch der Kindheitsforschung..., S. XII

an Arbeiten zur Kindheit in vergleichender Perspektive, zum Thema Entwicklung in der Kindheit, zu Interaktionsbeziehungen in der Kindheit, zu besonderen Lebenssituationen von Kindern, zur Kinderkultur, zur institutionellen Betreuung von Kindern sowie zu Kindern mit spezifischen Problemen und in speziellen Interventionskontexten.

Inzwischen ist die Forschung weiter vorangeschritten. Es wurden neue Akzente gesetzt. Hurrelmann & Bründel geben einen systematischen Überblick zu einer modernen Kindheitsforschung, die das „Kind als menschliches Subjekt in den Mittelpunkt stellt" und als „vollwertiges Mitglied der Gesellschaft akzeptiert".[365] Weiterhin sind zwei von Heinzel[366] bzw. Honig, Lange & Leu[367] herausgegebene und auf Kongressbeiträge zurückgehende Bände erschienen, die den aktuellen Diskussionsstand um die wissenschaftliche Erschließung von kindlichen Lebenswelten abbilden. Im Zentrum steht dabei die Frage nach angemessenen Forschungszugängen zur kindlichen Perspektive und das Problem der methodologischen Reflexion in der Kindheitsforschung.

Die Kinderwissenschaften zu Beginn des 20. Jahrhunderts waren in der Tendenz eher von einem funktionalen Interesse an Kindern als zukünftigen Erwachsenen geprägt. Kinder wurden als Werdende, als noch unvollkommene Menschen in Vorbereitung betrachtet. Der vorherrschende psychologische Schlüsselbegriff war der der *Entwicklung*, sein soziologisches Pendant der Begriff der *Sozialisation*. Das kindliche Forschungssubjekt galt als noch nicht kompetent. Qualitative Forschungszugänge spielten zunächst noch eine marginale Rolle. Hervorzuheben sind hier allerdings die wegweisenden Untersuchungen von Muchow zum Lebensraum des Großstadtkindes aus den 1920er und 1930er Jahren.

Die bevorzugten Methoden waren zunächst Experiment und Befragung, oftmals gar Befragungen von Erwachsenen über das

---

[365] Hurrelmann, K. & H. Bründel (1996): Einführung in die Kindheitsforschung. Weinheim, Basel & Berlin 2003, 2. vollst. überarb. Aufl.
[366] Heinzel, F. (Hrsg.): Methoden der Kindheitsforschung. Ein Überblick über Forschungszugänge zur kindlichen Perspektive. Weinheim, München 2000
[367] Honig, M.-S., Lange, A. & H.R. Leu (Hrsg.): Aus der Perspektive von Kindern? Zur Methodologie der Kindheitsforschung. Weinheim, München 1999

Kind. Die neuere sozialwissenschaftliche Kindheitsforschung seit Ende der 1980er Jahre betrachtet Kinder nun als besondere Mitglieder der Gesellschaft und nicht nur als zukünftige Erwachsene. Diese Forschung ist getragen von dem Interesse an Alltag und Kultur der Kinder, an Kindheit als einer gesellschaftlichen Lebensform. Kinder werden als Personen aus eigenem Recht, als Seiende, als Wissende, als Mitproduzenten ihrer Entwicklung betrachtet. Kindheit gilt nunmehr als soziales Konstrukt.

Die Forschungsansätze, wie sie in den beiden von Heinzel bzw. Honig et al. herausgegebenen Bänden kaleidoskopartig entfaltet werden, stehen auch in Nachbarschaft einer Politik für Kinder, indem sie Alltagsdemokratie, eine Verringerung von Machtunterschieden fördern wollen[368], Partnerschaftlichkeit zwischen Erwachsenen und Kindern betonen und gesellschaftliche Partizipation von Kindern anstreben. In der Definition des Kindes als aktives Subjekt der eigenen Lerntätigkeit und Realitätsverarbeitung erfolgt eine Bezugnahme auf den pädagogischen Konstruktivismus[369] bzw. die konstruktivistische Sozialisationsforschung.[370] Es werden insbesondere qualitative Forschungszugänge in ihrer aktuellen Bedeutung für die Kindheitsforschung hervorgehoben. Die Übertragbarkeit von Methoden aus der Erwachsenenforschung wird dagegen in Frage gestellt. Die auf verbaler Sprache beruhenden Instrumentarien seien oft wenig kindgemäß, das verbalsprachlich codierte Datenmaterial oft wenig aussagekräftig.[371]

Die eingesetzten Verfahren sollen die Kinder ernst nehmen und ihnen Kompetenz zugestehen. Es wird daher versucht, dem

---

[368] Alanen, L.: Zur Theorie der Kindheit. In: Sozialwissenschaftliche Literatur Rundschau, H. 28, 1994, 93 – 112. – Dies.: Soziologie der Kindheit als Projekt: Perspektiven für die Forschung. In: Zeitschrift für Soziologie der Erziehung und Sozialisation, 17. Jg., H. 1, 1997, 162 - 177
[369] z.B. Reich, Systemisch-konstruktivistische Didaktik...
[370] Grundmann, M.: Konstruktivistische Sozialisationsforschung. Frankfurt am Main 1999
[371] Heinzel, Methoden der Kindheitsforschung ..., S. 28. - Fuhs, B.: Qualitative Interviews mit Kindern. In: Heinzel, F. (Hrsg.): Methoden der Kindheitsforschung, 87 – 104, hier: S. 87

Kind mit non-verbalen Verfahren entgegenzukommen[372], das heißt es wird etwa über Kinderzeichnungen, das Umgehen mit Puppen, Figuren und Spielmaterialien oder freie Textproduktionen ein Zugang zur Erlebnisweise des Kindes geschaffen. Die Beobachtung von Spielprozessen, das Verfahren der teilnehmenden Beobachtung spielt hier eine zentrale Rolle: „Da sich die Perspektiven von Kindern und Erwachsenen unterscheiden und die Denk- und Verhaltensformen von Kindern Erwachsenen fremd sind, liegt die Entscheidung für qualitative Methoden in der Forschung mit Kindern nahe. Wenn nämlich die subjektiven Lebenserfahrungen von Kindern zum Thema von Forschung werden, muss im Forschungsprozess Offenheit für die Sinn- und Regelsysteme der Kinder hergestellt werden, um diese in natürlichen Situationen mit interpretativen Mitteln zu erschließen."[373]

Das Kind wird nach dieser neueren Auffassung nicht mehr als Produkt bzw. Opfer gesellschaftlicher Umstände betrachtet, sondern als handelndes und die soziokulturelle Umgebung mitgestaltendes Wesen, als sozialer Akteur. Es besitzt die Fähigkeit zur Selbstregulierung und Selbstsozialisation. Es wird zum „produktiv realitätsverarbeitenden Subjekt" (Hurrelmann). Kritisch wäre hier anzumerken, dass die sozialen Kontexte den Konstruktionsleistungen des Kindes allerdings durchaus Grenzen setzen. Dass es völlige Chancengleichheit in Bildungsdingen nicht gibt, wurde inzwischen zur Genüge, auch empirisch, nachgewiesen.

In Übereinstimmung mit Honig[374] halte ich es daher auch für günstiger, die Erkenntnisse der früheren Kindheitsforschung nicht zu übergehen, sondern „diskursive Brücken offen zu halten", produktiv mit den hier angesprochenen Gegenpolen, zum Beispiel „Sein" und „Werden" umzugehen, nach Querverbindungen Ausschau zu halten. Um es mit William Stern[375] zu sagen: „Wir brau-

---

[372] Heinzel, F.: Qualitative Interviews mit Kindern. In: Friebertshäuser, B. & A. Prengel (Hrsg.): Forschungsmethoden in der Erziehungswissenschaft. Weinheim 1997, 396 - 413
[373] ebd.
[374] Honig, M.-S.: Entwurf einer Theorie der Kindheit. Frankfurt/ M. 1999, S. 68
[375] Stern, W.: Psychologie des Kindes. Vortrag, 1902. Staatsbibliothek der Universität Jerusalem (zit. n. Zinnecker, siehe unten)

chen nicht die Brücke hinter uns abzubrechen, um den Blick nach vorwärts zu richten."

Überhaupt nimmt Stern in seiner, mit Ehefrau Clara gemeinsam unternommenen Forschung eine Haltung zum Kinde vorweg, die in der gegenwärtigen Kindheitsforschung im Zentrum der methodologischen Betrachtung steht. Beginnend mit dem Jahre 1900, ich folge hier einer Recherche von Zinnecker[376], wurde von den Eheleuten Stern über 18 Jahre hinweg ein Forschungstagebuch geführt, das das Aufwachsen der eigenen drei Kinder dokumentiert. Dabei sind die Sterns weit von einer utilitaristischen Auffassung entfernt, wonach Kindheit nur eine Vorbereitung auf das Erwachsenenleben darstellt. Die Kindheit gilt ihnen vielmehr als eine Zeit mit ganz eigenen Bedeutungen, Stimmungen und Gefühlen. Die Dokumentationen der Sterns werden von dem Bemühen getragen, die Kinder durch empathische Beobachtungen als Subjekte zur Geltung zu bringen. Das Kind wird als ernsthafter und wissender Informant bezüglich seiner eigenen Entwicklung und personalen Welt betrachtet, wenn auch noch nicht darüber hinaus.

Die neuere Kindheitsforschung ist nun darauf bedacht, die sozialräumliche und akteurszentrierte, das heißt die erlebte und selbst erzeugte Wirklichkeit von Kindern mit methodisch kontrollierten und reflektierten Mitteln zu erschließen. Das Hauptbemühen richtet sich darauf, an der Perspektive des Kindes anzusetzen, diese möglichst authentisch zu erfassen, zu rekonstruieren, diese teilweise stellvertretend zu artikulieren, in der Tat ein forschungspraktisches Problem, weil hier eine „Methodologie der Bezogenheit" (Honig et al.) geschaffen und weiterentwickelt werden muss. Die „wechselseitige Bezogenheit" von Kinder- und

---

[376] Zinnecker, J.: Forschen für Kinder – Forschen mit Kindern – Kinderforschung. Über die Verbindung von Kindheits- und Methodendiskurs in der neuen Kindheitsforschung zu Beginn und am Ende des 20. Jahrhunderts. In: Honig, M.-S., Lange, A. & H.R. Leu (Hrsg.): Aus der Perspektive von Kindern?, Weinheim, Basel 1999, 69 – 80

Erwachsenenperspektive ist es, was hier eine ganz besondere forschungsmethodische Sensibilität verlangt.[377]

Die Forschenden müssen zunächst über Fähigkeiten der Einfühlung und Beziehungsgestaltung verfügen[378], damit sie die Kinder als „Experten ihrer Lebenssituation" überhaupt ansprechen[379] und deren Perspektive so weit wie möglich übernehmen können. Perspektivität wird daher zum „reflexiven Strukturmerkmal von Erwachsenen-Kind-Verhältnissen" (Honig) im Kontext von Forschung. In den Worten von Honig et al.[380]: „Die Bezogenheit ist in ein Verhältnis der Asymmetrie eingebettet, das sich durch Empathie allein nicht aufheben lässt. Daher ist der Versuch, etwas über das Wesen des Kindes zu erfahren, mit dem Paradox konfrontiert, an einer Perspektive des Kindes anknüpfen zu müssen, die man doch erst kennen lernen will." Dazu kommt, dass die Erwachsenen, gesteuert durch eigene kindheitsbezogene Konstruktionen, Erinnerungen und Projektionen, durch ihr Interaktionsverhalten mit dem Kind, wiederum dessen Perspektive und Äußerungen beeinflussen.

All dies ist nach der neueren Kindheitsforschung nun einer gründlichen methodologischen Reflexion zu unterziehen. Wir benötigen also Untersuchungen, die darum bemüht sind, das kindheitstheoretische Prinzip der „Perspektivität"[381], das heißt die wechselseitige Bezogenheit von Kinder- und Erwachsenenperspektive, speziell für den Bereich der Erziehungshilfe und Schulverweigererpädagogik, methodisch umzusetzen. Dies geschieht am besten im hermeneutischen Sinne, im Bewusstsein also, dass

---

[377] Honig, M.-S., A. Lange & H.R. Leu: Eigenart und Fremdheit. Kindheitsforschung und das Problem der Differenz von Kindern und Erwachsenen. In: Honig, Lange & Leu, Aus der Perspektive von Kindern? Zur Methodologie der Kindheitsforschung..., hier: S. 20 ff.
[378] Heinzel, Methoden der Kindheitsforschung..., S. 26
[379] Heinzel, Methoden der Kindheitsforschung..., S. 28
[380] Honig, Lange & Leu: Eigenart und Fremdheit. Kindheitsforschung und das Problem der Differenz..., S. 21
[381] vgl. Prengel, A.: Perspektivität anerkennen. Zur Bedeutung von Praxisforschung in Erziehung und Erziehungswissenschaft. In: Friebertshäuser, B. & A. Prengel (Hrsg.): Handbuch qualitative Forschungsmethoden in der Erziehungswissenschaft. Weinheim, München 1997, 599 - 627

jede Annäherung an das innere Erleben und somit die Perspektive des jungen Menschen nur eine vorläufige und unvollständige sein kann und niemals mit einer letztgültigen Wahrheit gleichzusetzen ist. Wenn es Kindheitsforschern gelingt, sich dem Erleben von Kindern sensibel anzunähern, und das Nicht-explizit-Gesagte mit aller Vorsicht zu entschlüsseln, können daraus pädagogische Handlungsmodelle gewonnen werden, die speziell Risikokindern in ihrer Gegenwart und Zukunft hilfreich sind.

Entsprechend versuchte ich, das innere Erleben meines damals sechsjährigen Sohnes in Zusammenhang mit einer Operation zu beschreiben. Soweit der Junge mir dieses Erleben nicht (mehr) verbal mitteilen konnte, versuchte ich dieses anhand seiner spontanen Tierzeichnungen, die (ohne den geringsten Impuls von meiner Seite) unmittelbar vor und nach dem operativen Eingriff entstanden, zu rekonstruieren bzw. über das Prinzip der Bezogenheit oder Perspektivität zu erfassen.[382]

Die gemeinsam mit meinen Söhnen Jan und Philipp bewerkstelligte und herausgegebene Untersuchung „Vater und Sohn auf Reisen. Ein pädagogisches Tagebuch"[383] diente unter anderem auch der Erforschung und Dokumentation von kindlichen Planungs-, Reflexions- und Aneignungsprozessen in Zusammenhang mit verschiedenen Reisen in Deutschland und Europa. Mit den Augen des jeweils einzeln mit dem Vater reisenden Kindes werden schließlich gemeinsam (unter Beachtung der Prinzipien Bezogenheit und Perspektivität) politisch-historische, künstlerisch-technische, naturgeschichtliche, geographische und philosophische Dimensionen unseres Daseins, bei Wanderungen in der Landschaft oder durch Erkundungen in Städten, insbesondere auch in Museen, entdeckt und im Sinne von Bildung erschlossen. An vielen Stellen werden durch (auf Band aufgezeichnete) Dialoge zwischen Vater und Sohn (zum Teil auch Gespräche mit weiteren Personen) das kindliche Erleben, seine sinnlichen Eindrü-

---

[382] Bröcher, J.: Angst- und Schmerzverarbeitung im Bild. Eine verstehende Betrachtung der Tierdarstellungen eines 6jährigen Jungen vor und nach einem chirurgisch-operativen Eingriff. PÄD Forum, 13. Jg., 2000, H. 2, 156 – 159
[383] Bröcher, J., Bröcher, Jan & Bröcher, Philipp: Vater und Sohn auf Reisen. Ein (pädagogisches) Tagebuch. Niebüll 2003

cke, seine Denkprozesse, seine Begriffe, Vorstellungen und Konzepte eruiert und rekonstruiert, zum Beispiel in Anbetracht einer historischen Bockwindmühle im Technischen Museum Berlin.

Ein anderes Beispiel ist das gemeinsame *Hineinleben* in die im Jüdischen Museum Berlin aufgefundene Kinderzeichnung eines Jungen, dessen Familie nur noch mit Not aus Nazi-Deutschland entkam, eine farbige Zeichnung, die eine selbstgemalte Weltkarte und darin eingetragen die verschlungene Fluchtroute mit Zügen und Dampfschiffen abbildet.

Thema ist stets das Wahrnehmen, gedankliche und emotionale Verarbeiten des Kindes, sein Versuch der Aneignung und geistigen Durchdringung des Vorgefundenen und Angetroffenen sowie die Bemühungen des Erwachsenen, die eigenen Gedanken, Assoziationen, Fragen usw. zu den vorgefundenen Objekten, Sachaspekten usw. mit der inneren Wahrnehmungs- und Gedankenwelt des Kindes in Verbindung zu bringen. In diesem Prozess kommen die Braunsche Röhre genauso vor wie die handelnd erfahrene Funktionsweise der Bockwindmühle oder die russische Malerei des 19. Jahrhunderts.

Dies sind nur einige Beispiele aus jenem pädagogischen Tagebuch. Es handelt sich hierbei um Praxisforschung, das heißt um ein „zeitlich begrenztes Übernehmen der Kinderperspektive, um zu erkunden, mit welchem Auge die Kinder die Situation sehen. Allerdings kann es nicht darum gehen, die Kinderperspektive als einzig maßgeblich zu propagieren, sondern eine Haltung zu kultivieren, in der Pädagoginnen und Pädagogen zwischen Verdeutlichung der eigenen professionellen Erwachsenenperspektive und Annäherungen an die Kinderperspektive pendeln", wie Prengel[384] eingrenzend formuliert. In diesem Sinne habe ich insbesondere bei den in „Vater und Sohn auf Reisen" dokumentierten Berlin-Erkundungen stets auch meine eigenen Sichtweisen, Ideen, Fragen, meine Perspektive also, eingebracht.

Die moderne Kindheitsforschung liefert uns Konzepte, und deshalb wird sie hier mit einbezogen, die für die Erkundung und

---

[384] Prengel, A.: Erkunden und Erfinden. Praxisforschung in der pädagogischen Arbeit mit Kindern. In: Heinzel, F. (Hrsg.): Methoden der Kindheitsforschung. Weinheim, München 2000, 309 – 322, hier: S. 311

das tiefere Verständnis des Lebenszusammenhangs von Kindern und Jugendlichen mit Verhaltensproblemen und Verweigerungshaltung von besonderer Relevanz sind. Im Zentrum steht für mich dabei das Prinzip der wechselseitigen Bezogenheit.

AUFZEICHNUNGEN ZU EINEM NEUANFANG, TEIL I
Ich wurde von einer Sonderschule auf dem Lande in eine Großstadt versetzt. Ich führte ein Tagebuch, um die Prozesse an dieser Städtischen Schule für Erziehungshilfe, gerade die Turbulenzen aus der Anfangszeit, festzuhalten. Ich verstand mich als ein Sonderschullehrer, der sich neu orientiert, der etwas Neues beginnt, der auch einmal *anders* beginnt, als er zuvor gearbeitet hat, der sich in das an jener Schule bereits Bestehende und Entwickelte hineindenkt und dem bereits von den Kollegen Erreichten Respekt entgegenbringt und darauf vertraut, dass alles schon eine Berechtigung und einen Sinn hat, was er dort vorfindet.[385]
1. Tag: Es beginnt mit einer langen Konferenz, die am Ende der Sommerferien liegt. Wesentlich ist für mich, dass ich eine Oberstufenklasse übernehmen soll, die aus vier *alten* und zunächst drei bis fünf neuen Schülern besteht, alles Jungen. Mein Vorgänger hat sich aus persönlichen Gründen beurlauben lassen. Gleich im Anschluss an die Konferenz steige ich in den Zug nach Hamburg, wo ich übers Wochenende zwei intensive Trainings-Tage in einem Coaching-Institut verbringe. Ich nutze einen Teil der Coaching-Gespräche, in denen *ich* beraten werde, dazu, die schulischen Vorgänge zu reflektieren und mich innerlich auf das Kommende einzustimmen und vorzubereiten.
2. Tag: Ich habe heute nur einzelne Schüler da. Außerdem gibt es einige Elterngespräche wegen Neuanmeldungen. Es bleibt noch Zeit für Organisatorisches, Vorbereitungen, Aufräumen in der Klasse, ein kurzes Übergabegespräch mit dem scheidenden Klassenlehrer. Danach wieder Konferenz mit den üblichen schulischen Themen. Ich werde im ersten Halbjahr 27 Stunden, im zweiten Halbjahr 28 Unterrichtsstunden geben. Ich habe zwei bis drei Hofaufsichten von jeweils dreißig Minuten zu übernehmen. An drei Tagen habe ich jeweils dreißig Minuten Pause. Ich arbeite die ganze Woche allein in meinem Klassenraum. Ich kann allerdings zwei Wochenstunden einer Fachkollegin nutzen, die im Medienraum sitzt und ihr dann vier Schüler schicken. Außerdem kann ich zwei Wochenstunden den Werklehrer nutzen, der im Werkraum arbeitet und

---

[385] Alle im Folgenden verwendeten Schülernamen wurden geändert.

ihm zwei oder drei Schüler schicken. Es gibt einen Billardraum, einen Kicker-Raum und eine Schulküche.

3. Tag: Ich beginne mit Gesprächen zum Kennenlernen. Ich dachte an eine Art Plakat zur Selbstvorstellung, Stichwörter, Skizzen, dann was dazu sagen. Kategorien wie Interessen, Wohnviertel, Alter usw. schreibe ich an die Tafel. Keiner will das machen. Stattdessen gibt es gleich Zank und Streit zwischen den alten und den neuen Schülern. Die alten Schüler verteidigen vielleicht ihr Revier gegenüber den neuen, den Eindringlingen. Auch ich bin ja ein Eindringling und werde zunächst als solcher von den alten Schülern bekämpft. Was ich da an dem Schrank mache?! Da darf nur Herr L. dran, usw. Die neuen suchen eher Zuflucht und Schutz bei mir, wenn auch nur versteckt. Max wirft zweimal aus Wut einen Stuhl gegen die Wand. Patrick zeigt mir ein Photo von seinem Kampfhund. Wir kommen langsam ins Gespräch. Dann bietet er mir Erdnüsse an, auch einigen anderen.

Wenig später hagelt es Erdnüsse im ganzen Altbauklassenraum. Alle provozieren sich gegenseitig mit spitzen Bemerkungen und Beschimpfungen: „Du Flachwichser", „Dich haben sie wohl ausgeschissen", „Sohn einer Hure" usw. Es fliegen unzählige Gegenstände aus den Fenstern runter in den Schulhof. Der Klassenraum liegt im vierten Stock und die Zimmerdecken sind sehr hoch. Das heißt, alles was herunterfällt, stürzt tief, kracht und geht zumeist kaputt. Farben und Farbenpulver, Kleisterpakete, Kaffeetassen, Papier und Hefte, Poster und Plakate, Ketchupflasche und Senfglas aus dem Kühlschrank, vielerlei Gerät und Gegenstände, Dinge, die sich allesamt noch vom letzten Schuljahr auf den Regalen befanden. Ich schließe unterdessen in die Schränke ein, was noch geht, zeige Konsequenzen solch zerstörerischen Verhaltens auf, was aber keinen interessiert.

Das Waschbecken ist mit eilig in Kaffeetassen angerührtem Kleister verstopft und läuft gerade über. Das Chaos ist perfekt. Es gibt nicht einmal einen Besen, keinen Handfeger und keine Schaufel, um es zu beseitigen. Ich schicke zwei Schüler zum Aufräumen runter auf den Hof. Sie lassen aber das meiste dort liegen. Immer wieder kommen Jugendliche aus den Nachbarklassen herein, um zu sehen, was los ist, mischen auch ein wenig mit, eine Kollegin bietet mir Hilfe und Unterstützung an, ich bedanke mich, weiß aber nicht, wie ich das jetzt annehmen und umsetzen könnte. Dennoch eine nette Geste, die mich moralisch stärkt.

Ich halte es für besser, nach einer Weile mit den Jungen in die Stadt zu gehen. Mir wird die Luft zu *dick* in der Klasse, und ich lade ich die Jungs zum Eis ein. Jeder darf zwei Eiskugeln aussuchen, Patrick nimmt dann doch kein Eis. Ein anderer will unbedingt drei Kugeln, was ich nicht gestatte. Während ich zahle, stehlen Acatey und Fabian hinter dem Rücken der Verkäuferin Waffeln. Sie zeigen mir ihre Beute, als wir schon wieder draußen sind (Wie reagieren?). Acatey und Fabian lassen plötzlich ihr Eishörnchen samt den Kugeln auf den Bürgersteig fallen. Sie lachen und scheinen den Verlust nicht zu bedauern.

Wir gehen Richtung Innenstadt. Fabian rempelt einen Mann an, der sich beklagt und streiten will. Ich bitte den Mann, sich zu beruhigen, entschuldige mich für den Schüler und treibe die Gruppe an, weiter zu gehen. Fabian fragt eine Frau lächelnd, ob er ihren Hund streicheln dürfte und schon geht er mit der Hand runter, zieht aber das laut aufjaulende Tier von hinten am Schwanz. Die Jungs wollen jetzt in die Kathedrale, oben auf den Turm, was ich aus Sicherheitsgründen ablehne. Dann wollen sie in das Kircheninnere, wo ich nichts gegen einwenden kann, denn suchen sie nicht, vielleicht unbewusst, den Kontakt zur geistigen Welt? Doch was geschieht? Sie gehen zu einem Seitenaltar und pusten Dutzende Kerzen aus. Patrick distanziert sich davon und bleibt an meiner Seite.

Ich schiebe die Jungs aus der Seitenkapelle weg, doch schon haben sie einen Opferstock im Blick und rütteln daran. Acatey sucht fieberhaft nach einer Möglichkeit, an die darin befindlichen Münzen zu kommen. Heute ist keiner der Kathedralenwächter in der Nähe. Vielleicht hätte deren Anwesenheit den Jungs Respekt eingeflösst. Mir wird mulmig zumute. Wie lässt sich diese Situation schnell beenden? Jetzt kommt es darauf an, den heiligen Ort möglichst schnell wieder zu verlassen. Die Jugendlichen gehen jedoch schon Richtung Chor, der glücklicherweise wegen einer Andacht mit einem Eisentor abgeriegelt ist, zurück also, und raus jetzt, sage ich, doch Acatey springt erneut zu den Kerzen und spuckt zwei davon aus.

Ab zum Flussufer, sage ich. Das zu überquerende Dach der Konzerthalle ist abgesperrt und mit Wächtern umstellt. Eine schöne Gelegenheit, sich mit Leuten anzulegen. Fabian und Acatey versuchen immer wieder auf das Dach zu gelangen. Lust an der bloßen Grenzüberschreitung, denn es ist ja weiter nicht interessant über dieses abgesperrte Pflaster zu gehen, statt über ein anderes. Am Flussufer schubsen und zerren sie sich gegenseitig in einen Springbrunnen, wenn man diese metallenen Aufbauten und die verschiedenen Wassermulden einmal so nennen will. Fast alle sind jetzt triefendnass, zur Belustigung der Passanten. Zum Glück ist es heiß, doch die Jungs wollen zurück jetzt, was zeitlich auch passt, denn der Schultag ist nahezu vorbei.

Nach und nach entlasse ich meine neuen Schüler, die einen in der U-Bahn, die anderen in der Nähe der Schule. Bleibt noch Fegen (mit einem ausgeliehenen Besen), Aufräumen, Lernmaterialien in die Schränke schließen. Warum das exzessive Rauswerfen von Gegenständen aus dem Fenster? Worum ging es dabei? Mir was zeigen? Die Positionen untereinander klären? Sich voreinander produzieren? Ballast vom vergangenen Schuljahr abwerfen? Sich vom weggegangenen Klassenlehrer, der ja noch mit der alten Ordnung assoziiert wird, trennen und lösen? Meine persönliche Grenze austesten? Herausfinden, wie ich in solchen Dingen reagiere?

4. Tag: Nach einer morgendlichen Begrüßungsrunde verteile ich ein Heft der Bundeszentrale für gesundheitliche Aufklärung. Es enthält Texte, Geschichten, Comics zum Thema Freundschaft, Beziehungen, Pubertät usw. Das Heft ist ziemlich *trendy* aufgemacht und ich halte es für schülerorientiert genug, um damit einen Versuch zu starten. Ich wähle einen Text über Freundschaften in einer Clique aus und fordere die Schüler zum abwechselnden Lesen auf. Der erste weigert sich. Der nächste liest zwei Sätze und hört wieder auf. Der dritte hat offenbar Leseschwierigkeiten und verbreitet eine genervte Atmosphäre um sich herum. Dann wirft mir Max sein Heft beinahe an den Kopf: „Hier! Können Sie wiederhaben!" Drei, vier weitere Hefte landen auf meinem Pult. Das wäre beendet. Erklärungen bekomme ich nicht.

Jetzt ist wieder PC-Spielen angesagt. Die Tische mit den beiden überalterten Computern stehen anscheinend nicht richtig und werden von den Jungs derartig ruppig verschoben, dass die Geräte beinahe herunter fallen. Zum Glück finde ich eine Verlängerung mit Dreisteckdose, um sie anschließen zu können. Ständig habe ich zwischen zwei und vier Schülern aus den beiden angrenzenden Nachbarklassen da. Ich nutze die Gelegenheit, auch mit diesen Jungs ins Gespräch zu kommen. Mit einigen gelingt es schneller, bei anderen dauert es ein wenig. Auch sie wollen offenbar von mir, dem neuen Lehrer, beachtet und akzeptiert werden. Ich nehme mir die Zeit dafür und vernachlässige dafür anfangs auch unterrichtliche Dinge. Ich wünsche mir gute Beziehungen zwischen mir bzw. meiner Klasse und den beiden anderen Oberstufenklassen, mit denen wir uns den Flur teilen.

Jetzt fordern sie von mir einen Softball, der sei in dem und dem Schrank, zum Fußballspielen auf dem Flur, draußen. Ich kläre das kurz mit der einen Kollegin ab und erfahre, dass es üblich ist, dass zur Entlastung und Erholung der Schüler auf dem sehr langen und breiten Gang draußen Fußball gespielt werden kann. Jetzt spielen einige, kommen wieder rein und schießen den Ball in der Klasse umher. Ich gestatte das nicht, auch weil der Ball zu mir nach vorne geschossen wird und schließe den Ball wieder weg.

Die Kollegin aus dem Medienraum fragt auf einem Zettel an, ob wir Wünsche für die Anschaffung von Büchern hätten, oder ob wir zumindest Themen angeben könnten, sodass sie etwas auswählen kann? Ich mache das zum Unterrichtsthema. Was interessiert euch also? „Sex". O.k., ich notiere das. Geht es da auch um spezielle Themen, oder mehr allgemein? „Sex eben." O.k., noch was außer Sex? „Ja, Sex. Arschficken." Und was ist mit Geschichte? frage ich. Geschichte ist doch total spannend, wage ich mich vor. Zweiter Weltkrieg, Nazi-Zeit... „Nee, kein Interesse." Nur Tim sagt schließlich: „Bestellen Sie da auch was. Ich finde das interessant."

Dann bin ich gemeinsam mit dem Kollegen K. im Werkraum. Vier Schüler habe ich noch, der Rest ist irgendwann im Umfeld der Pause verschwunden. Patrick und Acatey machen an irgendeinem Holzauto, vom letzten Schuljahr, weiter. Der Werklehrer berät und gibt Hilfestellung. Acatey schaltet ohne Erlaubnis eine elektrische Säge an. Der Kollege K. schaltet sie wieder aus. In der Ecke steht ein Kicker-Spiel. Ich spiele mit Dominik, dann mit Fabian, dann als ich ein wenig außer Puste bin, spielen Dominik und Fabian miteinander. Der Kicker, und die daneben stehenden Home-Trainer sind allesamt vom Sperrmüll und dienen der Entlastung, wie K. sagt, auch eine Art der Variation, wenn die Jungs Bewegung brauchen, sich nicht mehr auf Bohrer oder Feile konzentrieren können.

Ich halte K. den Rücken frei, damit er jeweils mit zweien werkpädagogisch arbeiten kann, mehr ist gar nicht drin für ihn. Nach der Vereinbarung der Lehrerkonferenz könnte ich ihm für die Doppelstunde vier von meinen acht Schülern in den Werkraum schicken. Ich sehe aber, dass er mit zweien völlig ausgelastet ist. Denn die Jungs brauchen ständig eine Hilfestellung, Beachtung und eine Grenze, dies zu lassen oder das. Dann entdecken die Jungs einen Karton mit bunten Holzperlen und werfen diese händeweise durch den Raum. Ich sehe nicht, dass sie bereit wären, die Perlen wieder aufzuheben. Es wäre auch eine Aschenputtelarbeit. Sie sind eher in der Stimmung noch mehr Unheil anzurichten. K. und ich erkennen das. Ich frage ihn: Helfen oder eher erst mal raus? Raus.

Irgendwie fängt es an in den Jungs zu arbeiten. Patrick erkundigt sich nach dem Alter meiner eigenen Kinder. Fabian will wissen, wie viel Taschengeld sie bekommen. Auf dem Flur und an der offenen Tür kleine Gespräche mit Schülern aus den Nachbarklassen, die auch immer wieder unterwegs sind. Das Prinzip der (relativen) Offenheit und Durchlässigkeit scheint mir für den Augenblick das Beste, um Spannungen abzubauen, harmonische Beziehungen zu fördern. Eine fest verschlossene Tür und ein Zurückweisen der nicht zu meiner eigenen Klasse gehörenden Jugendlichen, es sind allesamt Jungen, würde vielleicht zu dem frühen Zeitpunkt Distanz und Ablehnung signalisieren.

Was mit meinen Schülern los sei? wollen sie wissen. Warum diese so viele Sachen aus den Fenstern geworfen hätten? Ich nehme an, sie werden bald damit fertig sein, antworte ich. Das war wohl zu meiner Begrüßung. Außerdem müssen alle Schäden ersetzt werden, sage ich. Acatey gibt mir die Hand zum Abschied. Gespräch mit dem Schulleiter über eine mögliche erlebnispädagogische Maßnahme. Ich erkundige mich nach konkreten Projekten, mit denen diese Schule gute Erfahrungen gemacht hat und was er, der Schulleiter, auf diesem Gebiet für diese Klasse für sinnvoll hält. Der Schulleiter sagt mir personelle Unterstützung für eine solche Fahrt oder ein erlebnispädagogisches Projekt zu.

5. Tag: Ich fange, mit etwas Verspätung, ein Gespräch über Erlebnisse in den Sommerferien an. Das war ja im Chaos der ersten Tage völlig untergegangen. Fabian war in der Nähe von Rio de Janeiro, drei Wochen, mit den Pflegeeltern. Ob das stimmt? Patrick war in Sizilien (die Kollegen sagen später, das seien alles Phantasiegeschichten). Als Beweis nennt er mir einige italienische Schimpfworte wie *butana* usw. Max war die ganze Zeit über in der Stadt, die anderen auch. Auf vorbereiteten Bögen versuche ich nun, die Interessen der Schüler zu erkunden. Da sie selbst nicht schreiben wollen, schreibe ich, mit schwarzem Edding. Ich höre zumeist Computer oder Fußball.

Später hänge ich die Papiere hinten an die Klassenwand. Patrick reißt seines sogleich wieder ab. Warum? Er will nicht, dass irgendwas über ihn in der Klasse aufgehängt wird. Patrick und Fabian wollen flüssigen Klebstoff und beginnen Papierflieger zu basteln. Dann wird einer angezündet und aus dem offenstehenden Fenster runter in den Schulhof geworfen. Ich kann das nicht verhindern. Die Jungs sind so groß wie ich und auch mit Tai Chi- und Fitnesserfahrung im Hintergrund will ich keine körperlichen Auseinandersetzungen riskieren. Die motzige und maulige Haltung der meisten Schüler würde es aber schnell dahin bringen, also übe ich mich noch in Zurückhaltung, bis ich die Lage besser einschätzen kann. Als dann ein ganzer Papierstoß aus einem Schrank herausgerissen wird und brennend in den Hof hinuntersegeln soll, schreite ich doch ein und appelliere an die Vernunft der Jungen. Sie halten an.

Eine Musikanlage, die ich vorsorglich in den Schrank geschlossen habe, muss heute unbedingt raus und aufgebaut werden. Receiver und

Boxen werden neben die Computer geschoben und ein Radiosender mit Popmusik eingeschaltet. Acatey, türkischer Jugendlicher, dreht die Musik so laut, dass es nicht zu ertragen ist. Ich gehe hin und bitte ihn, die Lautstärke runterzufahren, was er jedoch nicht respektiert. Sobald ich mich von dem Gerät entferne, schiebt er den Regler wieder hoch. Wie es um seine Bereitschaft zur Rücksichtnahme stehe? frage ich, was vollständig an ihm abprallt. Er schaut nur ins Leere. Später legt er sich auf den Tisch, bäuchlings, und will schlafen. Jetzt sollen wir alle still sein, wehe einer sagt was.

Immer wieder kommen Schüler aus den Nachbarklassen rein, um zu gucken, was bei uns läuft. Es geht dabei einmal um die Musikanlage, ein anderes Mal um die Computer mit den Spielen drauf. Andere Themen sind Zigaretten. Gelegentlich kommt es zu Provokationen, auch zu kleinen Streitereien. Ich fange jeweils kleine, unkomplizierte Gespräche mit den Jungs aus der Nachbarklasse an, so fühlen sie sich beachtet und willkommen. Meistens kommen ihre Lehrerinnen nach einer Weile, um sie zurückzuholen. Während der Hofpause, in der ich Aufsicht habe, fragen mich zwei Jungs, ob ich mit ihnen Tischtennis spiele, was ich natürlich gerne tue. Zwei meiner Schüler haben sich gegen 10.00 Uhr unerlaubterweise in die Stadt abgesetzt. Acatey geht mit der einen Kollegin und ihren Schülern zum Fußball in die Sporthalle.

Ich habe eine Einzelstunde mit Dominik und lege ihm einen Fragebogen[386] zu seiner Lebenssituation und seinen Interessen vor. Er füllt ihn nur widerwillig aus, doch er füllt ihn immerhin aus. Hier die Fragen und Antworten, zunächst zum Lebensbereich der Familie: Mit wem wohnst du in einer Wohnung? Mit meiner Schwester und Mutter. Wohnt eure Familie noch zusammen? Getrennt. Was machen deine Eltern beruflich? Geht Sie nichts an. Hast du Geschwister? Ist egal. Hast du engeren Kontakt zu sonstigen Verwandten? Ja. Wem vertraust du in deiner Familie am meisten? Geht Sie nichts an. Verstehst du dich mit deinen Geschwistern? Ja. Unternehmt Ihr manchmal etwas in der Familie? Ja. Was machst du im allgemeinen im Urlaub? Viel.

Welche Pflichten hast du in der Familie? Vieles. Und nun zur Wohnsituation: Hast du ein eigenes Zimmer? Ja. Bist du schon öfter umgezogen? In wie vielen Wohnungen hast du schon gewohnt? Ist egal. In

---

[386] In Anlehnung an einen von K. Thimm entwickelten Fragebogen. In: Thimm, K., M. Ruch & J. Bröcher: Leitfaden Reintegration. Übergangsgestaltung aus Schulverweigerer-Projekten in die Regelschule am Beispiel „Coole Schule" 2004 (unveröffentlichtes Manuskript).

genügend. Zum Lebensbereich der Schule: Wann und wo bist du eingeschult worden? Name einer Grundschule. Welche weiteren Schulen hast du besucht? Keine Angabe. Wie oft hast du die Schule gewechselt? Zwei Mal. Hast du Klassenstufen wiederholt? Nein. Wie fandest du deine bisherige Schulzeit? Gut. Welche Fächer mochtest du, welche nicht? Egal. Mit welchen Lehrkräften bist du klargekommen? Mit keinem. Was fandest du gut an ihnen? Nichts. Mit welchen Lehrkräften hattest du Probleme? Mit allen. Wie sahen die Probleme aus? Ist egal.

Hattest du Angst vor Leistungskontrollen? Nein. Hattest du in der Schule Freunde? Ja. Unter welchen Umständen kannst du ganz besonders gut lernen? Weiß ich nicht. Unter welchen Umständen lernst du schlecht? Zu viele Leute. Es folgt der Bereich der sozialen Beziehungen: Hast du viele Freunde? Ja. Was unternimmst du mit ihnen? Was macht ihr? Fußball. Was bedeutet für dich Freundschaft? Viel. Mit wem verstehst du dich sonst noch gut? Mit fast jedem. Welche Menschen haben bisher in deinem Leben besondere Bedeutung gehabt? Meine Freundinnen. Hat dir schon öfter mal jemand geholfen? Ja. Zu wem hättest du gerne mehr Kontakt? Ist egal.

Bist du eher ein Gruppenmensch oder ein Einzelgänger? Gruppenmensch. Nun der Bereich der Interessen: Was interessiert dich am meisten? Fußball. Welche Hobbys hast du? Keine Angabe. Wie oft gehst du deinen Hobbys nach? Oft. Wie viel Taschengeld bekommst du? Genug. Hast du genügend Geld, um deinen Interessen nachzukommen? Ja. Was machst du nach der Schule und an den Wochenenden? Egal. Siehst du gerne fern? Keine Angabe. Was? Egal. Liest du? Manchmal. Was? Keine Angabe. Womit würdest du dich gerne beschäftigen? Keine Angabe. Es folgen Fragen zur Person: Was ist für dich typisch? Alles. Was finden andere an dir gut? Geht Sie nichts an. Was magst du an dir? Was sind deine Stärken? Fußball, Basketball. Was finden andere an dir schlecht? Meine Wut.

Was magst du an dir nicht? Was sind deine Schwächen? Keine Ahnung. Es folgen Fragen bezogen auf die Zukunft: Welche Wünsche hast du zur Zeit? Nichts. Was sind deine nächsten Ziele? Nichts. Was möchtest du erreicht haben, wenn du ungefähr zwanzig Jahre alt bist? Keine Ahnung. Welche Erwartungen hast du an die nächsten Monate in der Schule? Gar keine. Schließlich kommen noch Fragen zu schwierigen Situationen: Hattest du schon wirklich schwierige Situationen zu meistern? Welche? Egal. Hattest du schon schlimme Unfälle oder schwere Krankheiten? Fahrradunfälle. Hast du schon sozialpädagogische oder therapeutische Hilfe erhalten? Nein.

Über die kurzen und knappen Antworten reden will er nicht. Geht sie nichts an. Möchte ich nicht drüber reden. Sonst schlag ich alles kurz und klein, sagt er. Du hast keine guten Erfahrungen mit Lehrern gemacht, was? Geht Sie nichts an. Es braucht vielleicht etwas Zeit, bis dass du siehst, dass ich für dich da bin, um dich zu unterstützen, dass ich für und nicht gegen dich bin, sage ich. Dominik schweigt. Er will nach Hause gehen, es ist noch eine Stunde bis Schulschluss. Ich erkläre ihm den vorgegebenen Zeitrahmen, dass es nicht meine Entscheidung ist, sondern dass es sich um Vorgaben handelt, die auch mich betreffen. Immerhin, er bleibt. Ich danke Dominik für seine Mitarbeit und lege die ausgefüllten Bögen in eine Mappe.

Im Englischbuch lesen will Dominik nicht. Als ich weiter dran bleibe, ihn aus der Reserve zu locken, macht er ein bisschen mit, verbreitet jedoch eine genervte und aggressive Atmosphäre. Er will von mir wissen, was passiert, wenn er jetzt einfach geht? Es gibt einen Eintrag ins Klassenbuch, sage ich. (Das Klassenbuch muss ich immer sorgfältig wegschließen, damit es nicht aus dem Fenster fliegt.) Er bleibt. Ich versuche, den Widerstand des Jungen zu akzeptieren, diesen Widerstand nicht sofort und um jeden Preis zu überwinden. Er geht schließlich dennoch eine Stunde vor Schulschluss, durchaus in dem Bewusstsein, dass er den angekündigten Eintrag bekommt.

6. Tag: Acatey fährt in der Spielstunde mit dem schweren Kett-Car einen Jungen aus der ersten Klasse um, als die Lehrerin mit ihrer kleinen Schar den Schulhof zur Turnhalle überquert. Ich sah schon zuvor, wie aggressiv der türkische Junge fuhr und ermahnte ihn ausdrücklich, stehen zu bleiben, als ich die kleinen Kinder kommen sah. Blitzschnell rast Acatey dennoch los, fährt eines der Kinder an und macht eine Vollbremse, als sich der Körper des Kindes bereits halb unter dem Fahrzeug befindet. Das Kind schreit, die Kollegin und ich untersuchen es eingehend, es ist glücklicherweise unverletzt. Später herrscht Acatey eine andere Kollegin an, als diese zu uns in die Klasse kommt. Sie versucht einen Konflikt zu klären, der zwischen Patrick und einem Mädchen besteht. Patrick hat das Mädchen angespuckt. Er zeigt keinerlei Einsicht in sein Verhalten. Acatey mischt sich ein, sagt zur Kollegin: „Verpiss dich du Schlampe! Sonst hast du gleich die Spitze hier (hat ein Zeichendreieck für die Tafel in der Hand) im Auge!" Die Kollegin geht unverrichteter Dinge wieder.

Es entwickeln sich kleine Gespräche zwischen den Jungs und mir. Max verschwindet wiederum gegen 10.00 Uhr. Acatey windet sich aus der Einzelstunde heraus, die er heute bei mir haben soll. Ich verteile Rechenblätter auf verschiedenen Schwierigkeitsstufen. (Ich halte eine ziemlich große Sammlung im Schrank bereit, auch zum Auswählen.) Sie arbeiten vielleicht drei bis acht Minuten. Max beklagt sich, sein Blatt sei zu leicht, mache ich nicht, will ich nicht, geben Sie mir was Schwereres, nee, das ist jetzt aber zu schwer, das mache ich nicht, wirft das Blatt auf den Boden und macht am Ende gar nichts mehr. Auch bei den anderen ist Schluss.

7. Tag: Lukas, Schüler einer der Nachbarklasse, holt mich wiederum zum Tischtennis ab. Tim und Dominik machen eine halbe Stunde Englisch mit. Plötzlich kommen sie auf die Idee, zurück in die Hauptschule zu wollen. Ich greife das sogleich auf und ermutige sie, in ihrem Arbeitseinsatz nicht nachzulassen und am Ball zu bleiben. Ich stelle ihnen die Rückschulung als mögliche und realistische Perspektive hin. Acatey und Fabian machen unterdessen eine Wasserschlacht. Mit leeren Trinkflaschen spritzten sie sich gegenseitig voll, auch Tische und Stühle werden nass. Acatey hält Fabians Schultasche aus dem offenen Fenster und als dieser protestiert, lässt er die Tasche fallen, aus dem vierten Stock. (Der Pflegevater von Fabian wird mich dafür später verantwortlich machen).

Dann Fußball in der Sporthalle. Acatey schießt Tim den Ball frontal ins Gesicht, mit Absicht, weil er sauer ist. Unten am Eingang steht ein Schüler, ich kenne ihn noch nicht, und fuchtelt mit einem Butterfly-Messer herum. Acatey reißt eine Tür von demjenigen Schrank ab, der für jeden Schüler ein abschließbares Fach enthält. Patrick bricht ein Stück von der Fensterhalterung ab. Patrick und Fabian fischen aussortierte Arbeitsmappen und Hefte aus dem Mülleimer und werfen damit herum. Einige Mappen klatschen sie solange auf eine Tischkante und auf den Rand des metallenen Mülleimers, bis sie endlich zerreißen. Das gesamte Papier bleibt am Boden liegen. Bei Unterrichtsschluss gehe ich mit Fabian zum Fahrradschuppen, um ihm sein Rad rauszugeben. Acatey drängt sich dazwischen und fährt mit Fabians Fahrrad davon und verschwindet in der Stadt. Fabians Rufe interessieren Acatey offenbar nicht.

8. Tag: Heute sind Bundesjugendspiele. Eine nette Kollegin, die den Ablauf hier vor Ort gut kennt, nimmt mich ein wenig an die Hand. Wir tun uns zusammen und fahren mit der Straßenbahn nach draußen in den Vorort, wo die Sportanlagen, die die Stadt der Schule in diesem Jahr zugewiesen hat, liegen. Weitsprung läuft noch ganz gut. Beim 100-Meter-Lauf gibt es die ersten Probleme. Als Acatey sieht, dass er nicht gerade der Schnellste ist, wirft er sich mitten auf die Bahn. Ansonsten kreist er die ganze Zeit über um den Rucksack der Kollegin, die netterweise Bananen, Schokoriegel, Apfelschorle u.ä. mitgebracht hat.

Sobald die Kollegin den Rucksack nicht im Blick hat, stibitzt sich Acatey etwas daraus, unter anderem eine Tafel Schokolade, die er auf den Rängen sitzend, in Stücke bricht, sich selbst ein Stück in den Mund stopft und dann stückweise auf die anderen Schüler wirft. Er hat sich mehrere Flaschen Apfelschorle genommen und spritzt mit dem Überfluss, den er nun besitzt, die anderen Kinder und Jugendlichen nass. Ich stehe fest und muss Zeiten messen, kann folglich nicht intervenieren. Beim Weitwerfen kommt es dann zu Beschimpfungen und Provokationen. „Fick deine Mutter! Du Hurensohn!", höre ich Acatey, dann eine Schlägerei zwischen Acatey und einem Schüler der Nachbarklasse. Wir gehen zu vier Lehrkräften dazwischen. Jeweils zwei ziehen einen Schüler raus aus der Keilerei. Das klappt.

Dann versuche ich Acatey vorzeitig zur Bahnhaltestelle zu bringen, rede auf ihn ein, dass er so was doch gar nicht nötig habe, fasse ihn an der Schulter, er scheint sich auch zu beruhigen, geht mit in Richtung Bahn. Als ich umkehre, um weiter Bälle zurückzuwerfen, kommt Acatey wieder zurück und provoziert den anderen Jugendlichen erneut. Dasselbe Spiel wie zuvor. Dominik verbreitet den ganzen Morgen eine gereizte, motzige und genervte Stimmung. Allein der kleine drahtige Tim zeigt Sportsgeist und ist ehrgeizig, bekommt auch eine Siegerurkunde. Die Kollegin hat das Ausrechnen der Punkte für mich übernommen, ich war im zweiten Teil des Vormittag vollständig durch Acateys Aktionen gebunden.

9. Tag: Die Schüler kommen rein und ziehen die Tische nach hinten in den Raum. Dies geschieht ohne mein Einverständnis, doch ich lasse es erst einmal geschehen. Vorne am Pult sind von dem ehemaligen großen U noch zwei Tische, auch mit Schülern daran, stehen geblieben. Der Rest probt den Aufstand. Das zentriert sich um Max, der mich provokativ anschnauzt, was ich denn wolle usw. Als diese Gruppe dann beginnt, Regale zu verrücken, schreite ich ein und blockiere das. Dann kommt Besuch von drei oder vier Schülern aus Nachbarklassen. Die ganze Situation ist sehr unruhig und unübersichtlich. Ich akzeptiere das erst einmal und unterhalte mich ruhig und ausgiebig mit Leon, der heute neu dazugekommen ist.

Nach der Pause gibt es Streit um die beiden Arbeitsplätze beim Kollegen im Werkraum. Ich bestimme Patrick und Leon, Acatey regt sich auf und will trotzdem einfach mit in den Werkraum gehen. Er ist wütend und reißt auf dem Weg in die Pause die Klassentür einer Kollegin auf, setzt sich auf einen freien Stuhl, schreit herum und beschimpft einen schwarzen Jungen als „Nigger". Der wiederum springt unmittelbar auf, wutentbrannt, und stößt seinen eigenen Tisch mit allen Arbeitsmaterialien darauf um. Dann springt dieser schwarze Junge zu einem Sideboard und räumt einen Berg aus Geschirr, zum Teil mit Essensresten darin, ab. Das alles geht zu Boden und fliegt in Richtung der offenen Tür, in der ich stehe.

Schnell mache ich einen Schritt zurück auf den Schulflur, um nicht etwas davon abzubekommen. Die Kollegin verlangt von Acatey, den Schaden wieder gut zu machen und schlägt dabei einen sehr autoritären Ton an. Acateys erster Impuls ist, sich davonzumachen, nur dass ich gerade im Türrahmen stehe und ihm den Weg verstelle. Ich wiederhole sachlich die Aussage der Kollegin, dass Acatey an der Beseitigung des Schadens mitwirken müsse. Der türkische Jugendliche beginnt dann tatsächlich, mit Schaufel und Handfeger, die Scherben und Essensreste in eine bereitgestellte Plastikwanne zu befördern. Die Kollegin verlangt jetzt noch eine Entschuldigung bei dem schwarzen Jungen. Auch die kommt. Dann gehe ich sicherheitshalber mit Acatey gemeinsam zum Müllcontainer, um das Aufgefegte zu entsorgen.

Ich suche nach einer entlastenden Aktivität für Acatey und lasse die Restgruppe, die jetzt nicht werkt, mit Kettcars (die größer und stabiler sind als die handelsüblichen und sich daher auch gut von vierzehn- oder fünfzehnjährigen Jugendlichen fahren lassen), Skateboards und anderen Fahrzeugen auf den Schulhof, was an dieser Schule eine übliche Aktivität ist, für die man sich in einen Plan einträgt. Diesmal läuft alles recht reibungslos, bis Sven auf den Schulhof kommt und Acatey ihm sein Handy „abzieht", dann schnell damit davonfährt und schließlich während der Fahrt damit herumtelefoniert. Sven ist natürlich wütend, läuft hin und her. Acatey ist zu schnell, dass er ihn einholen könnte, außerdem muss er fürchten, dass ihm Acatey rüde in die Hacken fährt. Also kommt Sven zu mir, schreit mich an, warum ich nicht dafür sorgen würde, dass er sein Handy wiederbekommt. Sven holt schließlich seine Klassenlehrerin. Als wir zu zwei Lehrkräften auf dem Hof sind, gibt Acatey das Handy wieder her.

Ich habe ein Gespräch mit Leon, er verfolgt in der Tat das Ziel der Rückschulung, das ist alles nicht sein Niveau hier, sagt er. Er erzählt mir vom Streit zwischen seinen Eltern, ein Eifersuchtsdrama, Mutter und Sohn beim neuen Freund der Mutter, auch über Nacht, als sie zurückkommen in die gemeinsame Familienwohnung ist der Vater betrunken, schlägt die Mutter, es kommt zu einem Handgemenge, der Sohn nimmt einen Besenstiel, um der Mutter zu Hilfe zu kommen. Die Mutter nimmt ein Fahrtenmesser und sticht es ihrem Mann in den Unterleib. Der Mann überlebt, die Mutter verbringt eine Nacht im Gefängnis, ein längeres, noch nicht abgeschlossenes Verfahren beginnt. Ist alles noch nicht lange her, vielleicht zwei Jahre.

Ich nehme den Jungen beim Wort, schließe einen Vertrag mit ihm, dass er sich nicht in das allgemeine Chaos in dieser Lerngruppe hineinziehen lässt. Er verspricht das. Ich gebe ihm Bücher und Arbeitshefte, soweit ich sie schon habe, teste sein Wissen und seine Kenntnisse in Mathematik und Englisch, mehr schaffe ich heute nicht mehr. Ich finde noch ein leeres Heft im Schrank, das nehmen wir als Hausaufgabenheft und notiere die erste Hausaufgabe für Leon, die er unter Betreuung von Pädagogen in einem sozialpädagogischen Heim machen wird, wo er die Woche über untergebracht ist. Ein Teil der Schüler hat sich unterdessen längst in die Stadt abgesetzt, immerhin Leon hat davon profitiert und eine ruhige und intensive Einzelbetreuung in Anspruch nehmen können.

10. Tag: In den ersten drei Stunden sind alle da, ein ziemliches Chaos. Ich verteile Bücher, die ich in den Schulbeständen gefunden habe, damit jeder schon mal was zum Arbeiten hat. Die offizielle Buchbestellung ist noch unterwegs. Den Teil an Büchern, den die Stadt finanziert, konnte ich für alle Schüler gleich komplett bestellen. Den Teil, den die Eltern über einen Eigenanteil finanzieren, konnte ich bisher nur für zwei Schüler bestellen, denn mehr Geld wurde noch nicht eingezahlt. Was ich den Schülern heute gebe, ist also aus alten Beständen, obschon manches unbenutzt ist, doch sie maulen und regen sich auf. Sie wollen neue Bücher, auch die, die noch nicht einmal ihre achtunddreißig Euro oder eine entsprechende Befreiungsbescheinigung vom Sozialamt mitgebracht haben.

Ein Schüler aus der Nachbarklasse versucht, einen der hohen und schweren Klassenschränke durch Kippeln und Hebeln umzustürzen. Ich kann es gerade noch durch energisches Einschreiten verhindern. Ich sage ihm, dass ich ihn hier gerne als Gast sehen würde, dass er sich dann aber auch wie ein Gast benehmen müsste und für heute hätte ich die Nase voll und bitte ihn, sofort zu gehen, was dann auch geschieht. Fabian hat irgendwo ein Stück Holz gefunden und schlägt damit den Putz an den bereits schadhaften Stellen von den Wänden ab. Ich versuche ihn zu bremsen. „Wieso, was wollen Sie denn? Wird doch sowieso hier renoviert." Vielleicht auch nicht, wende ich ein.

Die Ecke des Klassenraumes ist jetzt übersät von Schutt. Es ist nicht mal ein Besen da, um die Sachen aufzufegen. Patrick tigert immerzu um mich herum und verbreitet eine motzige Atmosphäre. Irgendwie steigert sich Fabian in eine negative Stimmung rein und wirft am Ende einen Stuhl (und die Stühle haben hier ein recht schweres Metallgestell) hoch über die Tische auf Leon, obschon dieser gar nichts mit dem Streit zu tun hat. Leon springt zum Glück rechtzeitig zur Seite. Dann greift Fabian nach einem zweiten Stuhl und ich mache einen Satz zu ihm hin. Er hat den Stuhl bereits hoch über dem Kopf, da greife ich den Stuhl und ziehe diesen langsam aber sicher wieder zu Boden. Fabian kocht offenbar vor Wut und nimmt gleich einen weiteren Stuhl, den ich wieder nach unten ziehe.

Dann begleite ich ihn nach draußen, wo ich warte, bis er sich abgeregt hat. Aber lange kann ich nicht dort draußen bleiben, weil ich nicht weiß, was drinnen weiter los ist. Das Sekretariat ist vier Etagen tiefer, so kann ich nicht mal schnell Fabians Eltern anrufen. Mein Handy ist eingeschlossen im Lehrerzimmer, alle Kollegen raten einem hier ab, Wertgegenstände mit in die Klassen zu nehmen. Gerade wieder wurde einer Kollegin ein neues Vertrags-Handy gestohlen, aus dem Lehrerzimmer, vom Tisch. Ich gehe schließlich nach unten, um mit dem Schulleiter über die Vorfälle zu sprechen. Der bittet mich, sofort den Vater bzw. Pflegevater herzubestellen, was ich tue.

Ich habe Glück, ihn überhaupt zu erreichen, denn er arbeitet im Schichtdienst bei einem Verkehrsbetrieb. Jetzt habe ich Pausenaufsicht, einige Schüler wollen drinnen bleiben, was nicht geht, sie wollen aber nicht raus. Acatey beginnt sogar (zum Schein) etwas aus seinem Buch, das er schnell aus der Tasche holt, zu rechnen (um drinnen bleiben zu können), doch ich bestehe darauf, dass er, wie alle anderen, rausgeht. Im vergangenen Schuljahr stand einer der Schüler draußen auf dem Sims und wollte hinunterspringen. Er wurde dann zur Beobachtung in die Kinder- und Jugendpsychiatrie eingewiesen. Vor Tagen versuchte ein Schüler einen anderen, im Spaß wohlgemerkt, aus dem Fenster zu werfen. Also, hart bleiben, alles raus und Tür verschließen. Leon hat wohl auch Angst vor Schlägereien und wird daher stets ganz in meiner Nähe bleiben. Wenn ich nicht Aufsicht habe, will er bei der Sekretärin im Büro sitzen.

Es dauert eine Weile, bis der Pflegevater von Fabian da ist, denn er kommt mit einer Dame vom Jugendamt, die Fabian schon seit Jahren betreut. Der Mann kommt nicht gerne allein in eine Schule, wie er sagt, denn er hat negative Erfahrungen in Schulen gemacht. Zuerst versucht der Vater, mir die Verantwortung für die Ereignisse zu geben, denn ich hätte es ja verhindern müssen. Und weil ich es nicht verhindert habe, trage ich also die Verantwortung. Wir kommen nur mühsam ins Gespräch, dank der Moderation des Schulleiters gelingt es schließlich ein wenig. Mir geht es in dem Gespräch vor allem um die Gefahr der Körperverletzung, die durch das Werfen der Stühle gegeben ist.

Dass Fabian den Putz abgeklopft hat und an den Tagen vorher Lernmaterialien und Frühstücksgeschirr in großer Menge aus dem Fenster geworfen hat, ist das zweite Thema. Hier wird am Ende vereinbart, dass Fabian fünfzehn Euro Schadensersatz leisten muss. Das Gespräch liegt am späten Vormittag, überschneidet sich mit dem Unterricht, was auch nur ging, weil die beiden Kolleginnen oben, meine Restklasse mit im Blick haben und mich auf diese Weise unterstützen.

Dann kommt meine Italienisch-AG, mit etwas Verspätung, wegen des Elterngesprächs. Die Jungs machen schön mit. Zum Teil sind es Halbitaliener, die zwar etwas Italienisch sprechen können, denen aber die strukturellen sprachlichen Grundlagen fehlen. Der andere Teil sind deutsche Jungs, die sich einfach für Italien interessieren. Ich beginne damit, dass ich eine große Landkarte von Italien ausbreite und alle suchen und zeigen können, wo sie bereits waren oder wo die Verwandten wohnen. Was wissen die Jungs über Italien? Welche Ortsamen haben sie schon gehört? Welche Sätze oder Wörter können sie schon sprechen? Dann vermittle ich einfache Sätzchen, um sich persönlich den anderen vorzustellen. Das alles wird gleich in Rollenspielen angewendet und in einem Heft notiert.

Es folgt ein Einzelgespräch mit Leon. Hier geht es noch einmal um seine Rückschulung. Ich sehe seine Hausaufgaben nach, kläre das Thema Bücher und Büchergeld, tausche noch einmal das Englischbuch gegen ein schwierigeres aus, händige ihm einen Schlüssel für sein Schließfach aus. Auf der kollegialen Ebene fühle ich mich hier sehr gut unterstützt. Dieser Schulmorgen war für mich ohne eine einzige Minute Pause, denn in der ersten Hofpause hatte ich Aufsicht und eine zweite Pause legt hier jeder individuell für seine Lerngruppe ein, was aber bedeutet, dass es bis 13.20 Uhr keine weitere Pause für die Lehrkräfte selber gibt.

Umso wichtiger ist es, Sätze zu hören wie „Brauchst du noch an irgendeiner Stelle Unterstützung?" Und die höre ich heute. Die Schüler sollen nach dem Wochenende zeitversetzt kommen, um die Lage zu entzerren. Der Tipp kam von einzelnen Kollegen, wurde in der Konferenz von allen unterstützt, auch vom Schulleiter. Das heißt vier Schüler kommen zur ersten und zweiten Stunde und gehen am Ende der vierten Stunde. Die anderen vier kommen zur dritten und bleiben bis zur sechsten Stunde. So ist jede Gruppe zwei Stunden für sich allein, was einen Ruheeffekt mit sich bringen soll und zwei Stunden sind alle zusammen, um sich aneinander zu gewöhnen. Ein entsprechender Elternbrief geht raus.

11. Tag: Morgens gibt es ein Gespräch mit Max und seiner Mutter, wegen eines zerstörten Tisches. Max hatte mutwillig den mit einer Spanplatte versehenen Tisch umgestoßen, sodass die Schrauben rausbrachen und auch nicht wieder anzuziehen waren. Der Schulleiter schlägt einen Betrag von fünf Euro als Wiedergutmachung vor, um eine spezielle Spachtelmasse zur Reparatur des Tisches kaufen zu können. Außerdem soll Max bei diesen Arbeiten helfen. Die Mutter bekommt sogleich die Information über den neuen Stundenplan und sieht dessen Notwendigkeit offenbar ein. Ich kläre die gesamte Lerngruppe über die neue Regelung auf. Es gibt in der Tat Verständnisprobleme und ich male ein Schaubild an die Tafel. Danach ist die Sache klar, nur Fabian hat es auch nach einigen Tagen noch nicht richtig verstanden.

Acatey will den Plan nicht akzeptieren und trotzdem wieder früh zur ersten Stunde kommen, obwohl er erst zur dritten Stunde kommen soll. Die Kollegen sagen, dass er nichts hat, außer dieser Schule hier. Ich gebe den Jungs einen Papierbogen, auf dem sie a) ihre Lebensziele und b) ihre aktuellen Ziele, jetzt für die schulische Gegenwart eintragen sollen. Patrick kokelt das Blatt mit dem Feuerzeug an, zerknüllt es und wirft es in eine Ecke des Raumes. Tim schreibt zu a) Fußballer werden, Geld haben, seine Kinder ernähren können, einen guten Beruf haben. Zu b) einen guten Schulabschluss kriegen. Leon schreibt zu a) eine Frau, ein Kind, einen guten Job, ein gutes Haus und keine Schulden haben. Zu b) viel zu lernen, schnell wieder an die Regelschule zu kommen. Die beiden Schüler, die das Blatt ausgefüllt haben, legen Wert darauf, dass ich vertraulich mit ihren Angaben umgehe. Ich lasse die Papiere sogleich in einer meiner Mappen verschwinden. Ein Unterrichtsgespräch zu dem Thema in der Gruppe ist nicht gewünscht.

Patrick verschwindet unerlaubt nach der Pause, ist heute auch sehr motzig und beschimpft mich: „Eh, du Hans! Du Mongo!" Beim Kettcarfahren missachtet Acatey wiederum die Regeln und fährt über die Treppe, stößt absichtlich mit den anderen zusammen, fährt durch das Tor nach draußen auf die Straße, obwohl ich es ihm verbiete. Auch Fabian versucht das, lässt sich jedoch noch daran hindern. Leon hat immer noch Angst und möchte in der Pause im Sekretariat sitzen, was wir erlauben.

Neuer Streit zwischen Acatey und einem Schüler der Nachbarklasse. Acatey hat gegen das am Gürtel befindliche Handy des anderen Schülers getreten und das Display ist beschädigt. Acatey hat später etwa zehn Minuten selbst gewählte Aufgaben aus dem Rechenbuch bearbeitet. Ich lobe ihn dafür. Anruf der Mutter von Max. Sie befürchtet, dass ihr Sohn gar nicht mehr zur Schule kommt, wenn sie morgens allein aus dem Haus geht und Max erst zur dritten Stunde in die Schule kommt. Ich nehme ihn daher als einzigen *alten* Schüler mit in die Gruppe der *Neuen*. An einen geregelten Unterricht ist noch gar nicht zu denken.

12. Tag: Es beginnt der neue, zeitversetzte Stundenplan und es tritt in der Tat mehr Ruhe ein. Auf Wunsch von Tim, Max und Dominik mache ich ein Diktat. Leon kommt an dem Morgen zu spät. Das Auto der Mutter hatte eine Panne. Dominik mault die ganze Zeit und protestiert gegen das Diktat. Mal soll ich schneller und mal langsamer lesen. Ich kann es ihm gar nicht recht machen. Als Diktattext denke ich mir eine Geschichte mit pädagogischer Botschaft aus. Ein Junge hat fünf Euro verliehen, bekommt sie zunächst nicht wieder, will am Abend mit der Freundin in eine Disco, ihm fehlt das Geld und er kauft für einen alten Mann aus der Straße etwas ein, wofür er einige Euros Belohnung bekommt. Der Text geht über eine halbe Din-A-4-Seite.

Mehr hält Max auch nicht aus und zieht die ganze Gruppe rüber an die PCs, wo sie Spiele machen. In der Hofpause drängt sich Max ins Tischtennisspiel, das Felix, ein Junge aus einer anderen Klasse mit mir beginnt. Max klettert zunächst aufs Dach des Toilettengebäudes, läuft darauf umher (vielleicht um auf sich aufmerksam zu machen), ich beziehe ihn dann ins Spiel ein, er will allerdings nur mit mir spielen, was für Felix glücklicherweise nicht zum Problem wird. So baut sich immerhin ein wenig Kontakt zu Max auf. Nach der Pause taucht Max ab, hat vielleicht Angst vor der Ankunft der anderen. Bei der Mutter behauptet er, er sei von Acatey angegriffen worden, was aber nicht stimmt und in einem Kurzgespräch mit der Mutter geklärt werden kann.

Ich spreche mit Leon ausführlich über die Wikingerhorde, ein Karnevalsverein, zu dem er gehört. Er trägt dort auch einen speziellen Wikingernamen. Als Themen oder Prinzipien höre ich heraus, dass es hier um Ursprünglichkeit und Wildheit geht. Diese Wildheit wird gleichwohl kanalisiert und unterwirft sich einem bestimmten sozialen Ordnungsrahmen. Mutter und Freund der Mutter haben eine zentrale Rolle innerhalb der Wikingerhorde, die das ganze Jahr über miteinander im Kontakt ist. Die Eltern haben zahlreiche Bücher über die Wikinger und deren Leben, auch teure Bildbände. Frauen müssen sich bei den Wikingern unterordnen. Einmal im Jahr gibt es ein großes Wikingerlager, wo sie in Zelten leben. Geschlafen wird auf Fellen. Wann genau die Wikinger ihre große Zeit hatten, weiß Leon nicht zu sagen. Die Hordenmitglieder stellen ihre eigenen Rüstungen aus Leder, Messing, Nieten und Ketten her. Leon will sich einen Helm mit Pferdeschwanz dran anfertigen. Wo nehmt ihr die Vorlagen her? Aus den Büchern.

Es gibt eine Internetseite mit Photos. Ich schaue sie mir abends zuhause an. Wer in die Wikingerhorde eintreten will, muss nach den dort geltenden Regeln leben und ein Jahr Bewährungszeit bestehen. Eine Regel der Wikinger lautet, das Waffen nicht offen sondern nur gesichert getragen werden. Leon hat selbst Pfeil und Bogen von der Mutter und ihrem neuen Lebenspartner geschenkt bekommen. Zwei Schamanen. Was machen die? Keine Ahnung, irgend so eine Zauberei. Ich sah kürzlich einen Film über die Hunnen, sage ich. Lebten die Wikinger ähnlich wild wie die Hunnen? Dann geht es um die Abgrenzung zu den Wikingern, um die Feinheiten, für Leon schon ein vertrauteres Gelände.

Leon sagt von sich, dass seine Identität zu einem großen Teil die eines Wikingers sei. Bei den Treffen der Horde fühle er sich zu hundert Prozent als Wikinger, im normalen Alltag natürlich weniger, vielleicht nur fünfzig Prozent. Seine dunkle Mähne, auf dem Kopf hochstehend, hinten lang und an den Schläfen abrasiert, unterstreicht das. Ich schlage vor, das Wikingerthema auch im Rahmen der Schule zu bearbeiten und mal genauer nachzuforschen, was es mit den Wikingern, den Hunnen, Mongolen usw. auf sich hat, auch in den beiden Medienraumstunden (Internetrecherchen), die wir haben. Die Bücher über die Wikinger will Leon aber nicht mitbringen, sie seien zu wertvoll und zu teuer, um sie aus dem Fenster werfen oder beschädigen zu lassen. Auch würden da die Eltern nicht zustimmen, dass er sie überhaupt mitbringt. Wir werden auf anderem Wege an Materialien kommen, sage ich und bringe einen Text über Dschingis Khan mit.

Im Anschluss an die Konferenz gibt es eine Art Fallberatung. Ich bitte die Kolleginnen und Kolleginnen, mir nach Möglichkeit etwas über die vier *alten* Schüler meiner Klasse zu sagen, das heißt, wie sie diese erlebt haben, was sie beobachtet haben, was funktioniert hat im Umgang mit den Jungen, was nicht, wo die besonderen Empfindlichkeiten und dergleichen liegen. Die Kollegen erfüllen mir gerne den Wunsch und ich schreibe mit...

13. Tag: Mit der ersten Gruppe arbeite ich mit einem Spectra-Kasten. Hier geht es um grammatikalische Grundlagen der deutschen Sprache. Die Schüler schreiben mit schwarzen Stiften auf Folie. Die darunter liegenden Aufgabenkarten können ausgetauscht werden. Die Rückseite enthält die Lösungen, sodass eine Selbstkontrolle möglich ist. Das geht etwa zwanzig Minuten gut.

Dann wollen die Jungs an die Computer. Leon feilt die ganze Zeit über an einem Stück Holz, das er draußen vor der Schule gefunden hat. Er macht es nach der einen Seite spitz wie einen Speer. Diese Feilarbeiten unternimmt er mit einer Schraube, die wir aus meiner Kramschublade herausgefischt haben. Mit so einfachen Mitteln zu arbeiten, erinnert ihn an die Überlebensstrategien der Wikinger, sagt er. Er will, dass ich ihm den Schrank aufschließe, um nach Bindfaden zu suchen. Wir finden Bast und ein kurzes Stück Bindfaden. Er umwickelt das Holzstück von der einen Seite mit dem Bast und hat nun eine kleine, archaisch aussehende Handwaffe.

Ein Teil der Jungs hat offenbar noch nicht gefrühstückt und will unbedingt Brötchen und Aufschnitt kaufen gehen. Ich darf das weder erlauben, noch kann ich es zur Zeit verhindern. Als sie zurück sind, decken sie mit dem wenigen Geschirr, was noch da ist, den runden Tisch hinten in der Klasse. Ich soll mich unbedingt dazu setzen, was ich tue. Ich bringe meine Teekanne und mein Butterbrot mit und setze mich zu den vieren. Tim besteht darauf, dass ich auch ein Brötchen nehme, was ich dann mache. Ich verzichte aber dann doch auf den Belag und esse das Brötchen so, denn ich sehe, wie hungrig die Jungs sind. In der Pause bittet die Mutter von Max um Rückruf, ob ich ihren Sohn entlassen hätte? Nein, natürlich nicht.

Nach der Pause kann ich vier Schüler zu der Kollegin in den Medienraum schicken, wo sich vier PCs mit Internetanschluss und einige Bücher sowie eine Leseecke befinden. Ich habe noch fünf Schüler da und lasse Acatey zunächst bei mir. Ich lese mit ihm in einem Gesellschaftslehre-Buch. Ich bitte ihn, der ja Türke ist, laut vorzulesen. Seine Stimme klingt unsicher über dem Text. Es kommen Begriffe vor wie „Ozean" oder „Kontinent", die ich mit ihm bespreche. Was ist ein Ozean? Welche Ozeane oder Kontinente kennst du? Dann will er unbedingt runter in den Medienraum. Er fühlt sich benachteiligt, hält wohl auch die Zweiersituation mit mir kaum aus.

Wir gehen runter. Die Kollegin erstellt gerade Surf-Verträge mit den Schülern, in denen sie schriftlich zusichern müssen, dass sie sich an die Regel halten, etwa keine Sex- oder Gewaltseiten aufzurufen. Außerdem hält die Kollegin die inhaltlichen Interessen der Schüler in einer Liste fest. Acatey fängt sogleich an, einen der anderen Schüler von seinem Platz zu verdrängen. Wir fangen das auf, indem er als erstes die Bücher, die die Kollegin auf Wunsch unserer Klasse angeschafft hat, das meiste ist über Sexualität, aufschlagen und ansehen darf. Ich setze mich mit Acatey in die Leseecke. Neugierig schaut er in die Bücher hinein. An manchen Tagen wirkt er regelrecht zerbrechlich und anlehnungsbedürftig.

Am Ende des Schultages habe ich mit dem Schulleiter ein interessantes Gespräch über das Thema Konsequenz. Nach seiner Auffassung geht es in dieser Arbeit nicht um autoritäres Auftreten oder das Einsetzen von Machtmitteln, sondern vor allem darum, konsequent zu sein, etwa: *Wenn du die Schranktür jetzt abbrichst, musst du sie bezahlen. Wir werden dann deinen Vater herbestellen und alles Weitere mit ihm besprechen. Überlege dir also, was du tust.* Dadurch wird die Verantwortung beim Jugendlichen gelassen. Außerdem gibt er mir den Tipp, nicht zu viele Baustellen auf einmal zu eröffnen und jetzt erst einmal das Thema Sachbeschädigungen bzw. Respekt vor Mobiliar und Material zu bearbeiten.

Als nächstes könne dann das unerlaubte Weggehen aus dem Unterricht thematisiert werden... Solange ich mich dieser Baustelle nicht intensiv zuwenden kann und möchte, tue ich besser daran, so der erfahrene Schulleiter, auf dem betreffenden Gebiet auch keine Konsequenzen anzukündigen, sondern hier erst mal Zurückhaltung zu üben. Es ist dabei natürlich eine Gradwanderung zu beachten, ich lasse das Weggehen zwar zu und greife nicht massiv ein. Andererseits erlaube ich es aber auch nicht, weil ich es erstens vor dem Hintergrund der schulischen Regelsysteme gar nicht erlauben darf und weil es zweitens auch pädagogisch keinen Sinn machen würde, ein unerlaubtes Weggehen aus der Schule zu billigen.

Ich lerne was dazu. Leon macht wieder „Schattenpause", wie er es nennt, das heißt er bleibt immerzu in meiner Nähe auf dem Schulhof. Immer noch Angst vor Auseinandersetzungen mit anderen Schülern? Gegen Unterrichtsende mit Patrick und Leon im Guinness-Buch der Rekorde geblättert. Ich sitze an meinem Platz am Pult, Leon liegt auf dem Beistelltisch linker Hand und Patrick steht *nah* rechts neben mir. Zur dritt schauen wir in das Buch und kommentieren die Bilder, die wir darin entdecken. Von Patrick höre ich heute weder Provokationen, noch die negativen Anreden in Richtung meiner Person. Stattdessen lächelt er freundlich und schaut interessiert.

Leon protestiert hartnäckig, aber (noch) mit gut gelauntem Unterton gegen das Eintragen von neuen Hausaufgaben. Ich schreibe trotzdem etwas auf. Die Heimgruppenerzieher werden ihrerseits konsequent auf dem Anfertigen der Hausaufgaben bestehen. Ich habe abends ein längeres Telefonat mit einem von ihnen geführt. Von Rückschulung ist heute bei Leon keine Rede mehr, eher scheint es jetzt darum zu gehen, hier an der neuen Schule erst einmal anzukommen. Es kommt zu ersten kleinen, vorsichtigen Berührungen an meiner Hand, meinem Arm oder meiner Schulter, wobei das von den Schülern ausgeht. Ich selber halte mich diesbezüglich eher zurück. Acatey muss ich gelegentlich an den Schultern fassen, um ihn an Keilereien zu hindern. Er akzeptiert das, genießt es vielleicht sogar. Max tippe ich nur vorsichtig an die Schulter, was er auf etwas geschraubte und theatralische Weise zurückweist. Die Mutter meint abends am Telefon, ich sei ihm emotional schon zu nah gekommen, was er dann durch das Verbreiten von Aggressivität wieder ausgleichen müsse. Die empfindlichen Beziehungsverhältnisse gewinnen ganz langsam an Stabilität. Bei dem einen Schüler geht es etwas schneller, bei dem anderen dauert es noch.

14. Tag: Morgens gibt es diverse Arbeitsblätter zum Rechnen. Tim mault und Max will nur gemeinsam mit Dominik arbeiten, was ich zulasse, obwohl Max alle Ergebnisse einfach nur abschreibt. Das ist im Moment jedoch sekundär. Dann wollen sie wieder an die Computer, die Sicherung fliegt jedoch ständig raus (Altbau!). Eine Kollegin hilft. Sie verfügt über den Schlüssel zum Sicherungskasten draußen auf dem Flur. Eine Weile laufen die PCs, bis die Sicherung erneut rausfliegt. Jetzt wollen sie auf die Kett-Cars, auf den Schulhof. Ich aber noch nicht. Stattdessen versuche ich, die Jungs erneut zum Rechnen anzuspornen. Ich verlange fünfzehn Minuten Rechnen und stelle zur Belohnung das Kettcarfahren in Aussicht. Das geht dann auch.

Leon immer noch schutzbedürftig in der Pause, sitzt im Büro bei der Sekretärin. Erneut Streit wegen des Werkraums. Leon will einen Bogen basteln. Acatey, der sich letzte Woche beklagte, weil er nicht in den Werkraum durfte, will heute gar nicht, obwohl ich ihn vorlassen möchte. Der Schüler aus der Nachbarklasse kommt, um die Sache mit dem beschädigten Handy zu klären. Auch dieser dritte Versuch scheitert, weil Acatey jede Verantwortung für den Schaden abstreitet. Ich will mit den noch anwesenden Schülern Besen, Schaufel und Handfeger kaufen gehen, sie wollen aber nicht. Lieber wollen sie draußen auf dem Flur Fußball spielen. Ich gebe nach.

Acatey nimmt meinen Rucksack, in jener Stunde sind dummerweise auch die Wertsachen mit drin, und läuft damit weg. Ich gehe hinterher und verlange sofort die Rückgabe. Acatey hält den Rucksack übers Treppengeländer (4. Stock!). Ich drohe ihm an, sofort seinen Vater herzubestellen. Das wirkt und ich bekomme mein Eigentum zurück, bevor es vier Etagen tief durch das Treppenhaus nach unten fällt. Beim jetzigen Stand der Dinge muss ich hier alles einschließen. Außerdem muss ich immer aufpassen, wo sich gerade der Bund mit den Schulschlüsseln befindet. Mehrfach haben ihn mir schon Schüler vom Pultschrank abgezogen oder vom Pult herunter genommen. Ein scheinbar lustiges Spiel, das aber Nerven kostet. Leon sträubt sich vehement gegen die Vergabe von Hausaufgaben. Ich schreibe trotzdem was auf. Nur für ihn. Für alle anderen ist das noch kein Thema. Sie würden gar nichts davon machen.

In der sechsten Stunde wollen Acatey, Fabian und Patrick in den Toberaum. Ich lasse mich darauf ein. Der Raum hat die Größe und Höhe eines normalen Klassenraumes, hat drei hohe Fenster aus Einfachglas und ist angefüllt mit Schaumstoffelementen, die mit buntem Kunstleder überzogen sind. Im einzelnen handelt es sich um Rollen, Würfel, Quader, Matten u.a., mit denen die Schüler nun aufeinander einschlagen und nacheinander werfen. Die Stimmung ist ausgelassen, aber nicht negativ. Dann und wann wird jedoch sehr fest geschlagen. Ich mache daher den Vorschlag, irgendwas zu bauen. Die Jungs greifen das auch auf und beginnen, in einer der Ecken eine Art Hütte zu bauen.

Später sitzen sie gar zu dritt drinnen, Handy-Musik ertönt, eine Situation, die vielleicht zwei Minuten stabil bleibt. Dann kommen blitzartig zwei durch einen Spalt nach draußen gesprungen, bringen die Hütte zum Einsturz und versuchen, den dritten unter den Elementen zu begraben. Jetzt geht es wilder zu. Es gibt ein richtiges Hauen und Stechen. Acatey schlägt nach Patricks Kopf, während der vorm geöffneten Fenster steht. Sein Kopf schlägt gegen den Rahmen. Patrick stürzt sich wütend auf Acatey, schlägt fest auf diesen ein, mit einer der Rollen, tritt ihn und lässt seiner Wut jetzt freien Lauf. Die Atmosphäre des Spiels ist vollständig verflogen. Ich breche daher ab, versuche Patrick und Acatey zu beruhigen.

Die Bände 2 und 3 enthalten die Fortsetzung. Wie lässt sich auf der Basis der hier dokumentierten Ausgangssituation sinnvoll weiter arbeiten? Welche Möglichkeiten für die Verbesserung des Lern- und Arbeitsverhaltens sowie des Kommunikations- und Sozialverhaltens der Jugendlichen sind gegeben? Welche Ansatzpunkte für inhaltliche, an den Unterrichtsfächern orientierte Lernprozesse bieten sich? Wie lässt sich am günstigsten mit den Eltern der Schüler kooperieren? Was wären hier erste Schritte?

Welche Unterstützungs- und Interventionsmöglichkeiten liegen im außerschulischen Feld? Was könnte auf der kollegialen Ebene geschehen, um diese komplexe und in hohem Maße herausfordernde Ausgangssituation positiv zu beeinflussen? Welche bereits vorhandenen Ressourcen kann die Lehrkraft hier nutzen? Welche weiteren Ressourcen könnten noch erschlossen werden? Welche Konzepte aus den Bereichen Verhaltensauffälligenpädagogik, Erziehungshilfe, Förderung der emotionalen und sozialen Entwicklung oder Schulverweigererprojekte lassen sich hier heranziehen und nutzen?

Unterrichten aus Leidenschaft.

Eine Anleitung zum Umgang mit Lernblockaden, widerständigem Verhalten und institutionellen Strukturen

von Joachim Bröcher

Lehrkräfte, die mit Lern- und Verhaltensproblemen konfrontiert sind, benötigen neben wissenschaftlichem Hintergrund und solidem didaktischem Handwerkszeug vor allem Strategien der „Sorge um sich" (Michel Foucault).

Das zu beherrschende Repertoire umfasst nach Joachim Bröcher *Verstehen, Intervention, Motivation, Verantwortung, Kooperation, Diskurs, Bewegung, Gelassenheit* und *Achtsamkeit*. Unter anderem wird eine Fülle an Episoden aus Grund-, Haupt- und Sonderschulen präsentiert. Das Heiter-Ermutigende und das Kritisch-Desillusionierende halten sich dabei die Waage. Ein Auszug aus dem Text:

„So logierte ich in einem Hotel in La Spezia, zu einigen Wanderungen im Gebiet der *Cinque Terre*. Eines morgens wollte der Besitzer wissen, ob der *dottore* Arzt sei? Ich gab mich als Sonderschullehrer zu erkennen und er entgegnete voller Pathos: *Questa professione è una vocazione, una passione...* , womit er es wohl getroffen hatte. Es handelt sich in der Tat um einen unvergleichlichen Beruf. Der ergraute *signore* schien mir die Tage des dolce vita von Herzen zu gönnen."

Universitätsverlag Winter, Heidelberg 2001, 333 S., 12 Abb.

Vater und Sohn auf Reisen

Ein (pädagogisches) Tagebuch

von Joachim Bröcher, Jan Bröcher und Philipp Bröcher

Natürlich sind die hier dokumentierten Reisen, einmal abgesehen von ihrer persönlichen, biographischen Bedeutung, auch pädagogische Anliegen, wie jede interessierte, liebevolle und vernünftige Zuwendung zu Kindern pädagogisch ist.

Die im einzelnen gemachten Reiseerfahrungen weisen jedoch über den Horizont des Privaten hinaus, indem politisch-historische, künstlerisch-technische, naturgeschichtliche und philosophische Dimensionen unseres Daseins aus der Perspektive des Kindes neu entdeckt und im Sinne von Bildung erschlossen werden. Ziel ist, die elterlichen Handlungsmöglichkeiten und die Spielräume kindlicher Weltaneignung durch den gemeinsamen Blick auf die Phänomene auszuloten.

Wenn sie nicht lediglich gängigen Routinen folgt und Experimente wagt, wie die hier thematisierten Reisen von Vater und Sohn, dann hat auch die immer mehr ins Abseits geratende Lebensform der Familie wieder eine Chance auf echte Gemeinsamkeit und Gemeinschaft. Dies gerade durch die Verschiedenheit der Erfahrungen der einzelnen Familienmitglieder. Obwohl das Reisegeschehen naturgemäß in der Gegenwart spielt, ist es doch fortwährend auf die Gestaltung der näheren Zukunft hin ausgerichtet und zugleich sind diese Reisen auch Berührungen mit der Vergangenheit, die durch alles hindurch scheint.

Verlag Videel, Niebüll 2003, 360 S., 12 Abb.

Coaching als ästhetischer Prozess

Selbstgestaltung und Handlungserweiterung im Beruf durch die Potenziale der Kunst

von Joachim Bröcher

Berufstätige Menschen in Veränderungsprozessen sind die Adressaten der in diesem Buch dargelegten Arbeitsweise. Oftmals wird eine fehlende Balance erlebt zwischen den eigenen Zielen und Werthaltungen und denen der Personen, Organisationen und Institutionen, mit denen zusammengearbeitet wird. Dahinter steht möglicherweise die Tatsache, dass etwas Grundlegendes im eigenen beruflichen Selbstverständnis oder in den Arbeitsbeziehungen bisher nicht geklärt worden ist oder dass der persönliche Handlungsspielraum als zu eng erlebt wird.

Unter Verwendung von Bildmaterial aus Kunst und Medien werden diese Zusammenhänge auf eine spielerisch handelnde Weise erkundet und zugänglich gemacht. Die Freisetzung von kreativen, schöpferischen Potenzialen im Prozess des Collagierens, Umgestaltens, zeichnerischen Ergänzens usw. vermag im Sinne des Probehandelns Veränderungen auch in der beruflichen Wirklichkeit anzubahnen. Der hier beschrittene Weg „führt durch einen weniger befestigten Grenzstreifen, in dem man mehr zulässt. Im Experimentieren mit Kunst werden Chancen und Begrenzungen zukünftiger Entwicklungen erfassbar ... Jedes Bild bezieht sich auf Verwandlung und es ist auch selbst eine Verwandlung" (Wilhelm Salber).

Verlag Videel, Niebüll 2003, 168 Seiten, 47 Abb.

Hochintelligente kreativ begaben

von Joachim Bröcher

Im Rahmen dieser Untersuchung werden jene wissenschaftlichen Theorien und Ergebnisse ausgewertet und praxisbezogen diskutiert, die einer ganzheitlichen Förderung schöpferischen Denkens und Handelns bei Heranwachsenden mit einer überwiegend konvergenten, das heißt logisch-schlussfolgernden Intelligenzausprägung zugrunde gelegt werden können.

Die Analyse der besonderen psychosozialen Situation vieler Hochintelligenter lässt gerade die ganzheitliche Förderung divergenten, assoziativen und schöpferischen Denkens als Schlüsselvariable für eine effektivere Problemlösung, für produktive Neuentwürfe, aber auch für eine ausgeglichenere Persönlichkeitsentwicklung erscheinen.

Um jene stärker kreativen Intelligenzfunktionen nachträglich zu stimulieren und zu fördern, entwickelte der Verfasser vor dem Hintergrund seiner Erfahrungen aus begabungspädagogischen Projekten in den USA ein vierwöchiges, ganzheitliches Enrichmentmodell. Dieses wurde in den Universitären Sommercamps, heute SkyLight-Sommer-Campus, erprobt, wissenschaftlich evaluiert und in seiner Wirksamkeit empirisch bestätigt.

LIT Verlag, Münster, Hamburg, London 2005, 400 S., zahlr. Abb.